등화절

등화절
Candlemas

가타야마 히로코 에세이 ★ 손정임 옮김

燈火節
片山 廣子 エッセイ

일러두기
· 이 책은 초판 『燈火節』(東京: 暮しの手帖社, 1953)에서 개정 증보된 판본인 『新編 燈火節』(東京: 月曜社, 2007)을 완역한 것이다.
· 주는 모두 옮긴이의 주이다.

차례

세밑

검은 고양이　11
오월과 유월　16
새의 사랑　21
우리 집 사당신　29
태어난 집　35
학교를 졸업했을 무렵　41
세밑　46
새해　50

등화절

어느 나라의 달력　55
계절이 바뀔 때마다　63
등화절　69
대추나무 세 그루　74
하마다야마 이야기　79
장미꽃 다섯 송이　86

새끼 고양이 '호순이'   91

돼지고기, 복숭아, 사과   94

도호쿠東北의 집   105

오래된 전설   129

큰 뱀 작은 뱀   134

으름덩굴   143

연못을 파다   148

어린이의 글   155

커피 5천 엔   159

혼수   161

애런섬   168

성 미카엘 축일의 성자   173

박쥐의 역사   178

지산겸地山謙   182

몸에 익은 것   186

도보   191

두 명의 여류 시인   197

새끼 고양이 이야기   204

화장실   210

가난한 날 기념일   215

4월의 유혹   221

과거가 된 아일랜드 문학   225

꽃집 창문   233

불타는 열차   237

네 도시　244
예이츠의 희곡 「왕의 문지방」　248
아가씨　261
소매치기와 도둑들　265
L씨 살인사건　272
가지밭　281
사과의 노래　285
그 밖의 여러 가지　287
매의 우물　291
예수와 베드로　294
단자쿠 손님　299
목욕　305
군것질　310
빨강과 분홍의 세계　313
건살구　321
기쿠치 씨와의 추억　327
가루이자와의 여름과 가을　332
북극성　344

후기　353
발표 지면　357
옮긴이의 말　358
편집 후기　362

세밑

1부 '세밑'은 1920년대 후반에서 1930년대 초반, 잡지에 산발적으로 실렸던 수필 8편을 모은 것이다. 이 글들은 가타야마 히로코의 초기 수필로, 초판 『燈火節』(東京: 暮しの手帖社, 1953)에는 수록되지 않았다가 『新編 燈火節』에 추가되었다. 가타야마 히로코는 당시 마쓰무라 미네코라는 필명으로 활동했다.

검은 고양이

 어느 날 아침 검은 고양이가 마당 잔디 위에서 햇볕을 쬐고 있었다. 온몸이 새카맣고 살이 찐 큰 고양이였다. 대문 옆 울타리 자리에 큰 물푸레나무가 서 있는데 밑가지가 땅바닥까지 무성하게 자라 있어서 그 그늘에 있으면 찬바람이 들어오지 않는 모양이다. 고양이는 그 물푸레나무를 배경 삼아 잔디 속에 드러누워 온 마당의 햇볕을 쬐며 자고 있었다.

 머리를 묶으면서 장지문 유리 너머로 이 고양이를 가끔 보다가, 눈을 한 번도 뜨지 않기에 저 고양이 혹시 눈먼 고양이 아닌가 하고 옆에 있던 후사코에게 물었다.

 눈은 있고 이쪽을 보고 있는데? 딸아이는 내다보며 그

렇게 대답했는데, 정말 그때 엷은 갈색 눈을 번득이며 주위를 둘러보고 있었다. 그러고 나서 다시 잠이 들었다.

장지문을 열고 방바닥을 쓸려고 하는데 마당 공기에 어딘지 모르게 고양이 냄새가 났다. 어지간히 지저분한가 보다 했는데, 검은 뒷모습은 깨끗하게 햇살에 빛나고 있었다.

이곳이 마음에 든 모양인지, 그 뒤로 매일 와서 햇볕을 쬐는 버릇이 생겼다. 우리는 이 고양이에게 '검냥이'라는 이름을 붙였다. 검냥이가 밤에는 어디서 자는지 모르지만, 늦잠을 자는 내가 아침에 일어나서 머리를 묶을 즈음에는 벌써 제 자리를 잡고 드러누워 눈을 감고 있었다.

남풍이 조금 따뜻하게 불던 아침, 후사코가 방을 청소하다가 "어머나, 검냥이 냄새가 나네, 이 고양이는 아주 멀리서 왔나 봐"라고 했다. 후사코가 그 고양이를 나그네라 생각하는 게 왠지 웃겨서, 너 혹시 어디 아픈 거 아니냐고 하다가, 말하고 보니 어디 아프냐는 말이 또 웃겼다. 하지만 다른 표현도 딱히 생각나지 않았다.

그 후로도 검냥이는 내내 와 있었는데, 얼마 지나지 않아 친정어머니가 독감에 걸리셔서 친정집에 다니느라 낮에는 고양이를 보지 못했다. 친정어머니가 조금 나아서 사나흘 집에 있었지만 바빠서 마당을 보진 않았다. 마당을 보았어도 고양이를 보지 않았다. 아마 마당에는 없었을 것이다.

오늘은 날은 맑았지만 추워서 화로에 들러붙어 멍하니 있었다. 문득 검냥이가 마당을 지나가는 것 같은 느낌이 들었다. 한낮의 햇살이 장지문을 비추어 가느다란 솔잎 그림자가 아른거렸다. 이 그림자 때문에 그런 느낌이 들었나 싶기도 했다. 하지만 아무래도 지나간 것만 같아서 툇마루로 나가 보았는데 마당에는 없었다. 항상 있던 곳에도 생울타리 밑동에도 아무 데도 없었다.

마당을 보고 있자니 오늘 새벽에 서리가 심하게 내렸던 것이 생각났다. 어디 달리 따뜻한 거처를 발견한 모양인데, 아프거나 추위에 떨지 않기를 바랐다.

화로 옆으로 돌아와서 에드거 앨런 포의 「검은 고양이」를 떠올렸다. 아마 그것도 새카만 고양이였을 것이다. 그리고 언젠가 우스이 고갯길에 있는 찻집에서 본 검은 고양이를 떠올렸다. 당시 가루이자와에 머물며 마침 같은 숙소에 묵고 있던 A씨, M씨와 함께 음력 7월 14일에 달구경을 하러 고개에 올랐던 밤의 일이었다.

우리는 묘기산이 보이는 벼랑 옆의 평상에 걸터앉아 산골짜기 위의 하늘을 바라보았다.

밤바람이 불어오고 흰 구름이 군데군데 파도처럼 하늘

로 뻗어 있었다.

쌀쌀해져서 나는 찻집 토방에 들어가 주인 부부가 램프 아래에서 지카라모치(力餅, 먹으면 힘이 난다는 떡—옮긴이)를 만드는 것을 구경했다. 그때 컴컴한 2층에서 사다리를 삐걱거리며 큰 검은 고양이가 내려와 내 앞으로 왔다. 동시에 밖에 있던 두 사람과 후사코도 떡 만드는 것을 보러 안으로 들어왔다.

A씨는 쭈쭈 소리를 내며 고양이를 불러 긴 꼬리를 잡아당겨 보았다. 나는 깜짝 놀라서 고양이를 좋아하냐고 물어보았다. 원래 개를 싫어하는 사람이어서 당연히 고양이도 싫어할 거라고 생각했었다.

A씨는 고양이는 좋아한다며 양손으로 고양이의 머리를 누르며 주물러 주었다. 고양이는 귀찮은지 내 쪽으로 다가오기에 무심하게 등을 어루만져 주었다. A씨는 등을 쓰다듬으면 몸통이 길어진다며 겁주는 듯한 목소리로 말했다. 등을 쓰다듬으면 고양이 몸이 길어진다고 옛날 노인들이 입버릇처럼 하던 말을 그때 떠올렸지만, 그 고양이는 이미 상당히 몸통이 길었다. 마르고 꼬리가 긴 서양 고양이였던 것 같다. 고양이는 적당히 쓰다듬었다 싶은지 슥 빠져나가 꼬리를 흔들면서 2층 사다리를 타고 올라갔다.

A 씨는 2층을 쳐다보다가, 문득 나를 보고 "당신은 이렇게 생긴 2층방은 모르죠? 난 고등학교 때 여행하면서 이런 숙소에 묵은 적이 있어요"라고 했다. 우리는 한참 2층을 보았지만, 고양이는 다시 내려 오지 않았다.

M 씨와 후사코는 그때 이미 화로 곁에 걸터앉아 차를 마시고 있었던 모양이었다.

머릿속에서 산의 찻집에서 본 검은 고양이와 우리 집 마당의 검은 고양이의 모습이 뒤범벅되고, 그게 내 모습과 섞이기 시작하자 마침내 고양이가 나였던 것 같은 느낌이 들기 시작한다.

마당에는 그림자가 보이지 않지만, 지금 분명 검은 고양이가 내 안을 지나갔다.

오월과 유월

 어느 오월이었던가, 나무가 무성한 언덕에서 지인과 함께 식사를 한 적이 있다. 그 지인은 긴 여행에서 돌아와서 다른 친구와 나를 초대했는데, 다른 친구는 집안에 갑자기 환자가 생겨 도저히 올 수가 없었다. 그래서 할 수 없이 둘이 만났는데 그는 상당히 좋은 대화 상대였다. 그래서인지 나도 덩달아 말을 많이 한 것 같다. 9시가 넘어서 그 집을 나왔다. 산 가득한 어린잎이 우리 위로 드리워져 있었고 구불구불한 길은 컴컴했다. 그 길에서 그와 나는 (잘 알려진) 괴담의 뒷이야기를 했다. 으슬으슬해졌다고 그가 말했다. 길 위의 잎이 몹시 버스럭거렸다, 멈춰 서서 고개를 드니, 잎 사이로 커다란 붉은 별 하나가 보였다.

마르스다! 라고 생각했다.

"결국 세상의 예술가라는 사람들의 삶은 모두 엉망이라니까요…."

아무런 맥락도 어떤 전제도 없이 그가 말하기 시작했다. 의미가 있는지 없는지도 모르겠고 갑작스러웠다.

"그래요? 여자의 삶도 모두 엉망인걸요."

자기비하였는지 도전적인 마음에서였는지, 문득 나는 그렇게 되받아쳤다. 아마 전쟁의 신과 같은 이름의 붉은 별이 나뭇잎 사이에서 우리를 부추겼나 보다. 그걸 끝으로 두 사람 모두 말없이 아주 느린 걸음으로 언덕을 내려갔다. 길을 다 내려가서 돌면 강이 있었다.

강을 건너 바로 택시가 서 있는 큰 집이 보였다. 잘 있어요, 하고 인사를 했다.

오월, 우스이 고갯길을 걷고 있었다. 산길을 비추는 엷은 햇살에 우리는 긴 그림자를 끌며 걸어갔다.

산과 골짜기의 막 돋아난 나무 싹은 노랬고, 벼랑의 조릿대는 마른 잎 그대로 축축한 바람에 버스럭거렸고, 짙은 안개가 하늘에서 드리워져 먼 산은 전혀 보이지 않았다. 맞은편 산도 노랬다. 그곳은 낙엽송이 울창한 산이었는데, 좁은 길 한줄기가 그 낮은 산을 구불구불 돌며 산

위를 넘어가 어딘가로 이어지는 것 같았다.

길만 희게 빛났다. 분명 나무꾼이 나무를 지고 지나다니는 길인 것 같은데, 그때는 나무꾼도 아무도 지나가지 않았다. 짐말도 개도 아무것도 지나가지 않았다.

"저 길에는 뭐가 지나다닐까요?"

"뭔가 지나갈 때도 있어요. 사람이든, 여우든. …길이니까 뭔가가 지나다니죠."

그 말을 들으니 금세 내 마음이 여우가 되어 그 길에서 동쪽을 향해 달려가는 것 같았다. 길은 뿌옇게 보이는 곳도 있었다. 뿌연 곳은 산의 나무 싹보다 훨씬 어둡다. 보고 있어도 아무것도 지나가지 않았다.

어디선가 꽃잎이 날아왔다. 겨우 대여섯 잎, 우리의 얼굴 앞을 쓱 지나쳐 골짜기 위로 갔다. 고개를 돌려 위쪽 산을 보았는데, 꽃나무는 한 그루도 보이지 않고 온통 나무 싹뿐이었다.

조금 걷기 시작했을 때, 갑자기 골짜기 속에서 새 한 마리가 날아올랐다. 퍼덕거리는 소리를 내며 벼랑에 우뚝 솟은 나무에 앉더니, 거기서부터 다시 우리 앞을 휙 가로질러 길가의 너도밤나무 속으로 푸드덕 들어갔다. 아, 저기구나 하고 쳐다보니, 가지 뒤에 날개 끝이 조금 보이는 것 같았다. 그리고 보이지 않게 되었다. 날아가는 소리도 나지 않았다. 무수한 나무에 여린 싹과 싹이 겹쳐서 그 새를 깊숙이 감추었다. 어디에선가 그 녀석이 작고 둥근 눈을 빛내며 우리를 보고 있을 것 같았는데, 한없는 푸르름에 섞여든 하나의 생물이 가까이에 있다는 사실이 기뻤다.

그게 무슨 새였는지, 그만 자세히 보지 못했다.

엔카쿠지 사찰 안에 빈 절이 하나 있다. 어느 해, 그곳을 빌려 여름휴가를 보낸 적이 있다. 산을 둘러싼 삼나무에 안개가 끼고, 박쥐가 절의 처마 밑에 둥지를 틀고 비오는 낮에 바스락거리며 소리를 내는 일이 있었다.

지진으로 절이 완전히 무너졌다는 소식을 듣고, 이듬해 유월에 가마쿠라를 다녀오는 길에 들러 보았다. 산문만 남아 있었다. 쇼레이인松嶺院이라는 낡은 현판은 그대로였다. 무너진 목재는 한쪽으로 치우쳐 있었고, 나무들은 이전처럼 매화나무가 우거지고 흰 연꽃이 피어 있고, 뒤의 벼랑이 절 전체를 뒤덮듯이 서 있었다. 그 벼랑에 병꽃나무꽃이 늘어지게 피어 있고, 벼랑 바로 아래에 낡은 우물이 있었다.

깊어서 푸기 어려웠던 예전 기억을 떠올리고 다가가 들여다보았다. 물이 있는지 없는지 컴컴했다. 여기서 죽으면 남이 못 보게 죽을 수 있겠구나 싶었다. 공상이 여러 가지를 가르쳐주었다. 쌓인 낙엽을 밟고 서 있으려니 도마뱀이 우물가 바위를 쓱 지나갔다. 그때 비로소 나는 어슴푸레한 햇빛이 조금 밝게 자신과 우물 위에 있음을 알아차렸다. 그와 동시에 죽는다고 해도 살아 있는 것과 마찬가지로 시시하다는 것을 깨달았다. 그때의 나에게 죽음은 삶과 마찬가지로 밋밋하고 지저분하고 쓸모없이 느껴졌다. 주위의 낙엽이며 꽃잎과 함께 자신의 몸을 도마뱀의 놀이터로 만들기에 나는 여전히 어느 정도 남을 의식하는 사람이었던 것이리라. 나는 그대로 산을 내려왔다.

새의 사랑

 어느 해 봄에 지금은 고베에 있는 가메타카 씨가 신요
호春洋丸의 선장이었을 때, 미국에서 돌아오는 배편으로 앵
무새 한 마리를 우리 아이에게 선물로 가져와 주셨다. 그
전까지 조류는 우리와는 동떨어진 자연 속의 존재로만
보던 나도 앵무새가 우리의 삶 속에 오고 나서부터는, 새
도 나와 같은 영혼을 갖고 나와 같은 생각을 하는 게 아
닐까 생각하기 시작했다.

 그리고 마지막에 가서는 풀과 나무 역시 우리와 그렇게
다르지 않을 수도 있고, 감정이 있느니 없느니 하는 것은
다 허튼소리가 아닐까 하는 생각까지 할 때가 있다.

 초여름 마당의 녹음에 작은 새 소리가 조용히 떨어져

내린다. 나는 그 소리를 무심결에 들으면서, 문득 새장 속의 앵무새에게 말해 준다, 앵무새야, 저 새 소리를 들어보렴, 저건 너의 먼 친척이 낮에 꿈을 꾸고 소곤대는 소리란다. 소리가 조용하고 참 좋다. 네 목소리보다 훨씬 좋아.

마음속으로 그런 생각을 하고 있으니, 앵무새는 날카롭고 얄미운 소리로 울기 시작해서 다른 작은 새들을 놀라게 한다. 그럴 때 녀석은 노랑 눈꺼풀 속의 까맣고 동그란 눈동자를 크게 깜빡거리며, 자신이 온 세상의 새 중에서 제일 잘났다는 얼굴로 우쭐댄다.

녀석은 질투가 많은 성격이다. 내가 사랑했던 새미라는 개가 살아 있었을 때, 나와 개가 마당을 걷고 있는 모습을 보고 얼마나 약이 올랐는지, 그런 때 녀석은 있는 힘껏 소리를 높여 외운 말을 모조리 외치며, 어떻게든 나의 주의를 끌려고 새 우리 속에서 몸부림을 쳤다.

새미가 죽은 지 벌써 3, 4년이 되었다. 새미를 사랑했던 나조차도 이따금 새미를 떠올릴 뿐이지만, 새는 여전히 새미를 기억하고 있다. 가끔 내가 멍한 얼굴로 마당을 바라보고 있으면 새는 날카로운 소리로 새애미, 새미, 새미, 새애미라고 불러댄다. 분명 그렇게 하면, 사랑과 추억의 고리가 내 마음을 자기한테로 되돌릴 거라고 생각하는 것이리라. 그럴 때 나는 이미 영혼도 사라져버린 갈색 개와 눈앞에 살아 있는 파란 새 사이에서 인간이라는 이름뿐인 덧없는 생물인 나 자신의 모습을 발견하고 쓸쓸한 기분이 드는 것이다.

작년 봄 앵무새는 깃털갈이를 할 무렵에 몸이 몹시 약해져서 병을 앓았다. 실내를 나는 것조차 위태위태해서, 바로 바닥 위에 떨어져서 눈을 감고 가슴이 크게 요동치며 그대로 죽어버릴 것 같았던 일이 종종 있었다. 녀석이 가장 사랑하는 어린 여주인의 어깨에 올려주면 그곳을 자신의 마지막 휴식처인 양 시력이 약해진 눈을 감고 언제까지고 머물러 있었다. 이제 시간이 얼마 남지 않았다고 생각하며 우리는 눈물겨운 마음으로 녀석을 돌보았다. 새 같은 걸 키우면 안 되는 거야. 아이는 종종 투덜거렸다. 기르지만 않았더라면, 사랑하지만 않았더라면, 이별의 슬픔도 없었을 거라고 우리 모두는 생각했다.

여름이 되자 새는 가까스로 회복했다. 7월 말, 걱정하면서도 우리는 새를 집에 남겨두고 가루이자와로 쉬러 갔다. 우리는 하나레야마산 아래 넓은 들판가에 있는 집을 빌렸다. 물론 우리는 새에 대해서만 생각하지는 않았다. 그래도 들판의 풀꽃 속에 몸을 숨기고 작은 새가 옹얼거리는 소리로 우는 아침이면, 우리 앵무새를 여기에 데리고 왔더라면 얼마나 얼마나 좋아했을까 하고 우리

모녀는 이런저런 이야기를 했다.

 아사마산이 잿빛 구름에 가려지고 폭풍이 당장이라도 들판에 떨어질 것 같던 날, 어디서 왔는지 나그네 같은 모습의 작은 새가 날아와 앞마당의 가을 풀꽃의 연약한 줄기에 매달려 떨고 있었다. 몸집이 작은 것치고는 배가 통통하고 날개가 검은 새였다. 새의 무게로 휜 풀에 바람이 심하게 불어 줄기는 뿌리에서부터 꺾일 것처럼 보였다. 매달린 채로 떨면서 그 새가 울었다. 이슬이 떨어지는 것처럼 가녀린 음색이었다, 아마 그건 곤경에 빠졌을 때 나오는 한숨 소리였을까, 바람을 향해 비는 울음소리였을까, 애처롭고 가느다란 소리였다. 작은 새야, 그런 데 있지 말고 땅으로 내려오렴. 풀뿌리에 숨어라. 나는 그렇게 그 새에게 알려주려고 했지만 금세 바람 속에서 큰 빗방울이 떨어져 내렸다. 알려주려던 안식처는 비가 본격적으로 내리면 십 분도 지나지 않아 차가운 물에 잠겨버릴 터였다. 나그네 새의 영혼도 그것을 잘 알고 있었다. 녀석은 아래로 내려오려고 하지 않고 가냘프게 울면서 바람 부는 방향을 보고 있었는데, 이윽고 온 힘을 그러모아 풀에서 날아올랐다. 검은 모습은 흐린 들판을 획 가로질러 아득히 먼 풀 속으로 다시 내려가버렸다. 이렇게 몇 번인가 내려가서 쉬고, 쉬다가 다시 날아올라 안전한 곳까지 갈 생각

같았다. 작은 나그네여, 어서어서 쉴 곳을 찾아 자리 잡으렴. 내가 이렇게 들판을 보며 빌고 있을 때, 먼 오모리의 집 새장 속에 기운 없이 마당을 보고 있을 우리 앵무새의 모습을 떠올렸다. 이 들판에 날아다니는 새의 자유로움에 비해 얼마나 가엾은 포로의 삶인가! 사랑하는 것을 배우고 미워하는 것을 배우고, 기뻐하는 것도 질투하는 것조차도 배우며 평생 새장 속에서 살아가는 새. 그 새가 죽으면 나는 결코 다시는 새를 기르지 않으리라 그때 다짐했다.

바로 얼마 전, 뭔가 찾을 게 있어서 나는 아이의 책상 서랍을 열었다. 거기에 손때가 묻은 하늘색 봉투가 있기에, 뭐가 들어 있는가 하고 들여다보니, 앵무새의 오래된 날개깃이 몇 개 들어 있었다. 1, 2년 동안 앵무새가 날개를 떨어뜨릴 때마다 딸아이는 남몰래 주워둔 모양이다. 앵무새는 열여섯 살 소녀의 일생 중 벌써 여섯 해나 함께 살고 있었다. 아이는 사랑에 내포된 고통도 동경도 이 새에게서 배우며, 떨어진 날개깃을 하나하나 주우면서 새의 목숨이 1년이라도 길어지기를 기도했을 것이다. 사랑하지 않는다면 슬픔도 없을 거라고 그때 나는 다시 한번 생각했다.

미쓰코시 백화점 조류 매장에 작년 가을 아름다운 앵

무새 두세 마리가 들어 왔다. 그중에 아름다운 눈빛을 가진 새는 바로 팔렸다. 가장 특출난 게 없어 보이는 얼굴로 언제 보아도 옴질옴질 모이만 먹고 있던 흐린 파랑 앵무새는 죽어버렸던 모양이었다. 나중에 한 마리 남은 것이 가장 예쁘고 건강했고 우리 집 앵무새와 아주 비슷했다, 그 녀석이 봄부터 쇠약해지더니 가망이 없어 보였다. 깃털 색도 지저분해지고 언제나 눈을 감고 모이통 위에 머리를 얹고 자고 있었다. 부르면 성가신 듯 눈을 떴다가, 귀찮은 듯 다시 고개를 숙였다. 나는 건강한 우리 새와 비교되어 가여워 견딜 수가 없어서 달리 아무 용건도 없이 보름에 한 번 정도는 미쓰코시에 가서 엘리베이터를 타고 6층으로 직행해서 앵무새의 얼굴을 보았다. 항상 약하고 지친 얼굴로 횃대 위에 찰싹 짜부라진 모양으로 쉬고 있었지만, 그래도 살아 있었다. 남쪽 새장에 있는 풀색 큰 앵무새와 하얀 큰 앵무새는 같은 조류가 아닌 것처럼 언제나 모른 척하며 자신의 깃털만 긁적거리고 있었다. 가엾기도 해라, 앵무새야, 조금만 더 참아. 금방 나을 거야. 나는 알아듣지도 못하는 앵무새에게 그런 말을 들려주었다. 딱 두 달 정도 지나 최근에 가 보았을 때 앵무새는 오랜 병이 조금 나아지기 시작했는지, 눈을 깜박거리며 아직은 가지에 딱 붙어서 지나가는 사람을 보고 있었다. 이

새도 살아난 것 같아 나는 겨우 안심할 수가 있었다.

 작은 앵무새를 보러 가다 보니 어느새 옆 새장의 하얀 앵무새와 친해지게 되었다. 풀색 큰 앵무새는 아주 난폭해 보이고 좁은 새장 속에서 뭐든 못된 짓을 할 거리를 찾고 있는 것처럼 보여서 손가락이라도 가까이하면 물어버릴 것 같았는데, 하얀 앵무새는 붙임성 있는 성격이어서 "하양아, 잘 지냈어?" 하고 내가 손가락을 내밀면 하얀 새는 열심히 그 손가락을 핥아 준다. 점점 더 친해져서 머리를 길게 빼고 나에게 쓰다듬어 달라고 한다. 목을 쓰다듬어 주면 마치 고양이처럼 가르릉거리며 좋아한다, 그리고 포도알처럼 검고 윤기 있는 눈에 애교를 가득 담아, 좀 더 쓰다듬어 달라고 새장 속에서 몸을 뒤집으며 나에게 다가오려고 한다. 녀석은 얼마나 사람의 사랑에 굶주려 있는 걸까. 하양아, 또 올게, 오늘은 안녕. 그렇게 말하고 나는 가엾은 것을 버리고 도망치듯 돌아온다. 왜 신께서는 새에게까지 그런 슬픈 사랑을 주신 걸까, 너무나 죄를 짓는 것 같은 느낌이 든다. 이 글을 쓰면서도 나는 그 하얀 새를 생각하며, 상당히 나와 가까운 것 같은, 어쩌면 다른 삶을 사는 자신의 모습 같은 느낌도 든다. 횃대 하나에 몸을 두고 하염없이 무엇인가를 기다리는 인간의 모습, 결코 그런 모습을 생각해보고 싶지 않지만 말이다.

얼마 전 어느 저녁에 나는 하쿠산 환승역에서 전철을 기다리고 있었다. 마침 친정집에 가려던 참이었다. 그날 아침에 들었던 한 사람의 이야기가 내 마음을 무겁게 짓누르고 있었다. 그 사람을 위해서 어떻게든 해결 방법을 찾을 수 없을까 생각해봤지만, 도저히 여의치가 않을 것 같았다. 문득 귓가에 새 울음소리가 들렸다. 돌아보니, 근처 안경집 처마 끝에 네모난 대나무 새장이 매달려 있는데 그 안에 앵무새 한 마리가 모이를 먹고 있었다. 눈이 상냥하고 부리 아래쪽에 붉은 털이 난 걸 보니, 작년 가을 미쓰코시 백화점에 들어온 그 앵무새가 틀림없었다. 어머 앵무새야, 앵무새야, 여기에 있었구나. 나는 곁으로 다가갔다. 새는 조용한 눈빛으로 거리를 보면서, 간간이 모이를 먹고 짹짹거리며 얌전하게 울었다. 내 마음이 몹시 기뻐졌다. 그 새가 여기 와 있다니, 마치 잃어버렸던 물건을 찾은 것 같은 기분이었다.

전철을 타고 나서 밝은 마음으로 나는 기도했다. 들판의 새와 새장의 새를 지켜 주시는 신이시여, 부디 인간도, 고통받는 사람이나 기뻐하는 사람이나 모두 지켜 주세요, 어디에 있든지.

우리 집 사당신

사당은 아주 오래전부터 이 집 한 켠에 있었던 모양이다.

내가 젊었을 때 어린 아들 데쓰를 데리고 동네를 산책하던 시절, 항상 아라이주쿠의 제일 끝자락에 있는 작은 돌다리 옆까지 걸어갔다. 데쓰는 매번 돌다리 있는 데까지 가자고 졸랐다. 돌다리 오른쪽에는 나무가 무성한 정원수 농원이 있었고, 왼쪽에는 널찍한 감자밭 안에 작은 농가가 파수막처럼 서 있었다. 이 모형 정원 안에 있는 집 예쁘다! 데쓰가 부러워했다. 그즈음에 감자밭에 대파를 심어서 대파 속의 암갈색 집은 데쓰의 장난감 모형 정원보다 훨씬 보기 좋았다. 지금은 그 밭에 나와 데쓰가 산다.

 전의 땅 주인이 이사할 때 자기 집을 헐어서 다시 지으려고 목재를 가져가면서 사당까지 가져갔다. 그래서 사당이 있었는지 없었는지도 기억하지 못했다.

 여기서 십 년 정도 살았을 때로, 아이 아빠가 죽기 전의 일이었다. 인근 노인들이 우리 집에 환자가 있는 걸 알고 걱정하며 절의 행자님에게 신불의 계시를 받았다고 했다. 그때 여러 계시가 나왔는데 마지막에는 사당신이 나왔다. 사당신이 말하기를, "나는 그 집 한편에서 수십 년을 머물렀으나 전에 살던 사람이 우마고메로 이사할 때 함께 옮겨버렸소. 그 사람이 다른 곳으로 이사를 가고 다음으로 우마고메의 집에 들어간 사람은 거추장스럽다며 나를 길가의 쓰레기 버리는 데다 내다 버렸소. 나는 이러지도 저러지도 못하고 몹시 당혹스러웠소. 원래 집으로 돌아가고 싶소. 절대 환자에게 해롭지 않을 터이니 이제 나를 원래대로 돌려놓아 주시오"라고 하기에 그러면 원래대로 돌려놓을 테니 환자를 고쳐 달라고 했다고 한다.

 "환자는 중태로구려. 내 힘이 닿는 대로 해 보겠으나 상태가 심각하오. 원인은 냉증이니 편백탕에 목욕을 해 보는 것이 어떠하오?"

 이웃 사람들이 내게 상세히 이야기를 전해 주었다. 나

도 한창 바쁠 때였는데 편백탕에 목욕을 하라는 사당신의 제안을 듣고 웃고 말았다. 남편은 신장염이었다. 남편이 죽은 후, 나도 여러 가지 일이 많아 사당신을 돌보지 못했다.

3주기가 지나면 하려고 했는데, 3주기가 지나고는 잊어버렸다. 지진으로 부서진 집을 수리한 후에 드디어 그분도 나도 집으로 돌아왔다(이하 사당신을 그분이라고 부르기로 한다).

집의 동쪽 모퉁이에서 남쪽을 바라보며 서 있고 싶다고 그분이 말씀하시기에, 목수와 정원사가 나침반을 봐가면 그 작은 사당을 지었다. 수유나무와 동백나무와 모밀잣밤나무와 목련 사이에. 뒤에서 감나무 한 그루가 가지를 뻗고 있었다. 그 감나무 잎이 떨어지는 가을이었다.

올봄에 조금 고민되는 일이 있어서 하세데라 절의 관음보살님의 점괘가 적힌 제비를 뽑아보았다. 점괘가 필요할 때면 항상 관음산 아래에 사는 친구에게 엽서를 써서 점괘를 한 장 뽑아달라고 한다. 그러면 다음 날 점괘가 우편으로 온다.

그때는 점괘와 함께 편지가 곁들여져 있었다. '점괘를 보낸다. 그리고 요전에 아주 공력이 높은 여자 행자님이 니치로 신사에 오셨길래, 우리 운세를 봐달라고 했어. 그

참에 네 운세도 봤어. 올해는 작년과 달리 대단히 좋다고 하네. 너네 집 마당에 계신 사당신이 나왔는데, 집에 그런 사당신이 있는지 모르겠네. 아주 작은 사당이라고 스스로 말씀하신대. 그리고 사당신 말씀으로는, 잘은 모르겠지만 집의 뒷간이 혹시 귀문 방향이 아닌지 나침반으로 조사해보라고 하셨어. 얼른 알아봐. 자세한 얘기는 만나서 하자.'

나침반으로 조사하라는 계시를 듣고, 이전에 환자에게 편백탕에 목욕을 시키라는 그분의 말씀이 떠올랐다. 그분은 항상 겸손하다.

그분이 언젠가 나를 도와준 적이 있다. 작년 여름, 나는 상당히 심하게 병을 앓았다. 밤바람을 맞고 발이 냉해진 게 원인이었다. 하지만 진짜 원인이 하나 더 있었다. 어느 먼 곳에 구시대적인 여자가 한 명 있었는데, 그녀는 어쩌다 보니 살림 씀씀이가 커져서 남편에게 비밀로 빚을 냈다. 빚을 갚기 위해 다시 빚을 내고, 점점 금액이 늘어나 집이 파산하기 직전이 되어서야 그 사실이 남편 귀에 들어갔다. 이미 그때는 남편의 힘으로 해결할 수 없는 상황이었다. 그녀는 30년 전에 돌아가신 내 시어머니의 셋째 딸이었다. 멀리 사는 우리 집까지 그 여파가 밀려와, 여러 사람이 여러 가지 말로 나를 힘들게 했다. 법률도 경제도 모르는 나였지만, 거기에 다가가면 휘말린다는 것은 알았다. 그러나 아무래도 한 번은 안부 형식으로라도 내가 그곳에 얼굴을 내밀기를 인습의 세계는 기다리고 있었다. 얼굴을 내밀면 그대로 붙잡으려고 기다리고 있는 사람들도 많았다.

그 딜레마로부터 나를 구한 사람이 있다. 우리 집 행랑 할멈이 내가 난처해하는 것을 보고 그녀 나름대로 고민을 했다. 그녀는 사당신께 삼칠일의 발원을 시작했다. 동백나무와 모밀잣밤나무와 목련 사이에 있는 사당 앞에서 그녀는 매일 기도를 올렸다. 이 집안이 무사할 수 있게 해 주십사 하며.

7월 27일, 상당히 더운 날 나는 시누이의 채권자 한 사람한테서 석양이 비칠 때까지 구구절절 이야기를 들어야 했다. 여자 채권자였다. 그녀가 돌아가고 나서 바로 외출했는데, 밤이 늦어 몹시도 찬 바람을 쐬고 말았던 것이다.

다음 날 아침 일찍 잠이 깨서 복통을 느끼고, 그날 오전 중에 급성복막염에 걸렸다는 것을 알았다. 할멈이 기도 일수를 채운 날 아침이었는데 할멈도 그 사실은 잊고 있었다. 결국 두 달 동안 몸져누워 있다 보니 나는 아무 데도 갈 수 없었다.

젊음과 거리가 멀어지면서 나는 요즈음 빠르게 돌아가는 일은 모두 귀찮아지고, 그런 만큼 한층 더 조용한 그분을 사랑하게 되었다(사당신을 말한다). 그분도 나를 좋아할 것이라 생각한다.

태어난 집

산노의 신사(히에신사 — 옮긴이)는 신사 경내에 있는 찻집에서 밥을 먹을 겸 가끔 가 보았는데, 예전과 별로 달라지지 않았다. 어스레한 나무 그늘, 언덕을 둘러싸는 도쿄의 냄새가 나는 안개, 그 안개 너머 제3연대 부대가 있는 고지대. 내가 어렸을 때도 그런 모습이었다.

하지만 히카와신사에는 꽤 오래 가 보지 않았다. 옛날과 많이 달라졌을까?

나는 히카와 숲과 작은 골짜기를 끼고 있는 미카와다이의 고지대(현재의 롯폰기 — 옮긴이)의 모퉁이 집에서 태어났다.

아버지가 줄곧 외국에서 근무했기에 엄마와 아이들만

지내는 집은 무척 넓고 외로웠다. 오랜 세월 비바람을 맞은 검은 대문을 들어서면 정면으로 멀리 낡은 현관의 추레한 현관 마루가 보이고 오래된 기와지붕도 보였다. 이렇게 추레한 집은 우리 집뿐인 것 같아 볼품없다고 생각했는데, 지금 생각하면 그 주변은 부르주아가 아니고서는 살 수 없는 지역이었을 것이다. 우리는 가난했고 아버지는 부재중이고 사람의 출입이 적었으니, 그래서 어린 마음에 그런 식으로 중국의 농장 같은 느낌을 받았는지 모른다.

탐정 소설 작가가 범죄가 일어난 집의 지도를 그리듯이 그 집의 지도를 생각해보면, 대문과 현관은 북서향이었던 것 같다. 대문 밖으로 나오면 폭이 넓은 도로가 있고 바로 가파른 언덕길이 이어졌다. 언덕을 내려가면 아자부 1연대 부대의 흙담이 있었던 것 같다. 언덕길 오른쪽 모퉁이에는 오가사와라 가문의 저택이 있었고 그 집 맞은편 언덕길 왼쪽 모퉁이에, 그러니까 우리 집 건너편에 해당하는 곳에 야지마 저택이 있었다. 야지마 씨가 낙향한 후에 그곳은 시가 가문의 집이 되었다. 아마 소설가 시가 나오야의 아버지가 구입했을 것이다. 그 집 왼쪽이 우리 집의 밭이었다. 가끔 여우가 벼랑길의 조릿대나무숲에서 나와서 그 밭을 달리는 뒷모습이 지금도 눈에 선하다. 젊은 부인들이 다갈색 여우의 목도리를 어깨에 걸치고 있는 것을 보면 나는 미카와다이의 수풀을 달리던 귀엽고 재빠른 그 녀석들을 떠올린다. 그리고 여우가 뛰어다닐 만큼 예전의 우리 집이 홋카이도처럼 추웠나 생각해본다. 들판이 인간에게 정복되어 짐승들이 멀리 쫓겨났다는 생각은 하지 못하고 여우라고 하면 스와호수의 얼음 위를 뛰어다니거나, 홋카이도의 웅대한 경사면에서 귀를 세우고 공기 냄새를 맡는 모습만 떠오른다. 그런데 사실 우리 집도 절대 따뜻하지는 않았다. 그 홋카이도 같은 우리 집 옆집이 사카타 씨의 저택이었다. 사카타 씨가 이사를 가고 지금은 이노우에 준노스케 씨의 집이 되었다. 언제였던가 이노우에 저택의 객실에서 내가 벼랑 너머의 이치베 마을의 고지대를 바라볼 때, 가을 오후 햇살이 우리 집 객실과 똑같은 경치를 비추는 걸 보고 나는 우울해졌다.

내가 여덟 살 정도일 때 아버지가 일본으로 돌아왔고, 현관 옆 잔디밭 한가운데에 우물을 만들었다. 물이 얕은 우물 위로 끊임없이 솟아 나오게 만들어 잔디밭도, 아이들의 마음도 기쁘게 했다. 나는 학교에서 돌아오면 혼자서 그 우물 주위를 돌아다녔다. 아마 내 평생 중에서 가장 자유로운 공상을 한 것은 그때였을 것이다.

현관 오른쪽에 넓은 서양식 응접실이 있었는데, 그 방

만은 이전 소유자인 오자키 씨가 증축한 것으로 화장실까지 완전히 서양식이었다. 안에 깐 작은 양탄자의 꽃무늬와 검정색 칠을 한 둥근 덮개가 지금도 서글프게 떠오른다.

옛날에 무사 집안에서 쓰던 대저택을 오자키 씨가 매입한 것이었는데, 그 서양식 방의 창문 옆에 오래된 홍매화 나무가 한 그루 있었고, 마당 한가운데에, 집의 정남쪽으로 천엽벚나무가 한 그루 있었다. 보현상겹벚나무라는 이름의 모란처럼 뭉쳐서 꽃을 맺는 나무도 있었다. 그 두 그루의 꽃나무는 옛날부터 있었던 모양이다. 그것을 여유롭게 바라보며 살던 무사의 이름도 역사도 흘려들었지만, 뭔가 연유가 있어 멸문을 당했다고 엄마가 들려주셨던 기억이 난다. 그들도 그들 나름의 불행을 지니고 있었다. 작년 봄에 신기한 꿈을 꾸고 우연히 옛날 그들의 삶을 들여다본 느낌이 들었다.

꿈속에 많은 사람이 있었다. 있다고 느꼈다. 꿈속은 어두웠고, 특히나 캄캄한 어둠 속에서 사람들이 가득 앉아 있는 것 같은 여러 개의 방을, 나는 무엇인가에 이끌려 걸어갔다. 걸을 때 발이 사람들의 무릎을 스치는 느낌이 들었다. 아무도 소리를 내지 않았지만, 숨죽여 무언가를 기다리는 것처럼 느껴졌고, 어둠 속의 살기가 내 몸을 긴장

시켰다. 긴 복도를 돌아 맨 끝방까지 가자, 그 넓은 방에도 많은 사람이 앉아 있었다. 술 시중을 드는 사람도 있었는데, 시녀장 같기도 하고 다도 장인의 목소리 같기도 했다. 앞의 단풍이 든 마당 한가운데에 모닥불이 피워져 있었고, 무사처럼 보이는 사람도 많았다. 순간, 어디선가 (마당에서 왔는지) 화려한 옷을 입은 여자가 나타나 방 안으로 오더니 춤을 추었다. 마당의 모닥불 불빛에 비친 그녀의 얼굴이 창백했다. 사람들이 감상하는 눈빛과 소리를 느꼈을 때 문득 무슨 소리가 겹쳐지면서 캄캄한 어둠 속에서 눈을 떴다.

다음 날 아침 그것이 아자부 집의 복도와 객실이었다는 것을 깨달았다. 큰 방과 단풍 든 마당만은 현재의 우리 집 같기도 했다.

무엇 때문에 무사와 춤추는 여자의 꿈을 꾼 건지 알 수 없었다. 죽음인가? 그 무렵 친척의 불행에 연루되어 우리 집은 난리를 겪고 있었으니, 피곤한 머리에 뭔가 옛날의 난리가 잘못 투영되었던 게 아닐까 생각했지만, 죽음은 찾아오지 않았다.

작년 가루이자와의 여관에서 요시카와 에이지의 『신출귀몰 사향고양이神變麝香猫』라는 소설을 읽는데, 고마무라의 은신처에서 선녀춤을 추는 부분이 나왔다. 그 연회의 풍경이 몹시 친근하게 느껴져서 어디서 읽었을까 생각해 보니, 금방 꿈속에서 본 여자가 떠올랐다. 아! 얼굴이 창백한 줄 알았는데 가면을 쓰고 있었던 거구나! 반년 만에 그것을 생각해냈다.

 그 꿈은 분명 무사가 어느 밤 술잔치를 하는 광경이었을 것이다. 작별 잔치? 죽음? 해방? 어떤 불행? 혈연관계도 아닌 옛 선조들은 그날 밤 나에게 무슨 이야기를 하러 왔던 것일까, 생각하면 한기가 든다. 집에 사는 사람은 여러 번 바뀌었다. 그런데 특별히 나에게 무슨 이야기를 하러 왔던 것일까?

학교를 졸업했을 무렵

시간이 지나면 사진도 바랩니다. 수수한 전통 옷에 오늬무늬 겉옷을 입은 한 아가씨의 모습이 아주 어렴풋이 내 머리에 떠올랐습니다. 그 아가씨는 열일곱 살이었습니다.

당시 세상이 너무 사치스러워지고 있어서였는지, 아니면 그럴 만한 다른 이유가 있었던 것인지 기억나지 않지만, 졸업생은 가문의 문장이 든 예복을 입지 말라는 명령에, 모두 화가 나서 수수한 평상복을 입고 졸업식에 참석한 것입니다. 꽤나 특이한 졸업식 광경이었을 것입니다. 외국인 교장 선생님이 마지막으로 연설을 했습니다.

"자, 내 친애하는 졸업생 여러분, 여러분은 세상의 소금

이 되어야 할 것입니다. 그리고 등불을 됫박 아래에 두면 안 될 것입니다(성경 구절)."

그녀는 등불을 됫박 아래에 두는 경제적이지 못한 짓은 평생 하지 않을 각오를 했던 것 같은데, 소금이라는 말은 그녀에게 상당히 추운 느낌을 주었습니다. 무슨 일이 있어도 소금 같은 건 되지 않겠다고 마음속으로 굳게 다짐했던 것 같습니다.

그렇게 이상한 식으로 졸업했습니다. 겨우 열일곱 살에 뭘 알았을까요?

집에 돌아오고 나서 조금씩 분 바르는 연습을 하기 시작했습니다. 세상이 한가롭고 시간은 많았고, 아마 그해 가을이었을까요, 오래도록 몸져눕고 말았습니다. 폐결핵이면 어쩌나 하며 어머니와 의사가 염려했습니다. 티푸스나 신경쇠약이 유행하지 않았던 옛날이니, 긴 병은 전부 막연하게 폐결핵이라고 생각했던 것 같습니다. 그녀는 병이 낫든 말든 상관없다고 생각하며, 가끔 아버지의 향수를 숨겨서 머리에 뿌리고 누워 있었습니다. 얼마 지나지 않아 난처하게도 병이 나아버렸습니다.

그녀의 여동생은 그 무렵 가쿠슈인(귀족 여학교라고 했습니다)에 다녔습니다. 동창 중에 니시무라 시게키西村茂樹 선생님의 따님도 있었습니다. 상당한 수재로 자유시간이면 항상 소설을 썼다고 합니다. 우아하고 단정한 붓글씨로 서예가인 오노 가도^{小野鵞堂}의 서체로 써내려서는 친구들과 돌려보았답니다. 여동생이 가져오면 그녀도 그것을 몰래 보면서 매우 감명을 받았습니다. (당시의 니시무라 선생님의 따님은 지금 활약하는 주조 유리코^{中條百合子} 작가의 이모일 겁니다) 어쩌면 그게 다가 아니었을지도 모르지만, 심심함이, 그리고 가난이 그녀를 문학으로 몰아넣었던 것 같습니다. 그녀는 문학소녀가 되었습니다.

히구치 이치요^{樋口一葉}가 『흐린 강』과 『키재기』를 써서 세상을 압도하던 시절의 일이었습니다. 그녀도 뭔가 글 쓰는 법을 배우고 싶었지만, 글과 관련된 공부라고는 성경 강의 정도밖에 듣지 못했으니 우선 시 선생님에게 가서 국문학 연구부터 해야겠다고 생각했습니다. 나카지마 우타코^{中島歌子} 선생님은 그 무렵 최고의 대가였습니다. 그리고 사사키 노부쓰나^{佐佐木信綱} 선생님은 당시에는 신인이었습니다. 어느 분께 가야 할까 아무리 고민해도 결론이 나지 않아, '누구한테 갈까요?' 하며 손가락으로 정해서 결국 사사키 노부쓰나 선생님 문하에 들어갔습니다.

젊은 여성을 대상으로 하는 잡지가 그 시절에 이미 나오고 있었습니다. 『태양』이나 『문예구락부』 외에도 더 읽고 싶어서 그녀와 여동생은 그런 잡지도 사 보았지만,

거기에 나오는 소설은 하나같이 애인을 남에게 양보하고 자신만 손해를 보는 줄거리였습니다.

집에만 있는 게 슬슬 싫증이 나자 그녀는 자기 일이 갖고 싶어졌지만, 학교 여교사 말고는 달리 일이 없었던 시절이었습니다. 그녀는 교사가 될 생각은 없었기에 할 수 없이 시를 배우러 다녔습니다.

그 무렵 그녀가 살던 집은 도요카와 신사 옆이었습니다. 대문을 나오면 바로 아오야마 대로였고, 뒷문은 좁은 길 하나를 사이에 두고 산실의 문과 마주 보고 있었습니다. 산실이라는 곳은 당시의 아오야마 이궁^{離宮}의 가장 구석에 있었는데, 폐하의 자녀분이 태어나는 시기에만 사용하던 전각이었습니다.

그녀가 졸업하고 한참 지나서 한 번 그 산실의 문이 열렸고 그 후로 매일 매일 보초병 한 명이 서 있었습니다. 다시 한참 지나서 그 문이 닫히고 보초병은 보이지 않게 되었습니다. 가족들 말로는 ○○님은 회복이 되셔서 어제 궁중으로 돌아가셨다고 했습니다. 학창 시절에는 전혀 몰랐던 세계의 어떤 일이 기적처럼 다가와 그녀를 놀라게 했습니다. 그것에 대해 그녀가 새삼 발견(?)한 것은 어머니와 자식은 전혀 다른 존재라는 막연한 사실이었습니다. 이궁의 그 부분만은 특히 삼나무가 많아 어둡고 깊은 느껌이 들었고, 그곳이 바라다보이는 그녀의 집은 길모퉁이의 소음에 둘러싸이고 마당에 떡갈나무가 많은 집이었습니다.

세밑

12월의 색은 노란색이다. 그것은 붉은색과 흰색과 푸른색 사이에 있다. 오늘 아침 뒤편의 사당에 갔다가 떨어진 대추 열매를 밟아서 뭉갰다. 지난가을에 떨어진 채로 벌써 한참을 말라 있었는데, 그래도 밟으니 뭉개져서 미안한 마음이 들었다. 사실은 무척 맛있어서 나는 평소에 대추에 심취해 있다. 예전 어린 시절에 외가에 갔을 때, 곡식창고 옆에 큰 대추나무가 있었고 고동색 대추가 주렁주렁 열려 있었다. 대추를 먹으면서 어린 마음에도 대단히 풍취가 있다고 생각했다, 그 맛도 그 풍경도. 그리고 지금 이 집을 지을 때 특별히 대추나무를 한 그루 구해서 아이 방의 북쪽 창가에 심었다.

아이도 어렸을 때는 잘 먹더니, 그 후 바빠지기도 하고 자라기도 해서, 요즈음은 자기 방 옆에 무슨 나무가 있는지도 관심이 없다. 그는 남의 집 창문 안에서 훨씬 맛없는 것을 먹고 담배를 피운다. 그리고 말한다, 내 말 좀 들어봐!

때까치가 울면서 하늘을 돌아다닌다. 날씨 참 좋네! 새가 있나? 우리 집 앵무새는 죽었는데. 내일 또 오렴! 때까치 소리를 들으면 나는 왠지 조시가야의 숲이 생각난다.

언젠가 외국 사람의 집을 방문했다가 돌아오는 길에, 자동차로 귀자모신(유아를 보호하고 양육하는 신—옮긴이)의 숲을 지나왔다. 때까치가 시끄럽게 우는 저녁 무렵이었다.

그곳에 고즈넉한 오래된 찻집이 있었는데, 2층과 아래층의 장지문이 닫혀 있어 안이 어렴풋이 밝았다. 그때 왜 그랬는지 나는 너무나 그 찻집에 들어가고 싶어졌다. 나 홀로! 분명 내 안의 변덕쟁이가 뭔가 평소와 다른 모험을 하고 싶었던 것이리라. 하지만 그때, 무슨 모험을 할 수 있었을까? 사람을 죽이는 일? 애인을 찾는 일? 아아, 어느 쪽이든 고생스럽다! 그때의 때까치는 날카롭게 울어댔다.

이렇게 때까치에 대해 투덜거리는 지금, 내 옆에는 어제

비를 뚫고 사 온 쇼핑백이 널려 있다. 이웃들에게 명절 선물로 보낼 무명천이다. 이웃 사람들은 채소와 설탕을 준다. 항구에 배가 도착한 것처럼 여러 가지 물건이 도착하면 원주민의 마음은 들뜬다. 가난한 연금 생활자가 이런 관습을 계속 유지하는 건 올해까지만이라고 생각하지만, 그 '올해만'이라던 게 벌써 몇 년째 이어지고 있다. 아마도, 올해까지만!

나처럼 고지식하고 게으른 사람은 무척 애를 쓰며 한 해의 세밑을 보낸다. 그런데 세밑은 살벌하게 지나가니 신나지만, 정월은 시시하다. 밤에는 모두가 일찍 자고, 낮에도 상점은 문을 닫아버리니, 폐허가 된 도시 위에 깃발을 세우는 것처럼 적막하다. 먹을 것도 아무것도 없다! 죽어 있는 것 같다! 사람이 죽을 때, 그 전에 세밑이 온다.

언젠가 한 환자를 돌보며 임종을 지켜보았다. 약과 찜질과 주사와 의사와 세면기와 자동차, 운전수의 팁, 간호사의 간식, 사소하고 성가시고, 그리고 이윽고 '정적'이 왔다. 환자는 어수선해서 뭘 생각할 짬이 있었을 것 같지 않다. 바빴던 것은 그에게 다행이다. 그리고 바빴던 것은 나에게 다행이었다.

귀부인이 호텔 7층에서 뛰어내렸다. 옥상으로 달려 올

라간 탐정과 귀부인의 남편이 아래를 내려다보았을 때는 아득한 지상에서 그녀는 하나의 검은 덩어리였다. 그것은 닉 카터가 찾아다닌 살인마의 최후다. 이 나라에서도 지금 그런 죽음이 유행한다. 정신없이 빨리 끝나 약도 무엇도 필요 없다. 그러나 속도가 빠를 뿐 역시 떨어지는 한순간에 머릿속으로 몇 년만큼 몇 달만큼의 결산을 하는 걸까? 거꾸로 떨어지면서 생각을 하면 어지럽겠지! 그럴 걱정은 할 필요 없는 게 도중에 죽어버리지. 그건 아니지, 고양이처럼 중간에 공중제비를 돌면 떨어져도 안 죽는다던데(떨어져 본 적도 없으면서). 머리가 무거우니까 나는 아마 똑바로 떨어질 거야. 말도 안 돼, 머리하고 다리하고 허리를 재 보지 않고 어디가 무거운지 알 수 없지.

꼭 거꾸로 떨어지면서 생각을 하는 것 같다. 천을 접으면서 생각한다. 누군가, 내게도 세밑 선물을 주려나?

정니불식 구정무금(井泥不息 舊井无禽, 주역 점괘 중 하나, 우물물이 더러우면 먹을 수 없고 오래된 우물에는 날짐승도 찾지 않는다는 뜻—옮긴이)! 아이고! 외로움과 추위는 함께 온다. 이집트의 설은 여름이라던가. 나일강이 범람하고 태양은 붉고 노랄 것이다. 악어는 신이 날 테지!

새해

 모든 것이 공백이 되는 때를 새해라고 하는 걸까?

 평소에는 기사를 꾹꾹 눌러 담아 알차게 채우는 신문은 실을 내용이 없어서 난처한 나머지, 어색하게 찍힌 '유명인사'의 사진을 어수선하게 싣고, 산의 나뭇잎은 작년 사이에 완전히 떨어져 올해의 잎은 아직 전혀 없다. 그리고 사람조차도 세밑에 온 힘을 다 써버린 듯 몹시 추워 보이는 얼굴을 하고 있다.

 새해라는 행사는 내가 어렸을 때는 1월 한 달 내내 계속되었던 것 같은데, 점점 짧아져서 지금은 설날 하루로 줄어든 것 같다.

 이러다가 조만간 사라져버릴지도 모른다.

왜냐하면 다른 것들이 모두 가득 차 있을 때, 그리고 그 가득 차려는 압력이 더욱 증가할 때 그들은 (사물이든 사람이든) 자신의 자리를 찾기 시작한다. 그리고 공백이던 곳은 점점 채워진다. 교외가 발전한 것도, 빌딩이 세워진 것도, 그리고 '새해'가 짧아진 것도 모두 같은 논리다.

'새해'가 이미 사라진 세계가 상당히 많다. 월급쟁이에게 그것은 이삼일 이어지는 휴일에 불과하다. 그리고 짐을 끄는 말에게도 새해가 없다. 말들은 요즈음 마수걸이 배달을 할 때 치렁치렁한 장식을 달지 않게 되었다.

그리고 재미있는 건 봉건시대를 그려내는 무협 영화에 새해 장면이 별로 없는 점이다. 있더라도 오오카정담(大岡政談, 에도시대 중기 훌륭한 재판관이라 칭송받던 오오카 다다스케의 명판결과 인물 됨됨이, 치적을 그린 소설과 희곡 등의 작품군의 총칭—옮긴이)의 속편처럼, 반드시 배경이 새해여야 할 필요가 없을 정도이다. 상투를 틀고 칼을 차던 시대에는 분명 '새해'가 매우 귀중한 시기였음이 틀림없다. 그러니 원작자나 각색자가 줄거리를 어떤 방식으로 다루든 '새해' 장면이 좀 더 대놓고 나와도 전혀 이상할 게 없는데, 그들은 아마 그런 것의 존재를 잊은 모양이다. 그리고 어쩌다 갑자기 떠올랐다면, 그런 것을 작품 속에 넣는 것은 부자연스럽다고 생각할지도 모르고,

넣을 용기가 있는 사람은 그것을 곁다리로 만들어버리는 것이다.

그렇지 않으면 독자나 관객이 그냥 봐주지 않기 때문이다. 작가들은 그 사실을 정말 잘 알기 때문에, 봉건시대를 새롭게 해석하면서 현대에 불필요한 부분은 싹둑싹둑 잘라버린다. 그리고 바로 그중 하나로 새해를 꼽을 수 있을 것이다.

그렇지만 '새해'가 아무리 변화하더라도, 그것이 존재하는 이상 계속 따라다니는 것은 적어도 일본에서는 추위다. 이 사실은 당분간 바뀔 것 같지 않다.

내가 사는 곳에는 아직 참새가 많다. 평소에 녀석들은 별로 두드러진 존재가 아니지만, 새해는 녀석들의 존재를 매우 선명하게 드러낸다. 인간들이 추위에 움츠리고 있을 때 그들의 귀에는 참새들이 짹짹거리는 소리가 햇빛이 반사되는 것처럼 소란스럽게 들려온다. 나뭇가지와 땅 위를 우르르 떼 지어 걷는 참새는 잿빛의 보잘것없는 녀석들이지만.

여하튼 세밑 동안은 어디 있는지 전혀 보이지 않다가 새해가 되면 나타나는 걸 보면, 어쩌면 녀석들은 새해의 유령이 아닐까?

등화절

어느 나라의 달력

처음에 태어난 것은 기쁨의 영혼이니, 이 새해를 기뻐하라!

1월   영혼은 아직 잠이 깨지 않는다
2월   무지개를 짠다
3월   빗속에서 미소를 짓는다
4월   흰색과 녹색 옷을 입는다
5월   세계의 청춘
6월   찬란한 장관
7월   두 세계에 머문다
8월   색채

9월   아름다움을 꿈꾼다

10월   한숨을 쉰다

11월   스러진다

12월   잠든다

 게일족의 오래된 속담일까. 어느 오래된 책을 읽다가 마지막 페이지에 아무 맥락도 없이 이 달력이 실려 있는 것을 보았다. 이 달력에 따르면 세계는 무한히 복잡한 색으로 뒤덮여 있다. 1월, 2월, 3월, 4월의 뜻은 이해가 간다. 5월이 청춘인 걸 보니 일본에 비해 한 달 늦는 모양인데, 훨씬 북쪽에 있는 나라여서 그런 것 같다. 그래서 6월의 찬란한 장관도 한 달 늦게 찾아오나 보다. 7월에 영혼이 두 세계에 머문다는 건 성장과 소멸의 두 세계를 말하는 걸까? 8월의 색채란 하늘의 구름, 날아오르는 새의 날개, 산의 녹음, 나무와 풀꽃의 색일 텐데, 그런 색들이 한꺼번에 눈부시도록 강렬하게 드러나는가 보다. 특히 북유럽에서는 봄에서 여름 사이에 한꺼번에 찬란한 빛깔로 물드니까. 9월에 아름다움을 꿈꾼다는 것은 8월의 아름다움이 여전히 이어지면서 다소 잠잠해지는 계절. 10월은 한숨을 쉬듯 쓸쓸한 바람이 분다. 11월에는 모든 초목이 지치고 스러지고 12월에 잠이 든다. 영혼이라는 단어에 조금

허세가 느껴져서 자연이라는 말로 바꿔보았다. 그러니 바로 와닿는다.

이런 계절을 색으로 분류하면 하양, 연노랑, 파랑, 초록, 그리고 주홍과 보라, 노랑과 빨강, 회색과 검정으로 나눌 수 있으리라. 언젠가 음양오행설에 대해 들은 적이 있다. 나무, 불, 쇠, 물에 봄, 여름, 가을, 겨울의 사계절과 파랑, 빨강, 하양, 검정의 네 가지 색을 조합한 것이라고 한다. 봄이 파랑, 여름이 빨강, 가을이 하양, 겨울이 검정이다. 그런 어려운 얘기는 잘 모르지만, 염색 분야에서 원색이라고 하면 보통 자홍, 노랑, 청록을 말한다고 한다. 청록은 검정이 되기도 하고, 자홍은 노랑을 품었다가 보라가 되기도 한다. 그럼 흰색은 어떨까? 흰색은 어느 때는 검은빛을 띠었다가 푸른 빛을 띠었다가 하는 모양이다. 그림에 대해서는 문외한이라 할 말이 없지만, 내가 좋아하는 분야인 단가短歌 속에서 색 구별을 조금 해보려고 한다. 특히 고전시에 대해서. 현대시의 색채는 상당히 강렬하지만, 고전시의 색채는 하나같이 여리다. 그리고 한 가지 색이 아니라 여러 음영이나 느낌이 포함되어 다른 색으로 보이는 일도 있다. 직물 중에 날실과 씨실을 다른 빛깔로 짠 비단벌레색이라는 것이 있는데 그것과 비슷하다.

쏟아지는 폭포 위에 고사리 싹이 트니 봄이 왔나 보다
 가스가노 들판의 눈밭을 헤치고 돋아난 풀을 보니 내 님인 것만 같아라
 오리 깃털 빛으로 싹 트기 시작한 봄 산처럼 그대 마음도 막연하기만 하여라

 여기에는 아직 봄이 완연하지 않은 무렵의 초록이라고 할 수 없는 연노랑 빛, 흰빛, 푸른빛이 섞여 있다. 마치 켈트의 달력에서 자연이 무지개를 짜는 것 같은 '희망의 달' 2월의 따스함이 담겨 있다.

 내 님이 보고 있을 사호佐保 땅의 푸른 버들 그 꺾인 가지만이라도 볼 수 있으면 좋으련만
 봄 들판에 붉은 안개가 끼어 슬픈데 이 저녁놀 빛 속에서 휘파람새 우누나
 가스가노 들판에 연기가 피네 누가 봄 들판에 쑥부쟁이를 뜯어 데치나
 제비꽃 따러 왔다가 들판에 이내 마음 빼앗겨 잠이 들고 말았네
 봄날의 정원을 다홍빛으로 물들이는 복사꽃 화사한 길에 나와 선 아가씨여

여기에는 파랑, 다홍, 담홍, 보라가 있다. 안개조차도 하얗지 않은 옅은 보라색 같고 풀을 태우는 연기도 순수한 흰색이 아니다. 모두 부드럽고 따스한 봄빛이다. 일본에는 동백꽃과 복사꽃보다 짙은 색의 봄꽃은 없었던 듯하다.

두견이여 가미야마로 떠날 때 나지막이 말을 걸던 그날의 하늘을 잊지 못하네
병꽃나무 꽃이 핀 울타리에 나처럼 철 모르고 우는 휘파람새 소리
아침에 피었다 저녁이면 사라지는 닭의장풀 나도 그렇게 사라지는 사랑을 하는 걸까
스미노에 아사자와오노 습지의 제비붓꽃을 옷에 문질러 물들여 입을 날이 언제 오려나
아내와 둘이서 만들었던 마당에 나무들만 무성하구나

두견이 울었던 산길에는 여름 산의 푸른 빛만 그려진 것이 아니다. 나지막이 말을 걸었을 때 하늘은 저녁놀로 붉게 물들었을까? 어쩌면 하늘이 아스라이 밝아오는 새벽녘의 흐린 분홍빛이었을까? 달빛도 없고 밤의 어둠도 없으니 밤은 아닐 것이다. 병꽃나무 꽃은 하얗고 닭의장

풀은 파랗고 제비붓꽃은 흐린 보라 아니면 파랑에 주홍색이 섞인 색일 것이다. 세상을 떠난 아내와 둘이서 만들었던 정원은 검어 보이리만큼 짙은 초록이다.

 한 송이 패랭이꽃을 내 뜰에 심은 그 마음은 누구에게 보이려는 마음이었을까
 가을이 되면 천에 비벼 물들이려 씨를 뿌린 맨드라미꽃을 누가 꺾었나
 아침 안개 드리워진 논에서 우는 기러기를 말릴 수 있으려나 우리 집의 싸리는
 단단히 심었으니 가을이 오지 않는다면 몰라도 꽃이 피리라 꽃은 지더라도 뿌리까지 마르지는 않으리라
 아침이 왔다고 새는 우는데 이 언덕의 나뭇가지는 아직 고요하구나
 그대가 영원히 변치 않으리라 믿지 못하여 헤어진 오늘 아침은 흐트러진 이내 검은 머리처럼 마음도 흐트러져 생각에 잠기네

 패랭이꽃은 여름에서 가을까지 계속 핀다. 이것은 짙은 주홍색이다. 맨드라미꽃은 주홍보다 짙은 빨강일까? 아침 안개는 희고 싸리꽃은 붉고, 기러기가 우는 논은 이미

누렇게 물들었을까? 그보다는 조금 일렀을까? 아리와라 노 나리히라(在原業平, 황실 출신의 시인—옮긴이)가 지은 시에서 '단단히 심은' 건 노란 국화인 것 같은데, 어쩌면 흰 국화일 수도 있을까? 언덕의 나무 위는 아직 조용한 새벽이다. 새벽은 희고 어스레한 검정이 남아 있다. 나는 검은 머리카락이 흐트러진 아침을 봄도 아니고 여름도 아니고, 가을의 경치로 보았다. 검은 머리카락의 검정은 별로 진하지 않고, 마음이 식어가는 보라색, 여전히 미래를 믿는 담홍색, 동시에 현재부터 미래에 걸친 불안은 마른 나뭇잎색, 그런 복잡한 색이 섞인 시인 것 같다.

오동나무 잎이 떨어져 걷지 못하도록 쌓였네 누군가를 꼭 기다리는 건 아니건만

나뭇잎 지고 찬비 내리고 구름 떠도는 산마루를 보니 겨울이 왔구나

눈이 그리 내리지도 않건만 하늘에는 구름이 몹시도 끼었구나

외로움을 견디는 이가 또 있으면 좋겠네 그 사람과 나란히 초막을 짓고 살겠네 이 겨울의 산골마을에서

오작교에 서리가 내린 듯 새하얀 걸 보니 밤도 한창 깊었구나

오동나무 잎은 새로 쌓인 낙엽도 오래된 낙엽도 모두 가랑잎색이다. 막 떨어졌을 때는 살짝 가을의 누런 색도 보일 것이다. 작자의 마음은 잿빛이다. 산속 나뭇잎이 질 때 붉은 단풍잎도 섞인다. 볼품없는 갈잎도 섞이고, 늦가을 비를 내리는 구름은 묽은 먹빛이다. 별로 많이 내리지 않는 눈이 아직 하늘에 가득 남아 있을 때, 하늘도 공기도 모두 은회색이다. 쓸쓸한 겨울 산골 마을은 아무런 색도 없다. 멀리서 보면 승려 시인 사이교가 홀로 사는 그 초막만이 검은색으로도 갈색으로도 보일 것이다. 밤이 깊어 마당의 서리가 하얗다. 그러나 그 흰빛을 감싸는 밤의 검은색이 있다. 작자도 그 어두운 추위를 느끼고 있다. (지금 오래된 시가집을 갖고 있지 않아 거의 마구잡이로 써봤다)

이렇게 색을 구별해 보아도 별 재미도 없고 오히려 덧없기만 한데, 나열해 본 시 탓도 있으리라. 이제 나는 이국의 달력에 대해 거의 잊었다. 머나먼 만요시대(일본에서 가장 오래된 시가집 『만요슈』에 실린 시가 쓰인 시기로 7-8세기를 말함—옮긴이)의 들꽃 빛깔까지도 내게는 이국의 본 적 없는 숲의 색이나 하늘이나 물색보다도 가깝게 느껴진다.

계절이 바뀔 때마다

 계절이 바뀔 때마다 무사시노 들판에는 한발 먼저 봄바람과 가을바람이 불고 서리와 눈도 빨리 내리고 여름풀도 빨리 무성해진다. 그 들판 부근에서 몇 년쯤 살다 보니 일상생활에서는 제철 음식을 먹는 게 제일 맛있고 제일 경제적이라는 걸 배웠다.

 겨울부터 봄 사이에 쉽게 구할 수 있는 채소로는 일본인들이 제일 좋아하는 무, 그리고 배추, 순무, 시금치가 있다. 과일로는 사과와 귤을 반년 내내 먹는다. 12월과 정월 사이에 곶감이 나온다. 신년에 먹는 곶감 넣은 초무침은 세계 어디에도 없는 별미다. 그런데 겨울 파만큼은 이 도쿄 북서쪽에 있는 밭에서는 시원찮은 것밖에 나지 않는다. 오모리나 이케가미 근방에서 나는 흰 줄기가 길고 맛이 풍부한 파는 구하기 어려워서, 자연히 겨울철 음식에 파를 쓰는 게 그리 즐겁지 않아졌다. 그건 어디까지나 내가 그렇다는 거다. 봄이 오면 제일 기대되는 것은 딸기다. 봄이 완연해지면 누에콩과 완두콩이 난다. 집집이 마당과 울타리에 핀 흰색과 자주색 완두꽃이 눈을 즐겁게 하고, 여름이 다가올 때까지 양껏 먹을 수 있다. 죽순은 일본 특유의 맛이 있고 모양도 멋있지만, 그저 계절의 향기를 느끼는 것일 뿐 매일같이 거르지 않고 먹고 싶은 음식은 아니다. 다케토리 설화나 『겐지 이야기』에도 나오는 걸 보면, 예로부터 식재료로 쓰였던 것 같다. 머위는 죽순보다는 전원적인 느낌이 나서 마당 구석에서 머위를 따고 있을 때면 젊은 순례자의 노랫소리가 들릴 것 같은 착각이 든다. 머위의 어린 꽃줄기는 휘파람새 소리보다 먼저 봄을 알려준다.

초여름 공기 속에 여름귤 향기가 섞일 때면 과일가게는 노랗게 단장한다. 1년 중에 신맛이 제일 필요한 계절일지도 모르지만, 그래도 조금 많이 시다. 그다음에 나는 게 귀여운 햇감자. 동물이든 식물이든 채소든 작은 것을 보면 기분이 좋다. 비파, 복숭아 같은 여름 과일은 사과나 귤만큼 많이 먹을 수가 없다. 요시미에 있는 복숭아밭에서도 이제는 예전처럼 맛있는 물복숭아가 나지 않는 것 같다. 멀리서 오는 복숭아는 모양도 예쁘고 과즙도 가득하지만, 도쿄의 복숭아만큼 순한 맛이 아니다. 5월, 6월, 7월, 우리에게는 토마토가 있다. 아무리 많이 먹어도 좋다. 그리고 오이. 이 근방에서는 덩굴 오이도 덤불 오이도 모두 품질이 좋고 가을까지 나온다. 가지는 도쿄에서나 시골에서나 겨울의 무처럼 일본풍의 모든 요리에서 가장 깊은 맛을 내고, 또 가장 가정적인 맛이기도 하다.

이윽고 배와 포도가 나오고 파란 사과도 보이면 가을이 온다. 양배추, 고구마, 호박, 밤과 감. 거기에 송이버섯 향기가 과거 일본의 풍요로움이나 아름다움을 떠올리게 한다.

과일 장수라도 된 양 채소와 과일 이름을 늘어놓았는데, 고민스러운 건 우엉과 당근을 어느 계절에 넣으면 좋을까. 나물 반찬에, 서양 요리에, 꽃구경 도시락에, 신년 음식에, 거의 1년 내내 사계절에 걸쳐 계속 먹는다. 우엉의 검은색과 당근의 붉은색은 색감만으로도 화려하고 맛이 복합적이다. 깜박하고 언급하지 않은 게 8월의 수박이다. 글라디올러스의 꽃을 닮은 담홍색과 황홀한 미각. 입안에서 녹는 먹거리에는 아이스크림이나 쇼트케이크도 있지만, 그 달콤 상큼한 맛이 물처럼 흘러버리니 덧없는 기분이 든다. 전쟁을 겪고 살아온 나는 그렇게 모든 걸 아까워하게 되었다. 오래전에 친하게 지냈던 B 부인은 서양식 요리와 일본식 요리를 솜씨 좋게 접목해 우리에게 대접했다.

사계절에 때때로 B 부인은 너덧 명의 제자를 집으로 초대해서 언제나 비프스테이크 파이를 대접했다. 부인은 미국에서 일본으로 혼자 건너와 가정주부들에게 영어와 예법을 가르치고 대사관의 사무를 돕기도 했다. 그 시절 나는 그런 집에 드나들며 지내던 한가한 팔자였다. 전쟁이 벌어지기 10여 년 전이니 오래된 이야기다.

B 부인은 비프스테이크 파이를 좋아해서, 일본인 요리사도 부인의 입맛을 알고 능숙하게 만들었다. 부인들을 점심 식사에 초대할 때는 항상 메인 요리로 비프스테이크 파이를 준비하고 다른 소소한 것들을 곁들였다. 처음 초대를 받았을 때는 화창한 가을 오후였다. 대합을 넣고 뽀얗게 끓여 낸 수프, 그리고 큰 접시의 비프스테이크 파이. 소고기를 향기로운 향신료와 송이버섯을 넣고 볶다가 찐 것을 파이 크러스트로 여러 겹으로 싸서 구운 것. 부인은 그것을 여러 조각으로 잘라 손님용 접시에 담고, 앞접시를 나누어 주고 모두가 자유롭게 덜어 먹도록 했다. 깍둑썰기한 생선을 간장에 졸인 것같이 생긴 것(맛은 서양식),

작은 가지로 만든 탕수, 참깨 소스에 버무린 토란 줄기(샐러드 대신), 쿠키와 커피. 이게 바로 진정한 런치 모듬이 아니냐며 부인은 말했다. 파이를 몇 조각이나 더 먹고 우리 모두 배가 불렀던 게 기억난다.

다음에 초대를 받았을 때는 봄이었다. 수프로 나온 일본식 계란찜에 흰살생선이 가득 들어 있었고, 비프스테이크 파이에는 햇표고버섯이 섞여 있었다. 생선은 없었고, 쇠귀나물을 갈아 달걀과 섞어서 노르스름하게 튀긴 튀김이 나왔다. 죽순과 연근을 녹진하게 조린 것. 샐러드 조금. 담홍색 아이스크림과 대나무 잎에 싸인 만주와 커피. 색감이 훌륭해서 단순한 런치 모듬 수준을 넘었다. 다음은 7월경이었는데, 그날은 파이가 아니라 차가운 고기 요리였던 것 같다. 껍질콩 흑임자 무침. 새우, 아스파라거스. 특별한 별미는 바나나, 파인애플, 복숭아와 오렌지, 건포도와 호두까지 섞은 호사스러운 과일샐러드였고, 후식은 나가사키 카스텔라와 녹차였다.

B부인이 본국으로 돌아갈 때, 어느 지인과 나는 차를 곁들인 식사 자리에 부인을 초대했다. 아담한 방에 사이좋게 앉아서 즐겼던 도미 회, 은어 소금구이, 꿀밤 조림 등을 부인은 아주 좋아해 주었다. 그리고 광삼과 순무를 넣은 된장국을 칭찬했다. 광삼이 뭐냐고 물어보셔서, 나

보다 영어를 잘하는 지인이 광삼은 바다에 있을 때는 검고 말랑한 생물로 해삼이라 불리는데, 해삼을 말린 것이 광삼이라며 횡설수설 설명했지만, 그 검고 말랑한 생물이 뭔지 B 부인은 도저히 이해하지 못했을 터였다. 그리고 "메밀국수는 좋아하세요?"라고 여쭈니 "음!" 하며 부인은 고민하는 눈빛으로 "맛은 좋아요. 너무 길어서 우리를 난감하게 하죠"라고 대답했다.

얼마 전에 배급받은 짧은 건면을 먹다가, 메밀국수가 길어서 난감하다던 B 부인을 떠올렸다. 짧은 건면은 우리를 서글프게 한다. 그렇게 생각하며 나는 세월의 변화를 생각하고 있었다.

등화절

얼마 전에 읽은 이야기에 등화절(Candlemas, 성촉절)이라는 말이 나왔다. 2월의 며칠인지 날짜를 모른 채 읽었었는데, 오늘 사전에서 찾아보니 등화절은 2월 2일로 가톨릭에서는 이날에 촛불 행렬을 지어 1년 동안 사용할 양초를 정화하는 풍습이 있다고 되어 있었다. 얼마 전 읽었던 내용은 성녀 브리지드의 이야기였다. 그녀는 2월에 태어났고, 고대 게일족들은 성 브리지드의 날에 봄이 온다고 해서 이 등화절 날에 봄을 맞이하는 축하 의식을 하는 관습이 있었다. 특히 브리지드는 촛불뿐 아니라 모든 불을 지키는 수호신이기도 하다. 「게일의 마리아인 브리지드」라는 그레고리 부인이 쓴 신화의 도입부에 '브리지드는 봄의 첫날 동이 틀 때 태어났다. 어머니는 코노트의 노비였다. 하늘의 사자가 그녀에게 세례를 주고 브리지드라는 이름을 지어주었다. 불화살이라는 뜻이다.' 또 피오나 매클라우드(스코틀랜드 작가 윌리엄 샤프가 시나 전기문학을 쓸 때 사용하던 필명―옮긴이)의 「해변의 성녀 브리지드」라는 글에서는 '2월의 아름다운 여인', '따듯한 불의 성녀 브리드', '해변의 성녀 브리드'라는 세 가지 이름이 등장한다.

여기서 2월의 아름다운 여인 브리드는 예수 그리스도의 유모 브리지드나 가정을 지키는 성녀 브리지드라는 기독교적 분위기를 풍기는 한 사람의 여성이 아니라, 그보다 훨씬 오랜 시대의 게일족이나 그보다 앞선 민족들이 믿던 불과 시의 여신 브리드의 모습도 함께 갖고 있는 존재로 묘사된다. 드루이드의 사제는 그녀를 한 손에는 작고 노란 화염을 들고, 한 손에는 불타는 붉은 꽃을 든 '아침의 처녀'로서 숭배했다. 그 불이 없었다면 인간의 자손들도 동굴에 사는 야생 동물들과 마찬가지였을 것이다. 지금도 봄이 올 때마다 '2월의 아름다운 여인'이 찾아온다. 사람들의 마음속에 옛날의 오래고 위대한 모습은 사라졌어도, 어린 그리스도를 하룻밤 자신의 가슴에 품고 자장가를 불러 주었던 유모 브리지드로, 인간의 가정의 요람을 밤낮으로 지키는 여신으로, 또한 천지자연이 90일간의 겨울잠에서 깨어나 봄이 태어나는 환희와 함께, 2월 초에 태어난 그녀를 사랑하는 것이리라.

대서양의 잿빛 파도와 차디찬 구름과 안개로 덮인 아일랜드의 해안과 바다 위 섬들에 비로소 봄이 올 때, 그때 성녀 브리지드가 오는 조짐이 보인다. 그것은 민들레, 아기 양, 바닷새, 보통 검은머리물떼새라 불리는 새들이다. 옛날 옛적 언제부터인지 모르게 봄이 오면 먼저 길가에 노란 꽃을 피우는 민들레는 성녀 브리지드의 꽃으로 여겨진다. 2월에 브리지드의 계절이 오면 양치기들은 안개 속에서 수많은 아기 양들의 울음소리를 듣는 일이 있다, 거기에 암양의 소리가 섞여 있지 않을 때, 성녀가 그곳을 지나간 증표라고 그들은 믿는다. 성녀가 이윽고 이 지상의 언덕이며 들에 태어날 무수한 새끼 양들을 데리고 지나가는 것이라고 한다. 서해안이나 먼 앞바다의 낙도에 사는 어부들은 '굴잡이'라 불리는 검은머리물떼새가 자꾸만 울어대는 소리를 오랜만에 들을 때 신바람이 난다. 그것은 엄청난 생선 떼가 이 해변으로 다가온다는 징조이고, 그와 함께 남풍도 불고, 희미하게나마 풀 위로 푸른색이 보이기 시작하고, 어디서 왔는지 작은 새들이 수풀을 찾아온다. 그러면 새들의 노래가 들리면서 지상의 모든 곳에 새로운 기쁨이 온다. 바로 '해변의 성녀 브리지드'가 나타난 증거이다.

성녀는 '나그네의 기쁨'이라는 별명을 가진 길가의 노란 민들레를 가슴에 꽂는다. 그녀가 그 꽃을 밝은 공기 속에 던지면 초록빛 세계가 펼쳐진다.

잿빛 북풍과 동풍이 불어대는 앞바다의 외로운 섬에서 살기는 쉽지 않다. 한 토막의 유목도 한 줌의 토탄도, 여러 종류의 작은 물고기가 섞인 어획물도, 하나같이 눈물겹게 귀한 필수품이다. 그 해안에 마치 길브리드(브리드의 시종)로 들리는 울음소리를 내며 우는 바닷새의 소리를 들을 때, 섬사람들은 되살아나는 듯한 기쁨을 느낀다. 바닷새는 날카롭고 높은 소리로 길브리드, 길브리드 하며 끊임없이 운다. 성녀가 그때 해안을 걸어가신다. 이것은 거친 해안이나 외딴섬의 이야기다. 더 풍족한 농촌 가정에서도 여자들은 '2월의 아름다운 여인'에게, 이 노란 머리의 친절한 성녀에게 기도를 올린다. 성녀는 어린 아기의 요람 위로 몸을 구부린다. 아기가 미소를 지을 때, 엄마는 성녀의 얼굴을 눈앞에서 볼 수 있다고 한다.

나는 지금 추위 속에 몸을 웅크리고 이제 며칠이 지나면 봄이 올지 손꼽아 기다린다. 2월 초를 기다리면서 먼 서쪽 나라에서 그 옛날에 태어난 2월의 여인 브리드를 떠올렸다. 그리고 2월 2일에 찾아오는 경축일인 등화절에 대해서도 생각했다.

대추나무 세 그루

 지금 하마다야마 집의 마당에 있는 대추나무는 나에게는 세 번째 대추나무이다. 어릴 때 놀러 갔던 사이타마현에 있는 할아버지 집에는 큰 대추나무가 있었다. 할아버지 집의 대문으로 들어서면 바로 왼쪽에 곳간이 있었다. 그것은 낡았지만 아름다운 흰 벽 창고 건물이었고, 그 문 바로 옆에 큰 대추나무가 서 있었다. 할아버지 집은 넓었고 안쪽의 창고로 통하는 객실 앞에는 돌이 많은 안뜰이 있었다. 집 남쪽에 증축된 신식 객실이라 불리던 세 칸 정도 되는 손님 객실 앞에는 고풍스럽게 마당을 꾸며 놓았는데, 툇마루 근처에 속새가 죽죽 뻗어 있었고, 집 밖을 둘러싼 대나무밭의 부드러운 녹음은 이 마당과 하나의 세계인 것처럼 보였다. 그러나 쌀 창고 옆에는 정원에 놓을 법한 장식석도 나무도 없이 주위에 온통 분꽃과 싸리꽃이 피어 있고 닭들이 부산하게 돌아다니고 있어서, 어린아이였던 나도 느긋이 닭을 보면서 놀 수 있었다. 그러다가 대추나무 열매를 따 먹는 것을 배웠다. 누군가 어른이 같이 있다가 따 줘서 처음 먹어봤는데, 대추가 맛있다는 것을 알게 된 후로 할아버지 집에 머무는 동안 때때로 창고 앞에 가서 먹었다. 밑가지를 당기기도 하고 땅에 떨어진 것을 줍기도 했다.

나의 10대 시절은 무사히 싱겁게 지나갔고, 20대에 결혼해서 30대가 되었을 때, 셋집이 아닌 자가에 살게 되었다. 젊은 시골 목수가 지은 그저 모양만 갖춘 소박한 집이었어도, 남편도 나도 그 집에는 여러 가지 희망 사항이 있었다. 남편은 지붕이 있는 대문이 있었으면 했고, 나는 대추나무 한 그루를 갖고 싶다고 했다. 정원수가 가와사키의 시골에서 대추나무를 구해 왔고 그걸 집의 남동쪽에 심었다. 상당히 나이를 먹은 나무로 해마다 열매가 많이 달렸는데, 점점 우리 생활도 시간적 여유가 없어져서 가을이 되고 대추가 붉어져도 그 대추를 딸 사람도 없었다. 열매가 수없이 땅에 떨어져 어느새 작디작은 새싹이 쏙쏙 나기 시작하더니 그 주위가 온통 대추나무 숲처럼 되었다. 말이 그렇지 사실은 난쟁이들이 노는 숲처럼 2, 30센티 정도의 나무들이었다. 그 작은 대추나무가 자라서 1미터를 조금 넘겼을 무렵, 일본은 대전쟁의 혼란에 빠지고, 나는 이제 집도 마당도 모두 그대로 버려두고 시골 느낌이 나는 지금 이 지역으로 이사를 했다.

종전이 되던 해 가을 가루이자와에서 하마다야마로 돌아가, 황폐해질 대로 황폐해진 마당에서 조금씩 잡초를 뽑다가 이웃집과의 경계에서 60센티 정도 되는 어린 대추나무를 발견했다. 어머나! 대추나무가 있네! 나도 모르게 외치며 함께 사는 젊은 아이를 불렀다. 이 나무는 오모리에서 가져온 건가? 너는 기억이 나니? 하고 물어보았다. 그녀는 이사할 때 여러 가지를 하도 많이 트럭에 싣고 와서, 대추나무를 갖고 왔는지 분명히 기억하지 못한다고 했다. 이사하기 전인 4월 말 즈음 그녀와 둘이서 글라디올러스 알뿌리와 딸기 묘목을 마당에 심으러 온 적이 있었다. 그때 중간 크기의 어린 대추나무를 가져왔나 떠올려 봤지만, 아무래도 분명히 생각이 나지 않았다. 그 나무는 이웃집과 우리 집의 경계가 되는 돌 바로 옆에, 손가락 두세 마디 정도 저쪽 집으로 더 들어가서 서 있다. 그 시절에는 방화 훈련 때문에 집과 집 사이의 울타리가 철거되어 있었는데, 경계석이 바로 보이므로 내가 가져온 것이라면 돌을 기준으로 우리 쪽에 심었을 테니, 아무래도 이웃집에서 어린 대추나무를 심었을 것 같았다. 이웃집 사람들은 도치기현으로 피란을 갔다가 그길로 돌아오지 않고 지금은 새 주인이 살고 있으니 물어볼 수도 없었는데, 이듬해에 새 주인의 근무지가 바뀌어 집을 팔고 교토로 이사를 하게 되었다고 했다. 나는 이참에 약소한 이별 선물을 하고, 그 대신 기념으로 마당 풀 속에 숨어 있는 대추나무를 받기로 했다. 어머, 대추나무가 있었나요? 그 집 부인은 그런 작은 나무가 있는 것조차 몰랐고, 그렇다면 자기들을 떠올려 달라며 기분 좋게 우리 집 마당에 심어 주고 그다음 날 떠났다.

그로부터 4년이 지나 대추나무는 많이 자랐다. 인간의 나이로 보면 열일고여덟쯤일까? 재작년부터 나는 그 열매를 먹기 시작했다. 그래 봐야 고작 두 개나 세 개 정도다. 작년에는 열 알이나 그보다 조금 더 먹었다. 올해도 하얀 꽃이 잔뜩 맺혔다. 노년이 된 나는 어린아이였을 때처럼 다시 한번 나무 밑에 서서 즐겁게 나무 열매를 먹을 수가 있다. 그것을 먹으면서 나는 할아버지 댁의 오래된 대추 열매를 생각한다. 쌀 창고의 흰 벽도 닭들의 붉은 벼슬도. 그 추억은 오모리에 있던 우리 집의 큰 대추나무와 그 주위의 대추나무 새싹을 떠오르게 한다. 그 나무에 내가 아끼던 붉은색 고양이가 뛰어 올라가 놀았던 적도 있다. 푸른 하늘에서 때까치가 시끄럽게 울던 날이었다. 낡은 책의 책장처럼 한 장씩 넘기면 여러 가지 일이 펼쳐진다. 대추나무 세 그루와 나의 삶의 변화도 그렇다.

하마다야마 이야기

 전통 염색의 대가인 기무라 와이치 명장이 오모리 아라이주쿠의 집을 떠나 이노가시라선 전철이 지나는 하마다야마로 이사한 뒤에, 딸을 따라서 새집처럼 개축한 그 집을 방문했다. 하마다야마는 오모리에 비해 훨씬 시골 같아서, 푸르른 밭이 펼쳐지다가 중간에 산처럼 나무들이 모여서 우거진 곳도 있고, 대나무숲도 있고, 농가가 나무 그늘에 조금 보이기도 하는 아주 한적한 곳이었다. 공기가 얼마나 신선한지, 시나노의 오이와케 주변을 걸을 때처럼 가슴이 탁 트이는 느낌이었다. 내가 이 마을로 이사를 오게 될 줄은 그때는 전혀 몰랐었다. 그로부터 불과 1년 사이에 시국이 아주 나빠지고 정세는 불안해졌다. 하루에도 몇 번씩 경보가 울려 퍼지니, 평소 무덤덤한 나도 침착하게 있을 수가 없었다. 마침 그 무렵에 딸이 다시 기무라 명장 댁을 방문했다가 그 근방에 작은 집이 하나 나와 있다는 소리를 듣고, 서로 상의를 한 후에 그 집을 보러 갔다.

"이 집을 사자." 그 자리에서 바로 결정한 건 만사에 느긋한 나로서는 신기한 일이었는데, 그럴 운명이었는지 그렇게 나는 20여 년간 살던 오모리를 떠나왔다. 거의 유리로 마감한 아틀리에 느낌의 작은 집은 덧문이나 다다미도 없고 벽은 섬유판이라서, 비바람이 부는 밤이면 무사시노 들판 한가운데에서 야외 취침을 하다가 흠뻑 젖은 느낌이 들기도 했다. 나는 비교적 속 편하게 1, 2년만 지나면 다시 오모리에 있는 집으로 돌아갈 수 있을 거라고, 이건 피란용 집이라는 식으로 생각하고 있었다. 이름에 산이란 뜻의 '야마'가 들어 있지만, 특별히 큰 산이 있는 것은 아니고 군데군데 커다란 모밀잣밤나무나 떡갈나무가 우거져 하늘을 덮고 있어 마치 산 같았다. 이 지역은 개발이 비교적 늦어서 오래된 나무들도 대나무 덤불도 베이지 않았던 것 같다. 역에서 서쪽으로 가면 미쓰이 종합운동장에 널찍하게 푸르른 잔디가 펼쳐져 있고, 흰 페인트를 칠한 낮은 나무 울타리가 둘러쳐져 언제나 밝고 청결한 느낌을 준다. 역의 동쪽으로 약간 멀리 가 보면 넓게 펼쳐진 초원에 큰 소나무가 무수히 솟아 있고, 소나무 밑을 굽이굽이 돌아가는 오솔길에 메꽃이 피는 아름다운 솔숲이 있었다.

언젠가 무심결에 들었는데, 이 솔숲이 옛날에 하마다 야효에濱田彌兵衛의 집이 있었던 땅이라고 한다. 그 하마다 야효에가 나가사키와 타이완에서 대단한 역할을 했던 사람이라, 그 이름을 기려서 이곳을 하마다야마라고 부르게 되었다는 이야기였다. 하마다 가문은 그다지 대단한 권세가 있지는 않았지만, 하마다야마 지역에서는 광활한 전답을 소유한 지주였고, 다른 집들은 작은 농가뿐이었으니 아마 대대로 촌장을 지냈을 것이다.

하마다 가문의 이나리 신사는 이 고장 전체의 수호신 같은 존재로, 그 이나리 신사를 배려하여 하마다야마에는 절도 없고 다른 신을 모시는 신사도 없다고 하는데 그게 사실인지는 모르겠다. 아무튼 가장 가까운 절은 니시에이후쿠와 에이후쿠초에 있다. 1945년에 군에서 이 하마다 가문의 저택 터인 솔숲을 사들여 석유 저장소를 만들고 남쪽과 북쪽 입구에 보초병을 세우자, 우리는 이제 자유로이 이 솔숲의 풀밭 길을 지나다닐 수 없게 되었다. 공습으로 에이후쿠초가 불탔던 그 밤에, 이 솔숲에도 불이 떨어져 기름 창고가 타버렸다. 꼬박 이틀 동안 검은 연기가 치솟았다. "아직도 타네. 아직도 타. 기름이 많이도 들어 있었구나!" 우리는 그 검은 연기를 보며 감탄하기도 하고 놀라기도 했는데, 사흘이 지나자 연기가 사라졌다. 소나무 거목 수십 그루가 타버렸다.

그때로부터 5, 6년이 지나서 어쨌든 세상에 평화가 찾아왔지만, 살기가 팍팍하고 바빠서 하마다야마의 내력 같은 건 생각도 하지 않고 지냈다. 작년이었던가, 한 친구가 하마다 야효에의 이야기는 잘못 알려진 게 아니냐는 소리를 했다. 무사시노 지방에 살던 사람이 나가사키 상인이 되어 무역선을 타고 돌아다니다가, 타이완에서 활약도 하며 그렇게 대단한 역할을 하고 나서 다시 태어난 고향(?)으로 돌아와 노후를 보내다 죽었다는 건 말이 안 된다며. 어쩌면 훨씬 어린 소년 시절에 이 땅을 떠난 게 아닐 수도 있는 게, 나가사키에 하마다 가문의 자손이 지금도 번창하고 있다고 하는 걸 보면 뭔가 딱 맞아떨어지지 않는 것 같다고도 했다. 세세한 사실을 물어보려고 해도 하마다야마에는 젊은 사람밖에 없다. 옆집 할아버지가 젊었을 때 야효에 탄생 몇백 주년 축제를 했다는데, 이 지역의 역사를 자세히 아는 여든 넘은 노인이 한 분 살아계시니 어쩌면 그분이 뭔가 알고 있을 수도 있지만, 나는 그 집까지 찾아가서 물어볼 만큼의 열의는 없다. 그 하마다가 맞는지 아닌지 전혀 상관이 없지만, 그래도 성묘는 가봤다. 군에서 하마다 가문의 솔숲을 샀을 때, 지역 사람들이 묘비를 니시에이후쿠의 리쇼지라는 절에 옮겼다고 하기에 그리로 갔다. 오래된 비석이 아니라 새로운 묘비가 자리하고 있었다. 리쇼지의 주지 스님은 마침 부재중이라 아무 이야기도 듣지 못했는데, 스님도 젊은 사람이고 이 절이 하마다 가문의 보리사(위패 모신 절—옮긴이)가 아니니, 아마 옛일은 모를 것이다. 본당 뒤편에 절에서 관리하는 넓은 묘지가 있지만, 하마다 가문의 무덤은 그곳과는 별도로 조성되어 있었다. 문을 들어가서 본당을 바라보고 오른쪽에 있는 수목의 우거진 곳에 돌비석 두 개가 서 있었다. 새 묘비였지만 비바람에 깎여 표면의 글자를 읽기 어려웠다. 오른쪽 무덤에는 '○○원의 ○○거사'라는 글자와 나란히 '○○원 ○○보살'이라 새겨져 있는 걸 보니 하마다 부부의 무덤이다. 비석 앞면에는 '武州豊島郡內藤宿上町 俗名濱田五良八事 濱田彌兵衞生年三十九歲(부슈 도시마군 나이토 이와가미초 속명 하마다 고로하치 즉 하마다 야효에 향년 39세)'라 적혀 있고, 비석 옆면에 '寶曆五年乙亥六月初七日(호레키 5년 을해 유월 초 이레)'이라고 적혀 있다. 즉 하마다 고로하치라는 통칭 하마다 야효에가 1755년에

서른아홉 나이로 죽었다는 것이다. 나란히 서 있는 왼쪽 묘비는 표면의 글자를 전혀 읽을 수 없었고, 표면에는 '태어난 곳 이세 미에군 하마다, 속명 하마다 가문의 야효에'로 새겨져 있고 사망 연월은 새겨져 있지 않았다. 아마 이 이세의 미에군 하마다(지금의 미에현 욧카이치)에 살던 하마다 야효에가 하마다 가문의 선조였던 것이리라. 이 하마다 집안에서 나가사키로 건너가 나가사키 상인이 된 사람의 집에서 하마다 야효에가 태어났는지, 이세의 하마다에서 도쿄로 나와서 도시마군 나이토마치에 정착한 집안에서 태어난 하마다 야효에가 나가사키로 갔는지, 이세의 하마다 야효에의 사망 연월을 알 수 없으므로 거기에 대해서는 알 수가 없다. 다만 나가사키든 도쿄든 모두 이세의 하마다 가문에 뿌리를 둔 일족이라 생각된다.

무사시노에 살면서 이 부근 일대의 촌장이었던 하마다 고로하치는 자신의 일족 중에 유명한 하마다 야효에가 있었기 때문이 아니라, 선조 때부터 내려온 가문의 통칭 하마다 야효에라는 이름을 쓴 것에 불과할 것이다. 나가사키의 하마다 야효에가 무역을 위해 규슈에서 루손 섬이나 타이완까지 건너간 것은 도쿠가와 이에미쓰^{德川家光}가 집권하던 간에이 시대로, 무사시노의 야효에가 죽은 1755년까지는 100년 정도의 시간이 흘렀다. 나가사키에 지금도 남아 있는 하마다 야효에의 자손을 찾아가 보면 이세와 무사시노와 나가사키의 연결을 설명해 줄지도 모른다. 전쟁 전에, 도쿄 요쓰야 방면에 사는 하마다 가문의 친척이 하마다 야효에의 축제를 할 때 근사한 자동차를 타고 하마다야마로 왔다는 이야기를 들었다. 옛날 도시마군 나이토마치에 살다가 현대까지 남은 하마다 가문의 사람일 것이다. 그 사람이 지금도 살아 있으면 나가사키와 무사시노 도시마의 관계를 알려줄 수 있을 것이다.

같은 가문에 속한 두 명의 하마다 야효에가 서쪽과 동쪽에 있으면서 그들 각자의 세계에서 온 힘을 쏟으며 활약하고 있었으리라고 상상하는 게 재미있다. 내가 그런 말을 해서 하마다야마 사람들의 꿈을 깨는 것은 미안하지만, 그 옛날에 무사시노의 넓은 솔숲 속의 집에서 살던 사람에게 나는 깊은 친근감을 느끼며, 우리가 오가는 하마다야마의 땅을 밟고 39년간 살며 일했던 그 사람의 영혼을 축복하고 싶어졌다.

장미꽃 다섯 송이

 예전에 나는 아주 한가한 사람이었다. 왜 그렇게 한가했었는지 이유를 생각해보니, 해야 하는 많은 일을 하지 않았던 탓인 것 같다.
 그렇게 게으른 사람인지라 가끔 바쁜 일이 생기면 금방 지쳐버렸고, 지쳤을 때는 산책을 했다.
 언젠가 산책 삼아 집에서 별로 멀지 않은 마고메 언덕을 오르내리며 걷고 있었다. '마고메 아흔아홉골'이라는 말처럼 언덕과 골짜기가 굽이굽이 이어지는데, 모든 언덕과 모든 골짜기가 제각각 다른 빛과 색을 띠어 산책하기 즐거운 길이었다. 그날 내가 걸었던 곳을 떠올려 보면, 지금은 초등학교가 들어서 있는 골짜기 부근에서부터 언덕으로 올라가는 오솔길을 따라 왼쪽으로 살짝 돌면 나오는 남동쪽 비탈이었다. 그 부근은 대부분이 밭이었고 아주 가끔 별장풍의 작은 집이 보였는데, 내가 잠깐 발길을 멈춘 집은 그 넓은 비탈을 정원으로 만들어 (원래 밭이었던 땅이어서 아직 큰 나무는 한 그루도 보이지 않았지만) 장미농원을 시작하는 모양인지, 큰 장미 관목이 몇 포기 심겨 있었고 그 주위로 어수선하게 작은 관목들도 많이 보였다. 마침 6월 초라 큰 관목에는 꽃이 흐드러지게 피어 있었다.

새 장미농원의 주인으로 보이는 사람이 그 주위를 청소하고 있었는데, 아직 마흔 정도에 키가 크고 깔끔한 풍채의 신사 같은 느낌이었다. 장미농장 책임자 같은 차림새였지만 아직은 제 옷이 아닌 양 어색해 보였다. 나는 울타리도 없는 길가에 서 있다가 그 주인과 눈이 마주쳐서 가볍게 눈인사를 하며 "꽃이 참 좋네요" 하고 풋내기 농부를 대하듯이 말했다. 주인은 조금 쑥스러운 듯 "아뇨, 이제 막 시작한 참이라 좋은 꽃이 안 피네요"라며 겸손하게 대답했다. 나는 지나치려다 다시 말을 걸었다. 그 꽃을 조금 가져갈 수 있을까요? 그럼요. 얼마나 드릴까요? 다섯 송이 정도 주세요. 주인은 허리에 찬 가위를 뽑아 꽃을 자르려다, 조금 주저하듯이 말했다. 저기, 꽃값을 받아도 될까요? 아, 네. 그럼요. 그러셔야죠. 대답하는 나도 겸연쩍어졌다. 내가 비록 세상 물정을 모르는 얼굴이기는 해도 그 탐스러운 장미 다섯 송이를 거저 달라고 할 생각은 없었는데, 신참 장미농원 주인한테는 값을 받는다는 게 대단히 힘들고 어려운 일인 듯했다. "그러면 한 송이에 8전씩 치겠습니다" 하며 꽃을 자르기 시작했다. 그리고 50전 은화를 내밀자 거스름돈을 주겠다며 그가 주머니에 손을 넣기에, "아뇨, 거스름돈은 됐어요"라며 내가 만류하니, 그러면 꽃을 한 송이 더 주겠다며 그는 막 피려는 봉오리를 두 송이 잘라 내밀었다. 세상에 그 예쁜 분홍색 봉오리 두 송이가 10전어치 거스름돈이었다. 나는 그 꽃봉오리 두 송이를 받고 기쁘기도 슬프기도 한 기분으로 걷기 시작했다.

나중에 소문으로 들으니, 그 장미 농부는 도카이도 연안 지역의 공무원이었다고 한다. 지사 바로 밑의 지위에 있던 사람이었는데, 한때 세간을 떠들썩하게 했던 스캔들 사건 때 부하 직원 때문에 화를 입고 퇴임해서, 세상을 피해 숨어 살려고 이 언덕으로 이사를 왔다고 하는데, 사실 아무도 확실하게 들은 이야기는 아니었다. 가을 장미가 피는 시기에 나는 다시 그 주위의 오솔길을 걸어보았는데, 그날은 정원사로 보이는 젊은 청년이 일하고 있고 주인은 보이지 않았다. 그로부터 2년 정도 지나, 그 사람은 억울한 누명을 벗고 다시 원래 살던 세상으로 화려하게 복귀했고, 마고메의 장미밭은 다른 사람의 집이 되었다. 그로부터 스무 몇 해가 지나, 아마 전쟁 중에 그 사람은 죽은 모양이었다.

종전 이후로 전쟁의 공포는 사라졌지만, 좁고 답답한 공간 속에서 마구 휘저어지고 있는 것처럼 우리는 모두 밑바닥으로 떨어졌다. 개중에는 위로 올라간 사람도 조금은 있겠지만 대개는 삶을 위해 무엇이든 일을 해야 살아갈 수 있는 상태로 내몰려버렸다. 그중의 하나인 나도 일을 하고 싶었고 뭔가 직업을 갖기를 원했는데, 구하고 또 구하는 사람에게는 어떤 예상치 못한 길이 열리는 것 같다. 나는 오랫동안 잊고 있던 언덕 위의 장미 농부를 다시 떠올렸다. 장미꽃을 자르고 봉오리를 하나 자르고 또 두 개 자르며, 작은 이익과 작은 손실을 계속 반복하면서, 자신의 새로운 일을 성장시켜 가야 한다고 이 무렵 절실히 생각하게 되었다. 꽃꽂이나 다도를 가르쳐도, 바느질을 해도, 달걀을 파는 일을 해도 즐거울 것이다. 세탁부가 되어도 활기차고 즐거울 것이다. 뭔가 일을 하며 남에게 업혀 가지 않는 삶을 살고 싶다. 그리고 무엇보다도 먼저 한탄을 그만하자. 그런데 생각해보니, 이 짧은 글이 전부 일종의 한탄인지도 모르겠다. 만일 그렇다면 부디 용서하길.

새끼 고양이 '호순이'

호순이는 붉은 공단 목걸이를 하고, 마당의 은행나무를 뛰어올랐다 내렸다 하고 있다. 호순이의 유일한 장기가 나무 타기인데, 우리를 즐겁게 하려고 하루에 한두 번은 나무를 탄다. 올해 6월에 태어난 호순이는 사실 수컷 고양이다. 처음에 이웃집에서 얻어온 고양이였는데, 그 집에는 개와 새끼 돼지가 두 마리 있어서 어린 고양이의 마음에도 두렵고 안정감이 없었는지, 우리 집에 와서 밥을 달라고 졸랐다. 뭘 먹이면 그곳에 눌러산다는 말이 있어서 이웃집에 의리를 지키려고 아주 조금씩만 먹을 것을 주고, 고양이가 오면 마당으로 쫓아냈더니 그 후로 오지 않았다. 2주 정도 지나서 봤을 때는 누가 주워 키우는지 붉은 목줄을 하고 뭔가 바쁘게 마당을 가로질러 가는 중이었다. '호순아' 하고 부르니, 흠칫하고 서둘러 도망가다가 바로 다시 마음을 바꿔, 우리 집에서도 한 끼 얻어먹은 의리가 있다고 생각한 듯, 바로 부엌으로 올라와 언제나처럼 울며 먹을 것을 달라고 졸랐다. 그 녀석은 호랑이 무늬 털에 얼굴이 거무스름했는데, 그때는 자못 얼굴을 붉히며 수줍은 듯 애교 섞인 표정을 지었다.

하루걸러 찾아와서 점심을 먹고 마당에서 놀다가 저녁에 돌아간다. 비가 오는 아침에 왔을 때 목걸이가 몹시 더러워져 있기에 벗겨줬더니, 다음 날에 다시 새로운 붉은 공단의 목걸이를 하고 나타났다. 호순이가 귀히 대접받고 있구나, 새 공단인 걸 보면 젊은 아가씨가 있는 집일 거라고 상상해 봤다. 카스텔라나 고구마를 좋아하는 걸 보고 암컷 고양이라고 착각하고 호순이라고 부르는 게 이제 익숙해져버렸다. 오늘도 뭔가 조르러 올 것이다.

예전에 나는 호순이와 아주 비슷한 새끼 고양이를 알았다. 역시 검은 털이 더 많이 섞인 호랑이 무늬에 꼬리가 둥글고 길고, 동그란 금빛 눈동자를 갖고 있었다. 고양이를 사랑하는 부인이 8마리 정도 기르고 있었는데, 그중 가장 귀여운 녀석이었다. 부인은 그 고양이를 '니토라 동그리'라는 이름을 붙여주었다. 고인이 되신 니토베 박사님 댁에 있던 스페인 고양이의 새끼라고, 주인 이름을 따서 성을 '니토라' 눈이 둥글다고 '동그리'라고 한 것이다. 그 부인은 교양 있는 미국인이었는데, 고양이들에게도 시적이고 멋스러운 이름을 붙였다. 마당에 길을 잃고 들어온 갈색 꿩고양이를 '꿩이'라고 부르고, 붉은색 고양이는 '빨강이', 흰고양이는 '하양이', 붉은색 고양이의 새끼를 '작은 빨강이'라는 식으로. 그 밖에 대모갑처럼 검정과 노랑이 섞인 얼룩 고양이는 '거북이'라고 불렀다. 부인이 어머니를 뵈러 미국에 다녀오면서 페르시아고양이를 사왔다. '블루 클라우드' 즉 '파란 구름'이라는 이름의 검푸른 색이 멋있는 큰 고양이였다.

부인은 오타니대학의 교수 스즈키 다이세쓰 박사의 부인 비어트리스 여사로, 지금은 이제 세상에 없는 분이다. 나는 부인에게 신세를 많이 졌다. 아일랜드 문학책이 마루젠 서점에 들어왔다는데 읽어보라며 권해 준 것도 부인이었다. 다이세쓰 박사님도 그 무렵에는 젊었는데, 차를 함께 드시면서 내게 고양이가 또 두 마리 늘었다며 고양이 이야기를 하셨다. 따사로운 추억이다. 그 과거로부터 지금 '호순이'가 추억의 사자로 찾아온 듯한 기분이 든다.

새끼 고양이 '호순이'

돼지고기, 복숭아, 사과

 가루이자와에서 지낼 때 Y부인한테 배운 돼지고기 반찬은 분명 맛있을 것 같지만, 아직 한 번도 먹어본 적이 없다. (그해 여름은 중국과 일본 사이의 정세가 험했지만 그때까지는 가루이자와에 피서를 갈 만큼 마음의 여유가 있었다) 그 음식은 Y의 남편이 독일에 유학을 가 있을 때 하숙집 아주머니가 맛을 자부하며 자주 만들어 주던 반찬인 모양이다. 돼지고기를 세 근 정도의 큰 덩어리로 끊어와서 소금과 후추를 묻혀 깊은 냄비에 넣고, 파를 10센티 길이로 잘라서 고기 주위에 똑바로 세워 냄비에 한가득 채워 넣는다. 물을 전혀 넣지 않고 파와 고기에서 나오는 수분으로 세 시간 정도 찌면, 녹을 듯이 부드럽고 고소한 요리가 완성된다고 했다.

그해 여름에 그 요리를 배우고 도쿄로 돌아온 후 우리 도쿄인들의 삶은 점점 궁핍해져서, 이윽고 고기 한 근조차 쉽게 손에 넣기 어려워지고, 파도 너덧 뿌리 살 수 있으면 다행이었다. 그런 궁핍한 생활이 10년 이상 계속되다가 요즘에야 겨우 어떤 음식 재료든 구할 수 있게 되었다. 하지만 가게에 아무리 좋은 물건이 즐비해도, 이제는 내 주머니 사정 때문에 큰돈을 쓸 수 없어졌고, 우리 집 큰 냄비에 세 근의 고깃덩어리와 그것을 파로 둘러싸서 삶는 일은 여태 하지 못하고 있다.

가루이자와의 집에서는 여름 내내 좋은 과자를 갖추어 놓을 수도 없어서, 손님이 오면 과일 통조림을 열 때도 있었는데, 대개는 복숭아를 얇게 썰어 설탕을 뿌려 조금 숨을 죽여 뒀다가 차에 곁들였다. 물복숭아보다도 천도복숭아의 발그레한 색이 접시와 숟가락에 예쁘게 어울렸다. 반으로 크게 잘라 달콤하게 쪄서 먹을 수도 있지만, 천도복숭아 생 과육에 설탕과 우유가 들어가면 훨씬 더 부드러운 맛을 즐길 수 있다. 천도복숭아는 가격도 싸고 물복숭아보다는 맛이 떨어진다는 인식이 있었는데, 신기하게도 여름 간식으로는 훨씬 만족스러웠다. 전쟁이 끝나고 나서는 천도복숭아를 어디에서도 볼 수 없게 된 것이 아쉽다. T 노부인이나 H 노부인은 그것을 아주 맛있게 드셔 주셨다. 이 부인들은 젊은 시절부터 사교계에서 유명한 미식가였지만, 이런 일상적인 디저트에 대해서는 잘 몰랐던 모양인지, 설탕에 얼마나 재워야 하는지부터 여러 가지 질문을 하셨다. 그런 일이 있고 나서 나는 문득 이상한 느낌이 들었다. 설탕 뿌린 복숭아를 우리 아버지가 아주 좋아하셔서, 아자부의 집의 뒷밭에 복숭아나무 한 그루에 열매가 익으면 바로 따서 작게 잘라 설탕을 뿌려 우리 모두 같이 먹었다. 그 복숭아는 토종 복숭아로 크기가 작고 덜 익은 물복숭아처럼 푸르스름한 색을 띠고, 씨에 가까운 부분이 천도복숭아처럼 붉었다. 그 시절에는 그런 복숭아라도 그렇게 맛을 첨가하면 아주 맛있었고, 아버지가 외국에서 그런 식으로 항상 드셨을 거라고 지레짐작해서, 어머니한테 그것에 대해 아예 물어보지 않았다. 그런데 어쩌면 그것은 외국식 음식이 아니라, 아버지와 어머니의 고향인 사이타마식 음식이었을지도 모른다. 우리 어머니나 할머니는 미신처럼 설탕의 효력을 믿어서 아무리 상한 음식이나 끓이지 않은 물도 설탕을 넣으면 절대 배탈이 나지 않는다고 말씀하셨다. 오봉(백중맞이, 8월 중순의 명절—옮긴이)의 계절에 누가 집에 찾아오면, 제일 먼저 우물물을 길어다가 설탕물로 만들어 손님에게 한 잔씩 대접했다. 메이지(1867년부터 1912년까지—옮긴이)의 어느 해, 콜레라가 유행했던 여름에도 설탕물은 괜찮다며 설탕의 살균력을 철석같이 믿었던 것 같다. 그래서 설탕으로 숨을 죽인다는 말도 어쩌면 시골 사투리일지도 모른다. 죽인다는 글자의 사전적 의미는 '죽게 하다, 목숨을 끊다, 억누르다, 쳐내다, 줄이다, 효과가 없게 하다, 저당잡히다' 등이다. 그러나 생선을 식초에 재운다거나 숨을 죽인다는 말을 자주 쓰는 걸 보면, 어쩌면 민간에서 허용되는 표현이고 꼭 시골에서만 쓰는 표현은 아닐 수도 있다. 이것은 복숭아에 설탕을 뿌리는 이야기에서 시작해서 그 역사에 궁금증을 가진 나 혼자만의 소회였다.

아자부의 집에 있던 복숭아를 떠올리니 아자부 다니마치의 어느 옷수선집 마당의 사과가 연상된다. 그 아자부 다니마치라는 곳은 지금의 단스초 근처다. 지금도 동네 이름은 그대로일 텐데, 한쪽으로 히카와다이米川台의 높은 벼랑이 있고 맞은편은 레이난자카 언덕에서 이치베초로 이어지는 고지대가 있어, 그 사이에 골짜기처럼 길게 자리한 지저분하고 가난한 마을로, 그 시절에는 지금처럼 저수지 쪽으로부터 롯폰기로 통하는 큰 도로는 흔적조차 없었다. 다니마치(골짜기 마을이라는 뜻—옮긴이)라는 이름이 나타내듯이 그곳은 음침한 느낌의 뒷골목이어서,

어린 마음에도 우리가 사는 고지대의 동네하고는 다른 세계라고 생각했다. 그 동네에 우리 집 옷을 맡기는, 모녀 수선사가 있었다. 그 동네 집치고는 넓었는데 낡은 격자문을 열면 1평 정도 되는 현관이 있고, 3평 크기의 거실이 이어지고 그 안쪽으로 4평짜리 방이 이어지고 다시 그 안쪽으로 3평 반짜리 방이 이어진다. 그리고 검게 반짝이는 툇마루가 있고, 그 바깥에 꽤 넓은 마당이 있었다. 3, 40평 정도 되는 마당에는 여러 가지 작은 나무들이 서 있는데 복숭아나무, 철쭉, 홍가시나무, 동백나무, 등나무 그리고 잡초 같은 것이 많아 정신없이 우거져 있었고 가운데에 작은 연못이 있었다. 그것은 물웅덩이가 아닌 정말 멋진 진짜 연못으로, 비단잉어인지 금붕어가 있었던 걸로 기억한다. 그 연못 너머 이 마당의 가장 끝자락에 사과나무 두 그루가 있었고, 꼼꼼하게 지주대를 대어 놓았던 것 같다. 토종 일본 사과라서 열매가 작아 요즘 나오는 홍옥의 5분의 1도 안 되는 크기였는데, 옷수선집 아주머니는 아주 귀하게 다루며, 우리처럼 어린 손님이 가면 그것을 따와서 껍질을 벗겨 작게 썰고 이쑤시개를 꽂아 내어 주었다. 이 사람들은 무사 가문의 과부와 딸로 상당히 몸가짐이 단정했고, 사과도 예쁘고 푸르스름한 접시에 담아 쟁반에 올려 내주었더랬다. 이 사과가 얼마나 귀한 사과인지 아주머니가 우리 할머니에게 연거푸 이야기해서 인지, 사과가 어찌나 신지 눈물이 찔끔 나올 그 맛도 어린 마음에는 대단히 귀하게 여기며 먹었다. 막과자나 전병 과자도 얻어먹었을 텐데 다른 것은 아무것도 기억이 나지 않는다. 다만 새콤한 사과는 지금도 그 옷수선집을 떠오르게 한다. 그 과부와 딸은 근방의 아가씨들한테 재봉도 가르치고 바느질거리를 맡아서 근근이 지내고 있었을 테지만, 만족할 줄 알고 명랑하고 유쾌한 그 태도는 요즘 이 나라의 직장인들에게 보여 주고 싶다. 그 무렵 무사 가문의 사람들, 도쿠가와 가문의 직속 신하라는 사람들은 뒤에 과거의 광채를 끌고 다니는 것 같았고, 슬프고도 우아하고 아름다운 배경은 현대의 몰락한 귀족 계급에 비할 바가 아니었다. 빨아서 풀을 먹인 거무스름한 줄무늬 겉옷과 줄무늬 앞치마, 연노랑과 보라의 헝겊 조각을 꿰매 맞춘 어깨띠, 그런 검소함과 차분함은 오늘날에도 떠오른다. 그들은 소박하고 즐겁게 사는 방법을 잘 알고 있었다.

옷수선집의 뒤쪽 언덕, 즉 히카와 고지대 쪽은 대단한 명문가가 모여 있었는데, N 남작의 10,000평이 넘는 별장, A 해군 중장의 밝은 서양식 저택, 그 옆집인 S 자작의 별장 이렇게 겨우 세 채의 집이 수만 평이나 되는 면적을 차지하고 있었다. 그곳을 통과하면 오른쪽으로 다니마치 쪽으로 내려가는 비탈길이 나오고, 왼쪽으로 꺾으면 가쓰 백작이나 구조 공작의 집이 있는 고급주택가가 나왔다. 지금 내가 떠올리는 건 그런 곳이 아니라 A 해군 중장의 집이다. A 중장은 군인이자 대단한 부자로, 번화가인 간다니혼바시 부근에도 많은 땅을 가지고 있다는 소문이 있었다. 오래전에 은퇴해서 서양의 군인같이 느긋하게 지내고 있었는데, 저택 일부를 나누어 외국인 임대용으로 멋진 서양관을 두 채 정도 만들어, 내외의 명사에게 빌려주고 있는 모양이다. 내가 지금 떠올리는 건 언젠가 영국의 시인 에드윈 아널드 경이 일본에 와서 그 집에 잠시 머물렀던 일이다. 시인은 딸을 데리고 왔었다.

그 시절 (옷수선집에 심부름 갔던 무렵보다 훨씬 뒤의 일이다) 나는 캐나다인이 세운 여학교에 다니고 있었고, 당시 영국 제일이라 불리던 시인이 강연을 왔다. 나와 친구들은 아무것도 모르고 그저 유명한 시인이라고 하니 얼마나 똑똑한 사람일까 내심 기대하며 강당으로 갔다. 그런데 벌써 적당히 나이 든 아저씨(50대였을 것이다)인데다 키도 별로 크지 않고 얼굴은 어딘지 러시아 사람처럼 투박했다. 강연을 해봤자 열일곱, 열여덟 전후의 여학생이 이해할 수 없을 테니 시인은 자작시를 읽었다. 우리가 아는 것이라고는 매 구절 끝에 '꽃이 피었네, 꽃이 피었네'라는 일본어뿐이었다. '돼지에 진주'라는 말처럼 우리는 아쉽게도 아무것도 몰랐지만, 지금도 '꽃이 피었네'를 기억하고 있는 게 신기하다. 역시 시인이 좋은 표현을 쓴 것이리라.

시인은 한참 전에 부인을 잃고 독신으로 살았다. 시인이 집주인인 A 중장의 딸에게 사랑을 느끼고 일본 아가씨인 그녀를 찬미하는 시를 썼다는 소문이 돌았는데, 물론 어렸던 우리는 어떤 시인지 알지 못했다. 시인이 프러포즈를 했다는 소문도 어렴풋이 들었지만, A 중장의 딸은 현대의 아가씨들과 완전히 달라서 실로 얌전한 미녀였기에, 아무도 그 소문의 진위를 물어보지는 않았다. 그녀는 그 시절 나와 같은 학교의 세 학년 정도 위의 학급이었는데, 얼마 지나지 않아 그만두고 우에노의 음악학교로 전학을 갔다. 고토(일본식 거문고—옮긴이)도 피아노도 잘 연주했는데 고토 연주곡도 작곡했다. 후일 결혼하고 나서도 조교수가 되어 연구를 계속하고 있었는데, 기업가 남편의 일이 점점 바빠지자 그녀도 전업주부가 되었다고 들었다. 나의 추억의 나래는 가루이자와의 돼지고기 요리와 복숭아 설탕절임에서부터 아자부의 옷수선집으로 날아갔다가, 옷수선집 뒤의 고지대에 다다라서 날갯짓을 잠시 멈춘 것 같다. 이참에 히에 신사까지 가 봐야겠다.

시인이 왔을 무렵보다 훨씬 전에, 아직 내가 옷수선집 아주머니가 귀히 여기던 사과를 먹거나 히카와 신사 나무 그늘의 찻집에서 더위를 식히면서 물결무늬 양갱을 먹던 시절, 가끔 아주 멀리까지 가서 (여동생과 남동생, 남동생의 유모, 보모까지 다섯이서) 히에 신사에 놀러 갔던 일도 있다. 히카와 신사보다 먼 곳이기도 했고 어린 내 마음에도 어딘지 모르게 갑갑한 봉건적인 세계에서 벗어나고 싶기도 하고, 매일 히카와 신사에서 피서를 하는 것도 싫증이 났던 차에, 별로 찬성은 아니었지만 어른들을 따라나선 것이었다. 지금의 저수지 주변은 연못이었고 (그 흙탕물 연못에는 아마 연꽃이 고개를 내밀고 있었던 것 같지만 분명하지는 않다) 배를 타고 건너편 둑까지 건너갔다. 그것도 즐거운 모험이었다. 그다음엔 고지마치 쪽으로 난 정문이 아니라, 아카사카 쪽으로 난 뒷문으로 올라갔다. 오래된 통나무 계단이 있는 산길을 몇 구비나 돌아 올라가면, 위에 찻집이 있고 망원경도 볼 수 있었다. 그 망원경으로 우리는 맞은편 세상인 아카사카나 아자부의 집들의 지붕과 그 위의 파란 하늘과 하얀 여름 구름을 볼 수 있었다. 그러고 나서 신사에 시줏돈을 바치고 머리 숙여 절을 하고 나니, 조용하고 심심한 신사라는 생각이 들었다. 온 산을 돌아다녀도 히카와 신사보다 평지가 적어서 안정감이 없었다. 호시가오카 다방이 있는 건물이 없었던 시절에 그곳이 그저 나무만 있는 덤불이었는지, 아니면 신관의 거주지였는지 아무것도 기억나지 않는다. 여러 찻집 중의 한 채에서 차를 마시고 경단을 먹었다, 할머니가 엽전이라고 부르던 큰 동전을 두세 개 꺼내 과자를 여러 개 사고, 십 전 정도의 찻값을 놓고 왔다. 상당히 돈을 잘 쓰는 손님이었을지도 모른다.

돌아오는 길에는 걷기 쉬운 넓은 계단으로 내려와 정문의 고지마치 쪽의 좁은 길로 돌아와서 흙탕물의 연못 부근까지 온다. 뱃삯을 주고 배에 타면 사공이 삿대를 힘껏 밀어내고 배가 나간다. 넓은 연못 너머의 물가에는 많은 손님이 배가 도착하기를 기다리고 있었고, 진흙물 연못을 연잎이 가득 뒤덮고 있었던 것이 기억난다. 벼랑에 도착하고 나서 남동생과 여동생은 어른의 등에 업혔지만 나는 마지못해서 걸었다. 지금의 구로다 가문의 저택 앞을 지나 단스초에서 다니마치를 돌아서 가지마라는 큰 술집 앞에서 오른쪽으로 터벅터벅 언덕길을 올라가 아자부 미카와다이 모퉁이에 있는 우리 집까지 다다른다. 참 많이도 걸었구나. 지금의 나는 어렸던 나의 작은 발을 가여워한다. 먼 과거는 모두 아름답고 즐겁게 기억된다지만, 나는 그 더운 여름의 지독한 더위와 권태, 눈물이 나도록 지쳤던 불쾌한 기분 그것을 즐거움보다는 훨씬 명확히 기억한다. 어린이의 세계는 적어도 나에게는 결코 유쾌한 기억이 아니다. 다만 한 가지, 미지의 세계로 내딛는 한발 또 한발에 호기심이 몽글몽글 피어나서 그것만이 즐거웠다.

도호쿠東北의 집

도호쿠에 사는 자식 집에 오니 하얀 아기고양이 방울을 흔드네

도쿄에서 나고 자란 F가 시집을 가 처음으로 센다이에 살게 된 건 1941년 여름이었다. 상공서(산업통상자원부에 해당—옮긴이)에 근무하던 F의 남편이 센다이 광산국으로 발령이 났던 것이다. 나는 원래 밖에 나다니는 걸 아주 귀찮아하는데, 딸의 초대에 나름대로 가벼운 마음으로 센다이의 딸네 집에 가서 몇 번 묵었다. 1941년과 1942년의 두 번의 가을, 그리고 1943년의 봄, 그때마다 열흘쯤 묵었으니 도합 30일을 함께한 센다이다. 젊었을 때부터

여행의 참맛을 전혀 모르고, 아이들 여름방학인 7, 8월을 가마쿠라와 가루이자와에서 지냈을 뿐, 어쩌다 한 번 도카이도의 오키쓰 정도만 가 봤을 만큼 엄청난 집순이였다. 그런 내가 멀리 센다이까지 갔던 것은 목적지가 딸네 집이었을 뿐 아니라, 젊은 시절부터 『만요슈萬葉集』나 『고킨와카슈古今和歌集』 같은 시집을 다 찾아 읽으며 익숙해진 '미치노쿠(수도에서 먼 곳에 있는 변방이라는 뜻—옮긴이)'라는 이름을 동경했기 때문일 것이다. 실로 이름의 유래처럼 변방 지역이었다. F는 겨울에는 춥다고 했지만, 난 그 추운 겨울을 모른다. 그저 좋은 계절에만 다녀간 여행자였으니.

처음 간 게 10월 초였는데 겉옷을 입으면 덥게 느껴질 정도로 이름뿐인 가을이었다. 그 무렵에는 센다이만큼 큰 역에서도 택시가 없던 시절이라, 마중 나와 준 F와 짐을 나눠 들고 전철을 탔다. 전철 안은 상당히 붐볐지만, 어딘가 '미치노쿠'다운 여유가 있었다. 도시를 지나쳐서 '다이진구 앞'에서 내렸다. 그 다이진구 신사 쪽으로 F네 집 대문이 있었고, 거기서부터 바로 이어지는 경사면을 따라 통나무 고목을 얹어 만든 계단을 몇 구비나 돌아 내려가면, 경사면 여기저기의 평지에 그리 크지 않은 집들이 서 있었다. 모두 단층이었고 그보다 조금 아래쪽으로 약간 큰 이층집이 보이는데, 그것이 F의 집이었다. M 호텔이 소유한 집인데 광산국이 대대로 임대하고 있다고 한다. 그 집 옆에 키가 큰 나무 한 그루가 울창하지는 않아도 그런대로 우거져 있었다. F가 호두나무라고 알려주었다. "나무가 아주 크네! 2층보다 높아!" 나는 감탄하며 바라보았는데, 계단을 다 내려와 현관의 낮은 울타리 옆을 지날 때, 그 나무를 올려다보니 파란 열매가 맺혀 있었다. 신슈에도 호두나무가 많지만, 내가 여름마다 가서 지내던 가루이자와의 마을 근처에서는 호두나무를 별로 보지 못했던지라 지금 여기서 나를 맞아준 이 나무는 내 마음에 기분 좋은 그림자를 드리웠다. 현관에 마중 나온 C 뒤로 방울 소리가 짤랑거리며 작은 새끼 고양이가 달려 나왔다. 아주 작고 작은 흰 고양이로 태어난 지 두 달 정도 된 녀석, 나와는 첫 대면인 가족의 일원이다.

남향집이고 마당 맞은편은 돌담, 돌담 아래를 길이 한 줄기 지나는데, 그 길을 경계로 대학의 넓은 운동장이 보인다. 그 운동장 너머에는 히로세가와 강이 마을 방향으로 흘러들어오는데, 강에 걸린 흰 나무다리가 산으로 가는 지름길이다. 강 너머의 산에는 관음보살을 모시는 큰 사당이 있어, 밤에는 밤새 불빛이 보였다.

올해 가을은 줄곧 맑게 갠 날이 이어졌는데, 특별히 맑게 갠 날에 딸이 마쓰시마로 데려가 주었다. 전차가 평야와 논을 빠져나와 바다가 보이기 시작하는데, 북쪽 지방의 산야를 빠져나와 보는 파도 빛깔은 이즈나 사가미의 바다보다도 훨씬 신비한 푸른빛을 띠었다. 마쓰시마역은 잡목이 우거진 벼랑의 끝자락에 서 있는 작은 역으로, 거기서부터 청결한 느낌이 드는 길을 내려가면 서양의 시골 분위기가 감돌았다. (사실 서양의 시골도 도시도 직접 본 적은 없다) 파크호텔은 깨끗한 가정집 같은 느낌으로, 구석구석까지 상당히 잘 관리되어 있었다. 점심을 먹고 해안으로 나가서 새하얀 조개껍데기를 깔아놓은 길을 걸어가니, 밟을 때마다 자그락자그락 소리가 났다. 여기서 보는 마쓰시마 섬은 선명하게 푸르렀고, 어느 섬에나 소나무 여러 그루가 서 있고, 바다는 사진 속 바다처럼 평온했다. 그저 태양 빛만이 현실의 섬이라는 것을 알려주었다.

붉은 다리가 놓인 제일 가까운 섬에 가 보았다. 섬은 비교적 넓었고 구불구불한 길은 옛날 옛적부터 사람들이 밟고 다녀서인지 걷기가 좋았다. 벼랑에는 참억새가 무성하고 어디로 돌아도 어디로 올라가도 바로 옆이 바다이다. 길가의 큰 찻집에는 차가 부글부글 끓고, 빵과 삶은 달걀이 진열되어 있어 누구라도 솔깃할 수밖에 없을 것 같았다. 어느 벼랑 가의 억새 밑동에 두 남녀가 앉아서 무슨 얘기를 하고 있었다. 두 사람 모두 창백한 얼굴에 평상복 차림이었고 여자는 머리도 헝클어져 있었다. 센다이 부근에서 온 사람일까, 학생치고는 나이가 있어 보였는데 서른이 가까워 보였다. 두 사람 다 상당히 지쳐 보였고, 막다른 곳까지 온 것 같은 표정이었다. 그곳을 지나쳐서 조금 걷다가 "죽을 의논을 하는 것 아닐까?" 하고 내가 말하자, "별일 없을 거예요" 하고 F가 대답했다. (아무래도 죽으려는 것 같아 마음에 걸려서, 그 후 일주일 정도 신문을 꼼꼼히 읽어봤지만, 마쓰시마에서 누가 동반자살했다는 기사는 아무 데도 실리지 않은 걸 보면 정말로 별일이 없었나 보다)

다리를 건너 돌아와서 호텔에서 조금 먼 둔치를 걷다가 큰길을 가로질러 즈이간지 절에 갔다. 정문은 열려 있었지만 방치된 것처럼 쓸쓸한 느낌이었고, 그 주변에 떨어져 쌓인 솔잎은 사비(さび, 세련된 한적함―옮긴이)의 미학을 보여 주는 것이 아니라, 황폐해진 국토에서 바람에 쓸려간 쓰레기 더미처럼 보여 안타까운 마음으로 바로 돌아왔다. 도중에 기념품 가게에서 마쓰시마가 그려진 젓가락과 이쑤시개통 여러 개 그리고 자개 세공이 예쁜 동백꽃 끈 장식을 두 개 샀다. 하나는 C에게, 다른 하나는 오모리의 집을 봐주고 있는 젊은 아이에게 주려고.

다시 호텔로 돌아와 쉬면서 차를 마시고 케이크를 먹으며 정말로 좋은 호텔이라고 생각했다. 돌아올 때는 전차를 타고 시오가마에서 내렸다. 마침 저녁이라, 도로와 다리에 생선 냄새가 가득했고, 갓 잡힌 생선이 산처럼 쌓인 시장 앞을 지나는데 사람은 별로 없고 주위는 온통 생선뿐인 세상으로 보였다.

시오가마 신사에 가는 길은 왼쪽에 강이 흘러 다른 한쪽에만 거리가 있었는데 대단히 북적거렸다. 시오가마 신사의 삼나무들은 골짜기 아래에서부터 하늘을 뒤덮듯이 곧게 솟아 있었고, 비탈길은 가파르지 않아 오르기 편했다. 넓은 마당이 나오고 나서 다시 신사의 돌계단을 올라가려다 돌아보니, 먼바다에 저녁 하늘이 붉게 비치고 화톳불을 켠 고기잡이배가 드문드문 떠 있는 게 작게 보였다. 시인이 시를 읊는 듯한 우아하고 따스한 경치가 펼쳐져 있었다. 보고 있는 사이에도 하늘이 조금씩 저물어 갔다. 마침 그때 신사의 문이 닫혔다.

센다이행 전차가 떠나버린 후에 역으로 돌아왔기에, 다음 전차 시간까지 불을 환하게 밝힌 거리를 걸어보았다. 도호쿠 지방에서 제일 큰 항구는 호황을 누리는 어부들로 북적이고 철물점, 양품점, 헌 옷 가게, 잡화점, 사과 가게, 술집, 초밥집, 찻집, 일품요리집, 어묵 가게 모두 장사가 잘되는 것 같아 기분이 좋았다. 이 세상에 가난뱅이 따위는 존재하지 않을 것 같은 곳을 구경하며 걷자니 내 자신의 가난함 따위는 잊어버렸다. 나는 여기서 좋은 물건을 싸게 샀다. 어부나 농부가 신는 260센티의 손바느질 작업화였다. 가게 주인은 세 켤레 들어왔는데 바로 팔려서 겨우 한 켤레 남았다고 했다. 이 잡화점에는 헌 옷, 옷, 셔츠, 삽, 신발, 부인용 양산까지 진열해 놓고 있었다. 그 옆이 이 마을에서 제일 큰 과자가게였는데, 벌써 밤이 되어 건과자밖에 남아 있지 않았다.

콘크리트 계단을 올라가 높은 플랫폼에서 전차를 기다리고 있으니, 항구의 불빛이 눈이 부시도록 밝다. 예전에 아리와라노 나리히라가 '가와라河原 좌대신左大臣'이라는 별명으로 불리던 미나모토 도루의 집을 방문했을 때의 일화가 있다. '미치노쿠의 꼬인 무늬 천은 누구 때문인가'라는 시를 읊었다던 좌대신은 시오가마의 풍경을 축소해 정원을 만들었다. 나리히라는 그 정원을 보고 '시오가마에 언제 왔을까 잔잔한 아침 바다에서 낚시를 하는 배가 여기에 들르려나'라는 시 한 수를 읊어 집주인에게 경의를 표했다고 한다. 그 가와라 좌대신은 젊은 시절에 무쓰의 안찰사로 갔던 지역 중에서도 이 항구의 경치를 특히 그리워하다가 그 호사스러운 가와라원 저택을 만들었을 것이다. 넓은 연못에는 매월 30섬의 바닷물을 나니와에서 퍼와서 물고기와 조개류를 살게 하고, 소금 가마를 만들어 바닷물을 끓일 정도로 정성을 쏟았다. 그 무렵 이 항구는 얼마나 밝고 또 얼마나 쓸쓸했을까. 또 어부들의 작은 배가 유유히 드나들고 있었을 터이다. 소금을 만드는 연기도 흐릿하게 보였을 것이다. 그런 생각을 하며 나는 이 북적이는 항구를 보고 있었다.

이날 많이 걸어다닌 탓에 조금 피곤해서 그 후 이삼일은 멀리 나가지 않았다.

시내에 있는 미쓰코시 백화점 지점과 후지사키 백화점에는 더 이상 도쿄에서 볼 수 없는 물건들이 아직 많이 진열되어 있었다. 가네보 센다이지점은 긴자와 비슷한 느낌으로 모던하고, 그곳이 자랑하는 식당은 점점 가난하고 어려워지는 나라에 하나 남은 안식처처럼 생각돼서 종종 가봤다. 그건 런치나 커피, 양과자 때문만이 아니라 과거를 연상시키는 풍요로운 물건에 대한 슬픈 바람이기도 했을까. 가장 좋았던 것은 마루젠의 가게였다. 책이나 잡지는 별로 남아 있지 않았지만, 양품 잡화, 비누, 향수, 분, 슈트 케이스, 동전 지갑, 박쥐우산, 양산 모든 것이 외국 냄새가 나는 물건뿐이었는데, 전쟁 중인 나라가 단숨에 박살내버릴 만한 물건뿐이어서, 그것들을 보고 있자니 손에 들고 보면 볼수록 점점 애틋해지기 시작했다. 여비가 충분하지 않아서 K에게 선물할 작은 향수 정도만 샀다.

조금 멀지만 욕심을 내서 주손지 절까지 가 보자는 말에, 아주 먼 여행이라도 가는 듯한 기분으로 나섰다. 기차는 텅텅 비어 있었다. 이와테현이 시작되는 부근이 되자 벌써부터 널찍하게 미치노쿠다운 세계가 펼쳐지고 있었다. 세 시간 정도 기차를 타고 가서 한적한 히라이즈미역에 내렸다. 버스가 있어서 바로 산까지 타고 갈 수가 있었는데, 옛날 같았으면 가는 도중에 지쳐버렸을 것이다.

오래된 삼나무 길을 올라갈 때, 상당히 급한 비탈길이 이어지자 F가 뒤에서 내 허리를 받쳐주었다. 다 올라가 보니 삼나무는 적어지고, 큰 단풍잎이 팔랑거리며 지고 있는 주손지의 본당 앞은 널찍한 평지였다. 큰 찻집에서는 그림엽서를 팔고 있었다. 산 입구에서 안내인을 부탁해 두어서 우리는 안심하고 산속을 걸어 다니며 대웅전으로 향했다.

소박하고 자그마한 대웅전 전각은 우아했다. 항아리 속에 담긴 오래된 향냄새를 맡듯이, 옛날 옛적의 일을 생각하고 있으니, 중국에서 전해진 금문자로 쓰인 경문과 3대의 용맹한 장수들의 유골을 지키는 불상 그런 것들의 이면에는 그 훨씬 깊은 곳에 깃든 미치노쿠의 후지와라 일족의 용맹한 꿈과 구원받지 못한 슬픈 바람은 천 년 뒤에 태어난 사람의 마음까지도 관통한다. 어렴풋한 기억 속의 역사를 생각해보아도 한 명의 무장 요시쓰네 때문에 이 도호쿠의 영주 가문이 멸망했던 일은 안타깝고 헛된 일이었다. 요시쓰네 한 사람 때문이라고 나는 생각하지만, 뭐니 뭐니 해도 미나모토노요리요시 이래로 친숙한 오슈 땅에서 그들이 아무리 기요하라 후지와라라는 강대한 호족이었어도, 천자의 혈통인 미나모토 가문을 자신보다 위라고 여기며 공경하고 섬기는 관습이 있었을 것이다. 그 미나모토 가문의 대장군인 요시쓰네를 보호하는 것은 그들의 의리이자 영광이었을지도 모른다. 게다가 일족의 영웅시대는 지나고 평범한 인간인 당주의 세상이 되면서 그리도 싱겁게 멸망한 것이리라. 그렇다 해도 후지와라 일족의 생명이자 권력이었던 황금이 그들이 전멸한 후에 단 하나도 적에게 발견되지 않았던 것은 정말 흥미로웠다. 모두 다 써버렸을까, 아니면 어느 산이나 계곡 속에 그들의 보물창고가 지금도 잠들어 있을까. 꿈과 신비가 깃든 본당 앞에 서서 나는 한동안 빌었다. "용사들이여, 지금 일본은 전쟁을 하며 고통 속에 있습니다. 용사들이여, 우리는 고통 속에 있습니다." 그렇게 나는 기도도 아닌 기도를 하고 있었다.

 멋진 삼나무 거목 사이를 빠져나와 산 뒤쪽으로 나오니, 건너편에 노란 풀이 자란 산기슭을 커다란 강이 흐르며 하얀 물보라를 일으키고 있었다.

 밤을 파는 아주머니가 "밤 좀 사세요"라며 권했지만, 우리는 갈 길이 멀다며 거절했다. 찻집 앞을 다시 한번 지나서 비탈을 내려가기 시작하는데 주위에 밤이 많이 떨어져 있었다. 저 아주머니도 이 주위에서 주웠을 것이다. 그 비탈길을 돌 때, 요시쓰네의 다카다치 성터가 멀리 논 가운데에 보였다. 오랜 세월을 지나 작고 볼품없는 언덕이 되었다. 그 언덕 너머에도 큰 강이 흘렀고, 강과 그 강의 물결을 가리며 이어지는 떠밭을 보고 있으려니, 나는 그 황량한 자연만으로 완전히 배가 부른 것처럼 느껴졌다. 만족감을 느꼈다. 이별이다. 우리는 여기서 안내자하고도 인사를 하고 헤어졌다.

 "먼저 내려가서 버스 기사에게 기다리라고 해 두겠습니다." 그는 아주 큰 서비스를 해 주었다.

 끝이 있는 생명의 즐거움 미치노쿠 나루고 산의 단풍을 보리라

1942년 10월, 이런 시를 읊고 나는 단풍 구경을 할 생각으로 떠났다. 겨우 1년 만에 세상은 부쩍 살기 힘들어졌는데, 그래도 나는 아직 단풍 생각을 할 만큼 마음의 여유가 있었다. 센다이역은 지난해보다 훨씬 전등불이 어두운 것 같았다.

새끼 고양이었던 오타마는 많이 자라 씩씩한 젊은 고양이가 되어서 큰 리본 목줄을 하고 나를 맞아 주었다.

하루 쉬고 나서 우리는 도시락을 들고 센잔선을 타고 떠났다. '야마데라'의 산에 물든 단풍이 아침 해에 아름다운 색을 띠어 어딘지 모르게 중국 느낌이 들었는데, 차창으로 쳐다보며 도저히 올라가지 못하겠다고 생각하며 지나갔다. 야마가타를 지나기 전에 우리는 점심 식사를 마쳤다. 차창 옆으로 단풍 든 산들을 보면서 다른 승객이 아무도 없는 기차 안에서 식사하는 건 즐거웠다. 산기슭에 가느다란 강줄기가 흘렀는데 이 줄기가 바다로 흘러가면서 큰 나토리 강을 이룬다고 한다. 환승역인 지토세역에서 40분 정도 시간이 남기에 역 밖으로 나가 보니, 역사 바로 옆 찻집에서 식사하는 사람들도 있었다. 덮밥에 생선조림. 그 커다란 생선토막은 여러 번 푹 조렸는지 새까매져 있었다. 거기서 도호쿠의 시골다운 느낌이 나서 즐거웠다. 우리는 큰 배를 샀다. 여태껏 본 적이 없을 만큼 컸다. 에치고(지금의 니가타—옮긴이)의 특산 배보다 훨씬 컸다. 찻집 옆의 시냇물에서 한 주부가 채소를 씻고 있었다. 도쿄에서 4월경 나는 갓과 비슷하고 잎이 길었는데, 소송채라고 했다. 겨울 동안 그들은 소송채 절임을 아침에도 밤에도 먹겠지.

기차를 전세 낸 것처럼 달리 아무도 없이 쇼나이 평야를 지나갔다. 산들은 아주 멀어서 붉지도 푸르지도 않게 보였다. 멘도라는 역에 정차했을 때, 짙은 복숭아색 스웨터를 입고 금갈색 바지를 입은 아가씨 한 명이 마침 떠나려는 버스에 올라타는 것을 보았다. 그 버스는 어느 온천행 버스 같았다. 도쿄에서는 보기 드문 건강하고 유복해 보이는 젊은 아가씨였다. 멘도라는 마을 이름은 일본에서는 잘 쓰지 않는 단어인데, 뭔가 성모마리아와 관련이 있지 않나 싶었지만, F에게 아무것도 묻지 않고 졸면서 신조까지 갔다.

조카이산 정상에 갑자기 검은 구름이 끼었나 싶었는데 신조에 도착하니 비가 내리고 있었다. 역 바로 옆의 나막신 가게에 들어가 초등학생이 쓸 것 같은 어린이용 종이 우산을 사서 둘이서 쓰고 걸었다. F는 전에 신조의 마을에서 산 소고기가 맛있었다며, 오늘도 소고기를 샀다. 마을에는 지금 군대가 주둔하고 있어서, 여러 가지 식재료를 구하기 쉬운 모양이었는데, 과자나 만주 같은 것은 다 팔리고 없었다.

신조에서 고고다 쪽으로 가는 노선으로 갈아탔다. 이 선로 주변의 단풍은 한창때를 조금 지난 것 같았는데, 산들은 거칠고 묵직하게 자연의 힘을 보여 주며 여행자의 마음을 쓸쓸하게 했다. 옛날에 아베 일족이 싸운 곳이 이 주변이라고 F가 알려주었는데, 오늘도 비가 조금씩 오락가락하고 사람이 없는 들과 산에 단풍만 지는데, '미치노쿠'는 너무 넓어 도쿄 사람을 초라하게 느끼게 했다. 도중에서 해가 져서 나루고의 단풍도 볼 수 없었지만, 그 대신 4, 50명 정도 남녀노소가 섞인 단풍객들이 모두 단풍나무 가지를 들고 기차에 올라탔다. 취한 사람이 많았는데 노래를 하거나 소리를 지르다가 또 바로 내렸다. 어딘가 가까운 온천에 가서 떠들려나 보다.

그로부터 이삼일 지나서, 이번에는 조금 더 멀리 이시노마키까지 가기로 했다. 전차 차창으로 마쓰시마 바다에서 밀려오는 푸른 파도를 바라보며 작년 일을 떠올렸다. '데타루手樽'라는 작은 역을 지나는데, 역무원이 '데타루'라고 하는 것을 나는 '데다루'라고 잘못 듣고 재미있는 이름이라고 생각했는데, 손을 떨어뜨린 것(데타루)이 아니라 손의 통(데다루)이었다. 둘 다 좋은 이름이다. 헤비타라는 곳은 옛날 에미시(아이누족)가 배반을 하고 이 지역을 공격했을 때, 관직에서 물러났던 용장 다지가 조정의 명을 받고 싸웠으나, 적이 너무 강해 다지는 전사하고 말았다. 그는 이 땅에 묻혔다. 나중에 다시 한번 에미시의 군대가 이시노마키로 쳐들어와 다지의 묘를 파헤쳤을 때, 무덤 속에서 큰 뱀이 수도 없이 나와서 적군을 물어 죽였다고 해서 이 주변이 '헤비타(蛇田, 뱀밭)'라 불리게 되었다. 보통 논과 조금도 다르지 않은 그 뱀밭 너머의 소나무 벌판에 다지의 비석이 서 있다. 전차 속에서 묵념을 했다.

마지막이 슬프게 다지 장군이 잠들어 있는 뱀밭이여 오늘은 가을 햇살 속

이시노마키가 가까워지니, 그 주변의 길과 밭에 온통 물고기를 말리고 있었는데, 비료로 만드는 것이라고 했다. 이상한 냄새가 바닷바람과 섞여 하늘까지 냄새가 올라갈 것 같다. 어부의 집은 모두 부유해 보이고 밝고 조용한데, 마당 돌담 아래까지 바다가 와 있다. 좁은 마당에 나무는 없고, 대개의 집에 흰 국화와 노란 국화가 가득 피어 있었다. 이게 모두 식재료라고 한다. 전차에는 사람

이 상당히 많이 타고 있었는데, 역에서 내리니 그 사람들은 삼삼오오 어딘지도 모르게 흩어지고 우리는 둘만 걷고 있었다. 시오가마의 마을만큼 번잡함은 없고, 훨씬 고대의 향기가 나는 것 같았다. 이 마을의 번화가인 외길을 걸어갔다가 다시 돌아올 때, F는 가져온 작은 찬합에 도미 토막과 굴을 사서 넣었다. 어쨌든 생선 산지라서 내가 오모리까지 선물로 가지고 갈 만한 것은 하나도 보이지 않았다.

역 근처로 돌아와서 히요리야마에 가봤다. 완만한 비탈길 어귀에 벚나무가 무리 지어 서 있었는데, 퇴색한 낙엽이 조금씩 떨어질 무렵이었다. 우리보다 조금 앞에서 여행객으로 보이는 청년 대여섯 명이 걸어가고 있었고, 이윽고 탁 트이고 넓은 느낌의 언덕이 나왔다. 가장 높은 곳에는 가시마미코 신사가 모셔져 있었다. 아래를 내려다보니 태평양의 파도는 눈부시게 빛났고, 먼 앞바다에서 하늘빛과 하나로 녹아 무한히 먼 바다 저편을 떠올리게 했다. 이시노마키의 항구, 옛날의 이시노미토다.

히요리야마의 뒷산에 오노노 고마치의 무덤이 있다던데 정말이냐고 물어보니 F도 모르고 찻집 사람도 몰랐다. "고마치는 아마 이 근방까지 오지 않았겠죠. 만약 정말로 미치노쿠까지 왔더라도 좀 더 그쪽으로 갔을 거예요"라고 딸은 말했지만, 그쪽이든 이쪽이든 미치노쿠는 한없이 넓은 산야이다. 고마치는 고향 땅을 밟기 위해 과연 어디까지 걸어온 것일까? 아마 마음의 연고를 찾는 여행이었을 것이다. 이날 나는 오랜만에 시를 읊었다.

연안의 얕은 여울 속 수초는 햇살 아래 잠들고 나는 데다루역을 지나는구나
미치노쿠 해변 집에 흐드러지게 핀 노란 국화 하얀 국화 먹기 위함이라도
한낮의 공기 소란스럽고 갈매기 나는 조선소의 검은 지붕가
점심을 마친 집을 찾아가며 갈매기 나는 뒷마을을 지나 다리를 건너네
물속에 선 돌담 낡고 검은데 가을날 나는 하얀 갈매기들
바닷바람도 태양도 바로 언덕 위에 대양을 바라보는 신사
이시노마키 히요리야마 위에서 나는 보았네 바다와 하늘의 서로 다른 햇빛을
푸른 바다 파도에 한 줄기 그림자 있어 기타가미강의 물줄기 흘러드누나

대양은 가을날 눈부시네 그 옛날 이시의 항구를 배가 떠나는 오늘도

센다이의 동물원은 상당히 큰데, 아주 오래전에 아사쿠사의 꽃정원이 소유하고 있던 것을 센다이시에서 샀다고 한다. F의 집 이층에서 보면 대학 교정 너머 오른쪽 언덕 자락에 그 크고 흰 문이 보이고, 밤이면 밤새도록 전등 하나가 밝게 빛났는데, 저 너머 언덕의 관음사 등불보다 가까운 만큼 크게 빛났다. 그 동물원에 별로 흥미는 없었지만, C와 둘이서 가봤다. 시에서 운영하는 곳이라고 과시하듯 넓고 위압감을 주는 정원이 있고, 문을 들어가면 맨 처음에 원숭이들이 있다. 수가 어찌나 많던지, 엄청나게 많은 원숭이가 넓은 철망 안에서 태평스럽게 당근을 먹고, 서로 벼룩을 잡아 주기도 하고, 사과 껍질을 벗기기도 했다. '원숭이 섬'이라고 불리기도 하는 모양이다. 우에노동물원처럼 이 동물원에도 많은 동물이 있는데, 코끼리는 없지만 다른 동물들은 대개 있었다. 호랑이 두 마리가 호랑이 특유의 몸짓으로 움직이고 있었다. 조금 떨어진 큰 우리에 사자가 있었다. 히로세 강이 출렁이며 흐르는 소리가 가장 잘 들리는 곳에서 그 녀석은 가을 햇살 속에서 낮잠을 자고 있었다. 모든 것이 지루한 듯한, 포

기한 듯한 모습이었다. 곰도 있었다. 곰도 지루해 보였는데, 그래도 뭔가 기대를 하는 듯 걸어와서 인간을 바라보았다. 원숭이로 시작해서, 가장 맨 끝이 페르시아고양이 종류였다. 나는 원래 고양이를 좋아하지만, 페르시아고양이는 뭔가 어두운 면을 가진 것 같아서 친하게 지내지 못한다. 그 근사한 긴 털, 짧은 다리, 멋지게 탐스러운 긴 꼬리, 야생 동물의 거친 표정을 지닌 눈빛, …나에게 페르시아고양이란 인간과는 완전히 다른 세계의 독립된 짐승이라 조금 두렵다. 짐승이라는 표현이 그야말로 그들을 설명해 준다. 정말 근사한 고양이들이었는데 두 마리는 내가 신경이 쓰이는지 느릿느릿 돌아다니며 내 쪽을 가끔 바라봤다. 두 마리는 쿨쿨 자고 있었다, 한 마리는 기분이 좋지 않은지 둥글게 몸을 말고 철망 속에 웅크리고 있었다.

"고양이들아, 이 넓은 동물원에서 너희들하고 곰이 제일 좋아." 나는 페르시아고양이에게 말했다.

나가는 길에 다시 출구의 원숭이가 있는 곳까지 갔다. 그야말로 무리를 지어 움직이는 원숭이의 섬이다. 다소 피곤해 보이고 저녁 햇살을 받으며 웅크리고 있는 녀석들이 많았다. 그 녀석들의 엉덩이는 하나같이 빨갰다. 저 너머 산의 단풍보다도 훨씬 빨갛고 더 현실감이 있는 빨간

색이다. 그 엉덩이를 모두 우리 쪽으로 돌리고 있었다. 갈 때도 그러더니 올 때도 당근을 안 주네. 이 손님, 너무 생각이 없어. 엉덩이나 보여줘야겠다. 이렇게 원숭이 한 마리가 말을 시작하고, 다른 원숭이들에게 전달한 모양인지, 원숭이 섬 전체의 원숭이가 모조리 우리에게 엉덩이를 보이고 있었다. 인간은 정말로 생각이 없는 동물이지만, 단체로 시위하는 것을 보고서야 눈치를 채고 쑥스러워하며 돌아왔다.

1943년 봄, 4월 중순에 나는 다시 센다이에 갔다. 구로이소시 주위에 벚꽃이 만개하여, 도쿄에서는 볼 수 없는 농염한 색깔을 뽐내고 있었다. 도쿄에서 신국 일본이라거나 목욕재계라거나 훈련이라는 말만 듣다가, 옛날 옛적부터 일본에 피었을 꽃들을 바라보고 또 멀리 북쪽 하늘에 새로 내린 눈을 이고 있는 높은 산들을 바라보자니, 내가 옛날 세상에 살고 있는 것인지, 현대를 지나며 내일의 세계에 발을 딛고 있는 것인지 아득한 기분이 들었다. 그렇게 주위의 경치를 보며 지나가는데, 평야에 자리한 시골 마을에 복숭아와 목련이 붉고 희게 흐드러지게 피어, 도시에서 온 사람은 실로 계절의 향기를 깊이 느꼈다.

센다이의 딸네 집에서는 흰 고양이가 깜짝 놀랄 만큼

자라서 여러 가지 재주를 부렸다. 내 냄새를 맡고, 1년간 헤어져 있던 친구를 알아본 듯하다.

시오가마 신사의 벚꽃이 지금 마침 한창이라던데, 우선 그보다 조금 가까운 곳부터 가 보자는 얘기가 나와서, 다음 날은 쓰쓰지가오카에 가봤다. 전차에서 내려 조금 올라갔다. 센다이의 무슨 사단인지가 점령해서 넓은 언덕의 절반 이상에 군데군데 군인들이 서 있었다. 그래도 언덕의 수양벚나무는 아름다웠다. 지금까지 간혹 어느 집 마당에 수양벚나무가 한 그루 정도 피어 있는 것을 보기만 했던 사람에게, 이 공원 전체에 흐드러지게 핀 꽃을 보는 것은 귀한 경험이었다. 푸른 하늘과 수양벚나무, 그 꽃을 보는 사람들도 모두 나이가 지긋한 노인이나 아주머니들이 많았고 아주 수수하고 청아한 느낌이 났다. '산자 시구레'라는 민요의 장단은 모르지만, 절로 그런 후렴구가 떠올랐다.

언덕 위에는 축 늘어진 벚나무에 꽃이 흐드러지고 도호쿠의 도읍은 날도 청명하구나

그곳을 지나니 언덕 중턱에 있는 마사오카의 절이 보였다. 커다란 목련 나무가 한 그루 서 있고, 무수한 흰 꽃이

푸른 하늘을 뒤덮듯이 피어 있었다. 절 안에서는 향냄새가 나고 경을 읽는 소리가 새어 나온다. 마사오카라는 이름 탓에 유명한 정치가 마사오카도 생각났는데, 목련꽃 아래의 오래된 절을 보니, 전통 인형극에 나오는 인물인 마사오카도 그저 충의의 표본 같은 인형이 아니라, 실제 그녀는 더욱 아름답고 여성적인 매력도 있고 가끔은 보기 좋게 웃는 모습도 보였을지도 모른다. 대단한 능력자였을 게 틀림없다.

북쪽 경사면에서 센다이시를 내려다보았다. 어제인지 그제인지 내린 흰 눈을 이고 있는 산들도 이 도시를 내려다보고 있다.

세찬 바람이 이삼일 정도 계속 불어서 꽃이 지기 시작했다는 소문을 들었기에, 시오가마에는 가지 않고 센다이 시내를 돌아다녔다.

히로세 강변의 계곡을 따라 구부러진 길을 따라 대학 교수들이 사는 조용한 마을에 가봤다. 마을 전체에 한가득 꽃이 피어 있었는데, 마당에 큰 벚나무 두 그루가 있는 집을 보았다. 꽃들이 조금 지기 시작했는데, 주위에 인기척도 없고, 한낮의 집들은 조용히 잠들어 있는 것 같았다. 마치 요재지이聊齋志異라는 기담집에 나오는 여자나 노인이 그중 어느 집에선가 살고 있을 것만 같았다. 교수님들도 이런 조용하고 밝은 곳에서 책을 읽으며 나이 들어가면 행복하겠구나 싶었다.

돌아오는 길에 비탈길을 내려와 지름길로 가려고 대학교 교정 근처의 다리를 건넜다. 이삼일 전부터 다리를 고치고 있는 게 집에서도 보였는데, 오늘은 공사를 끝낸 모양인지, 건너는 사람이 두세 명 보이기에 우리도 건너보았다. 그런데 조금 더 가 보니 두세 군데 나무판이 깔려 있지 않았다. 우리는 나막신을 벗어 한 손에 들고 한 손으로 난간에 매달려 다리의 가로목 위를 느릿느릿 걸었다. 아래를 내려다보니 히로세 강의 얕은 여울물이 돌에 부딪혀 하얀 물보라를 일으키며 흐르고 있었다. 학교에서 돌아오다 물장난을 치는 아이가 된 것 같은 기분이 들었다.

4월 18일에는 시내에 쇼핑하러 갔다가 가네보에서 차를 마시고 나서 밖으로 나오니, 넓은 도로 모퉁이에 큰 종이가 붙어 있었다. 적기가 처음으로 도쿄의 하늘에 날아왔다는 것을 알리는 글이었는데, 그 앞은 사람들로 혼잡했다. 나는 F와 얼굴을 마주 보고 "이러다가 센다이에 다시 못 오게 되는 게 아닐까" 하고 말했다. 그 넓은 사거리의 맞은편 모퉁이에 가서 마루젠 매장에 들어가니, 이 중대한 알림을 읽었을 텐데도 가게 안에 사람들이 가득했다. 모두 당분간, 아니 어쩌면 영원히 접할 수 없는 외국의 향기와 이별하기 아쉬워하며 모였던 걸까? 아름다운 구리 촛대며 신사용 우산이며 흐린 갈색 파자마며, 대체로 나와 거리가 먼 물건까지 손에 들고 만져봤지만, 실제로 산 건 칫솔과 목욕 비누, 조금 색이 바랜 모직 슬리퍼 정도였다. 본점이었지만 시국이 그렇다 보니 외국책이나 잡지는 아무것도 보이지 않았다.

 나는 이삼일 상황을 살피다가 정말로 센다이와 작별했다.

오래된 전설

 언제, 어느 책에서 읽은 전설인지 분명하게는 기억나지 않는다. 마치 꿈속에서 어느 풍경 속에 검푸른 파도 위로 하얀 배 한 척이 떠 있는 것을 본 것처럼, 전설 속 여인의 모습을 떠올린다. 아름다운 여자이다. 세계 최초의 여성, 이브보다도 훨씬 전에 이 세계에 존재하던 아름다운 릴리스이다.

 신은 7일 동안에, 그러니까 7천 년인지 7만 년인지 가늠하기 어려운 세월 동안에, 천지와 그 속의 만물을 창조하시고, 그 모든 창조물이 보기에 좋으시다 하셨다. 모든 것이 마음에 흡족하여 아름답고 깨끗한 것뿐이었는데 아직 뭔가 부족해 보였다. 내가 창조한 모든 것보다 훨씬 아름답고, 훨씬 나의 모습과 비슷한 것을 하나 만들어 보리라. 그것은 나의 친구라 여겨도 좋을 만큼 고귀할 것이다. 어떤 꽃보다, 새보다, 초목보다, 별보다, 달보다, 태양보다, 바다의 파도보다, 산의 안개보다 훨씬 아름답고 부드러운 것, 훨씬 화사한 것, 즉 여인을 만드시고 이것에 신의 숨결을 불어넣으셨다. 그러나 천지 만물과 마찬가지로 이 여인에게는 영혼을 주지 않으셨다. 여인은 릴리스라 불렸다.

영혼이 없는 릴리스는 온갖 기쁨으로 충만한 상태로 홀로 에덴 정원에 살았다. 사계절 꽃이 피고 과일도 풀의 열매도 원하는 것은 뭐든 있었다. 새들도 짐승들도 그들의 목소리와 말로서 릴리스를 섬겼고, 별이 빛나는 저녁이면 신의 아이들(천사라 불리는 종족)이 하늘에서 지상으로 놀러 왔다. 그들에게는 각자의 목소리와 말이 있었고, 천상의 친구들과 지상의 친구들 덕분에 릴리스는 외로움을 몰랐다. 그렇게 해서 릴리스는 언제까지나 낙원의 꽃처럼 살고 있었는데, 부족함을 모르던 그녀에게는 희망이 없었다. 그래서 실망도 몰랐다. 자연히 슬픔도 없었던 것이다. 릴리스는 몇 년인지 몇천 년인지 이렇게 지내다가 어렴풋이 어떤 감정을 맛보았다. 그것은 '지침'이다. 부족함도 없고 슬픔도 없는 행복에 지쳐서, 어느 순간 그녀는 처음으로 한숨을 쉬었다. 저녁 바람처럼 조용해 소리도 나지 않았지만, 신의 귀에 릴리스의 한숨이 살며시 닿았다. 이 창조물이 실패작이라는 것을 신은 분명히 깨달으시고, "릴리스여, 가엾은 자여, 지쳤는가? 사라져도 좋다, 사라지거라"라고 말씀하셨다. 릴리스는 그때 흰 파도가 이는 해변을 걷고 있었는데, 황혼으로 물드는 바다색이 릴리스의 눈에 비쳤다. 그다음 날 아침, 모래 위에는 흰 물거품만이 남고 릴리스는 이 세계에서 사라지고 없었다.

그 후에 신은 아담이라는 남자를 만드시고, 이브라는 여자도 만드셨는데, 이 두 사람에게는 영혼은 나누어 주셨다. 켈트족 전설 속에 '아담의 전처 같은 여자'라는 표현이 가끔 나오고 릴리스가 아담의 전처였던 것처럼 전해오는 모양이지만, 우선은 성서의 내용만 생각하자. 아담과 이브는 특히 이브는 그 후 가끔 한숨을 쉴 때가 있었지만, 우울할 때만 그랬기에 신도 그 한숨은 흘려 들으셨던 모양이다.

바쁜 우리의 생활과 동떨어진 이런 오래된 전설을 떠올리는 이유는 지난번 시부야역에서 한 아름다운 사람을 발견했기 때문이다.

시부야역이 그리 혼잡하지 않은 오후의 플랫폼이었다. 방금 내린 사람들 속에 키가 큰 여자가 한 명 있었다. 계단을 올라오며 스쳐 지나다가 무심코 멈추어 섰을 만큼 아름다운 사람이었다. 스물셋, 넷 정도일까, 유난히 피부가 희고, 눈빛은 일본인 같지도 외국인 같지도 않게 묘했다. 차분한 정장을 입고 늘씬한 다리를 시원스레 뻗으며 걸어갔는데, 문득 뒤돌아보니 그 뒷모습은 정확한 목적지가 없는 것처럼 조금 쓸쓸한 걸음새였다. 현대를 사는 사람들은 그런 식으로 목적 없이 하루하루를 사는 기분일까 생각하며 잠시 바라보고 있었다.

그날 밤 잠들기 전에 다시 그 아름다운 여자를 떠올리며, 누군가 그 사람과 닮은 사람이 있었던 것 같은데 누구인지 생각해내지 못하고 잠이 들어버렸다. 일본인 같지 않은 눈빛에 개성 있는 모습, 어딘가 허무한 분위기를 풍기는 아름다운 사람. 그것 말고는 생각해내지 못했는데, 오늘 어쩌다 보니 릴리스의 오랜 전설이 떠오른 것이다. 아마 지난번 본 그 아가씨가 릴리스를 닮았을 거라고 문득 생각했다. 현대인의 태반은 목적 없이 하루하루를 산다고 하는데, 시부야에서 본 그 여자는 그 끝을 달리는 사람일 것이다, 옛날의 릴리스도 그런 하루하루를 살았으니 아마 그녀와 같은 모습이었으리라.

그런 생각이 뇌리를 스치는 바람에, 나는 오늘의 가난한 생활이 매우 감사하고 신선하게 생각되기 시작했다. 무일푼인 가난한 일상에서 뭔가 희망을 품고, 그러다 실망하고, 다시 희망을 품고 고민을 하고 한숨을 쉬고 그런 일을 반복하고 또 반복하며 사는 건 즐겁다고 생각하니 갑자기 기운이 났다.

큰 뱀 작은 뱀

 일본에는 뱀에 관한 옛날이야기가 많은데, 아일랜드 전설에도 뱀이 많이 나오는 것 같다. 같은 섬나라여서 그런지도 모른다. 처음에 내가 읽은 전설은 아득한 옛날의 일이었다. 북쪽 산의 호수에 오랜 세월을 산 큰 뱀이 있었다. 뱀은 미래에 위대한 인물이 나타나 이 나라로 와서 뱀 종족 전부를 퇴치할 것이라는 예언을 듣고, 그러한 재앙이 오기 전에 바다로 도망가려는 계획을 세우고 열심히 호수에서 도망칠 길을 만들기 시작했다. 가는 길마다 연안의 가축들을 마구 잡아먹고 가끔 쉬다가 다시 물길을 팠다. 용맹한 인간들이 큰 뱀을 공격했지만 항상 인간이 지고 말았다. 큰 뱀 역시 부상당하기도 하고 죽을 뻔하기도 하며 오랜 세월을 거치며 간신히 바다까지 물길을 냈다. 큰 뱀이 만든 길이 섀넌강이 되었다는 이야기이다.

그 위대한 인물이 바로 성 패트릭이라고 하는데, '성 패트릭 전기'에는 이 성자가 로마인의 노예로 끌려와 소년 시절을 보낸 아일랜드를 사랑하는 마음이 깊었고, 자유의 몸이 된 후 나중에 다시 아일랜드로 건너가 크리스트의 교리를 전했다고 되어 있다. 때는 서기 5세기경이었고, 파도에 둘러싸인 섬나라는 숲과 산과 들판과 늪뿐이라 사는 사람은 적었고, 가는 곳마다 뱀이 제멋대로 날뛰어, 큰 뱀과 작은 뱀, 중간 뱀, 이무기 무리까지 이 나라를 제 집인 양 활개를 치고 있었다. 성자는 제자 한 명과 함께 여러 난관을 겪으면서 쉴 틈도 없이 서쪽에서 동쪽으로 교리를 전파하고 있었다. 어느 산그늘의 좁은 길을 지나갈 때 길에 뱀이 자고 있었는데, 드문 일도 아니어서 제자는 넘어서 지나갔다. 뱀은 순식간에 벌떡 일어나 제자를 삼켜버렸다. 이때까지 멍하니 걷고 있었지만, 성자도 인간이었기에 아끼던 제자가 눈앞에서 잡아먹히자 크게 노해서 "괘씸한 뱀 같으니! 물러서라, 물러서, 너희들은 영원히 사라질지어다" 하고 야단을 쳤다. 그 살인 뱀은 황급히 스르륵 사라져버렸지만, 모든 뱀이 이때를 계기로 점점 어딘가로 옮겨간 모양인지, 아일랜드는 어느덧 뱀의 섬이 아니게 되었다. 물론 성자의 전도 덕분이기도 했을 것이다. (기독교와 뱀은 사이가 좋지 않다) 영국에서는 성 게오르기우스가 용을 퇴치했고, 아일랜드에서는 성 패트릭이 뱀을 퇴치했으니 조금 번지수가 다른 것 같지만, 오랜 옛날에는 어떤 나라나 뱀이 인간의 큰 적이었던 것 같다.

후세에는 아일랜드의 전설에 뱀이 아니라 요정이 등장하게 되고, 이야기는 점점 살벌하지 않게 되었다. 인간도 수가 불어나 강해졌을 것이다.

일본의 뱀 이야기에도 처음에는 큰 뱀이 나온다. 스사노오노미코토가 큰 뱀으로부터 구시나다히메를 구한 이야기는 어느 나라에나 있을 법한 전설이다. 그 큰 뱀은 머리와 꼬리가 각각 여덟 개 있고, 등에는 소나무와 떡갈나무가 자랐으며, 몸 전체 길이가 여덟 언덕 여덟 계곡에 걸쳐졌다고 하니 상당한 길이다. 정말로 그렇게 큰 뱀이라면 구시나다히메의 아버지의 집에는 아예 들어갈 수조차 없었을 것이다. 그런 게 바로 전설이다.

스진 덴노의 시대, 야마토토토히메의 남편이 된 오모노누시 신은 언젠가 이 황녀의 빗 상자 속에 숨었다. 새벽에 황녀가 빗 상자를 열어 보자, 고운 빛깔로 빛나는 작디작은 뱀이 있었다고 한다. 이 이야기는 뛰어나고 총명한 인간 아가씨와 신 사이의 비극으로, 『일본서기』에서도 황녀를 동정하고 있는 것처럼 적혀 있다.

닌토쿠 덴노 시대에, 북방의 에미시(아이누족—옮긴이)들이 배반했을 때, 우에노의 용장 다지 대장군이 정벌을 했는데, 당시의 에미시는 매우 강해서 다지 장군은 이시노마키 항구에서 전사하고 말았다. 다지의 가신이 주인의 장신구를 들고 다지의 아내에게 가져가자 아내는 그 유품을 가슴에 품고 자살했고, 세상 사람들은 이 부부의 죽음을 안타까워하며 후하게 장례를 치렀다. 그 후 한참 지나서 다시 에미시가 쳐들어와 다지의 무덤을 파헤쳤다. 그러자 무덤에서 큰 뱀이 나와서 수많은 적을 물어 죽였다. 잡아먹히지 않은 사람들도 모두 뱀독에 중독되어 죽었다. 이시노마키 초입에 있는 밭에 지금도 '뱀밭'이라는 명소가 있다. '…닌토쿠 58년 여름 5월, 아라하카의 소나무 숲 남쪽 길에서 갑자기 두 그루의 상수리나무가 자라나, 길을 사이에 두고 가지가 닿아 있었다'라는 기록도 있다. 그것은 다지가 죽은 지 3년째 되는 해의 일인데, 1940년대의 어느 해던가, 나는 센다이에 살던 딸을 방문해서, 마쓰시마에서 이시노마키로 놀러 갔을 때, '뱀밭' 중간 정도에 여전히 한 무리의 소나무 숲이 있고 다지의 무덤이 그곳에 있는 것을 보았다. 여기까지는 나쁜 뱀의 이야기다.

인간이 점점 늘고 세상이 번잡해지면서, 역사의 표면에 뱀이 나오지 않게 된 것 같다. 후지와라노 미치나가^{藤原道長}가 최고의 영화를 누리던 시절의 일이다. 야마토 지방에서 훌륭한 참외를 진상품으로 바쳤다. 여름 저녁때였는데, 미치나가는 "오호, 맛있게 생긴 참외로구나!" 하고 그 진상품 바구니를 바라보고 있었다. 그 자리에 아베노 세이메이와 미나모토노 요리미쓰가 있었는데, 아베노 세이메이는 눈썹을 찌푸리며, "전하, 지금 이 방에는 요기가 넘치고 있습니다. 이 바구니의 참외가 수상합니다"라며 눈으로 본 듯이 말했다. 그러자 요리미쓰가 갑자기 칼을 빼들고 그 참외를 두 쪽으로 갈랐다. 참외 속에 작은 뱀이 똬리를 틀고 숨어 있었다. 이것은 주군을 원망하는 자의 마음이 뱀이 되어 그 참외에 깃들어 있었다는 이야기인데, 가공품 속에 뱀을 숨기는 것과는 달리, 참외 속에 처음부터 뱀알이 숨어 있다가 참외와 함께 자랐다고 생각해보면, 그것은 역시 음양사 아베노 세이메이가 말한 대로 요사스러운 참외였던 것이리라. 이것은 아주 작은 뱀 이야기이다.

젊은 시절의 호조 도키마사가 에노시마의 바위굴에서 기도를 마치던 날 밤에 바위굴의 주인인 뱀이 나타났다. 그때 뱀의 모습이 아니라 아름다운 여인의 모습으로 나타난 뱀은 인간의 말로 도키마사에게 미래에 일어날 일을 이야기해주었다. 환상에서 깨어났을 때, 그 여인이 서 있던 주위에 세 조각의 비늘이 떨어져 빛나고 있었다고 한다. 이것은 전혀 무섭지는 않고, 훈훈하고 아름다운 옛날 전설 느낌이다.

일본의 시골에는 뱀의 저주에 관한 엄청난 이야기가 많은데, 모두 사악하고 기분 나쁜 것뿐이고 역사에 등장한 뱀들의 멋진 행동과는 큰 차이가 있다. 옛날 옛적의 뱀들은 같은 뱀 종족 중의 영웅이었을 것이다.

더 세계적인 이야기로는 이브가 본 뱀이 있다. 신은 에덴 정원에 있는 나무의 열매는 뭐든 먹어도 되지만 오직 한 그루만은 그 열매를 먹으면 안 된다고 말씀하셨다. 아담과 이브 두 사람이 성실히 그 명령을 지키고 있었을 때, 뱀이 나와 이브를 유혹하며 그 금단의 열매를 먹였다. 성서에는 그 이야기가 자세하게 서술되어 있지만, 뱀에 대해서는 '신이 창조하신 들의 생물 중에 뱀이 가장 교활하였다'라고 되어 있을 뿐, 뱀의 크기에 대해서는 아무것도 적혀 있지 않다. 상식적으로 생각해봤을 때, 스사노오노미코토가 퇴치한 큰 뱀 같은 것이 아니라, 초원 위로 미끄러져 나와 여자와 이야기하기에 적당한 작은 뱀이 아니었을까. 그러나 크기가 어찌 됐든 아무리 옛날 옛적이어도 뱀은 오늘날과 마찬가지로 꿈틀거렸을 게 틀림없다. 여자가 기분 좋게 그런 것과 이야기를 했다는 것이 신기하다. 그렇다면 에덴의 뱀은 무형의 존재로, 이브의 머릿속에만 보였을지도 모른다. 이브는 머릿속의 뱀과 여러 질문과 대답을 하고 나서 나무 열매를 먹을 결심을 했을 것이다. 그렇게 생각하면 이브는 상당히 멋지고 건방진 여자였던 것 같고 그것이 우리 여성 모두의 선조였다.

먼 나라의 뱀이나 오랜 옛날의 뱀은 제쳐두고, 우리 집의 뱀을 떠올리면 지금으로부터 상당히 과거로 거슬러 올라간다. 오모리의 집은 훨씬 이전에는 밭이었고, 열 채 정도 되는 농가가 그 주변에 집을 마련했다. 그중에서 남편이 이웃 지역으로 이사 간 집 한 채를 사서 개축했다. 부지가 상당히 넓었고, 도로에 면한 세 방향의 경계에는 오래된 느티나무와 개암나무가 농가답게 서 있었다. 10년쯤 지나 남편이 죽고, 나와 두 아이만 살기에는 너무 넓은 집이었는데, 나는 이사하기가 싫어서 언제까지나 거기에서 살았다. 그 시절의 일을 떠올려 보겠다. 큰 뱀이 담 옆의 느티나무에서 다른 느티나무로 기어가는 것을 왕래하는 사람들이 자주 보게 되었다. 아이들이 돌을 던지기라도 하면, 이웃 사람들이 저것은 이 댁의 성주신 같으니 가만히 놓아두라고 아이들을 야단치며 말렸다. 문 쪽의 울타리는 집 건물 뒤여서 우리는 그 뱀을 보지 못했었다. 그러나 언젠가 그것을 보게 됐다. 한 그루의 나무에서 옆의 나무로 기어서 건너가는데 길이가 아주 길었다. 가장 큰 느티나무에 구멍이 있어서, 그 안에 살고 있을 걸로 생각되었는데, 정원사가 벨 때 살펴보았지만 아무것도 없다고 했다. 우리는 그 뱀이 이미 죽었다고 생각했는데, 그 후 한두 해가 지나 문 옆에 작은 감탕나무에 작은 뱀 한 마리가 매달려 있었다. 모두 이건 성주신의 아들일 거라고 단정 짓고 건드리지 않고 그냥 두었다. 가끔 작은 뱀이 그 주변에 나타났다고 하는데, 아무도 신경 쓰지 않았고 그런 일은 완전히 잊은 채 세월이 조용히 지난 후에, 전쟁이 시작되었다.

내가 옛집을 버리고 피란을 갈 생각을 하지 않았던 시절, 9월의 어느 맑은 아침이었다. 다실과 거실 앞의 잔디밭에 뱀 한 마리가 축 처져서 누워 있었다. 중간 크기의 뱀이었다. 도호쿠의 농촌에서 자란 식모는 뱀이 죽은 것 같다며 막대기로 들어 올리려고 했다. 그때였다. 뱀은 갑자기 고개를 들더니 2미터 정도 뛰어올라, 스윽 몸을 구부려 반짝반짝 빛나며 잔디 위에서 빠르게 움직이기 시작했다. 엄청난 속도로 우리의 눈앞을 미끄러져 순식간에 그늘 쪽으로 숨어버렸다. 살아 있었네! 어째서 이렇게 훤한 잔디 위에서 자고 있었을까, 우리는 한마디씩 했다. 그러자 식모는 "예전의 작은 뱀이 자란 거겠죠"라고 말했다. 그렇다면 저건 집의 성주신이 아닌가. 나는 묘한 기분이 들었다. 집에 무슨 변고가 일어날 때 성주신이 나타난다는 말을 무의식중에 믿고 있었던 모양이다. 아들 집에 전화를 걸어 그런 이야기를 했다. 아라이주쿠에 있는 아들 집에 무슨 변고가 있을 수도 있다고 얘기했지만, 젊은 사람들은 그런 일은 없을 거라며 늙은이의 마음을 안심시키려고 했다.

1944년의 초여름에는 뱀에 대해서 이미 완전히 잊어버릴 만큼 바빴고, 나는 이노가시라선이 다니는 하마다야마로 피란을 왔다. 그 뒤에 우리가 오래 살던 옛집은 전쟁 때문에 강제 퇴거 명령이 떨어지며 철거되어 지금은 밭이 되었다. 이제 와서 생각해보면, 분명 성주신이 우리 집의 성쇠를 알려주러 온 것이리라. 길고 강한 모습으로 스르륵 마당을 가로질렀던 그날 아침의 일이 지금도 생생히 떠오른다. 성주신은 밭이 된 그 넓은 공터 어딘가에 지금도 있을까? 신기하게도 나는 그 뱀에게서 조금의 불길함도 느끼지 않는다. 오히려 그리운 마음으로 그 가는 은빛 형체를 떠올린다.

으름덩굴

　이웃집에서 마당에 처음 으름덩굴이 자랐다며 나누어 주셨다. 나와 함께 지내는 야마가타현 출신의 H는 예전부터 으름덩굴은 열매보다도 껍질이 더 맛있다며, 껍질을 네, 닷새 그늘에 말려 잘게 썰어서 기름에 볶아 간장으로 뭉근히 조려서 먹으면 된다고 자주 말했기에, 바로 그 음식을 만들어 달라고 했다. 실로 별미였다. 쌉싸름하고, 달고, 부드럽고, 먹으면서 산과 계곡의 공기가 입안에 퍼졌다.

　여주를 볶아서 조린 것도 달콤쌉싸름하고 부드럽고, 그리고 훨씬 복합적인 맛이 나는데 다소 중국요리의 느낌이기도 했다. 그 적황색의 오돌토돌한 모양이 일본 것이 아니라 산지가 남쪽 나라 같다. 어머니는 그 여주 요리를 아주 좋아하셨다. 내가 오모리에 살게 된 후로도 가끔 만들어 먹었지만, 우리 집 식구들은 쓴 것을 좋아하지 않는 것 같아 나 혼자 먹었다. 최근 몇 년간 울타리에 여주가 자라나 있는 것을 한 번도 본 적이 없다. 지금 으름덩굴 볶음을 먹다 보니, 예전 여름에 먹던 여주가 생각난다.

머위의 어린 꽃줄기도 역시 쌉싸름하다, 쓴맛으로 말하자면 이것이 가장 쓰다. 머위 꽃줄기는 기름에 볶지 않는다. 설탕을 조금 넣고 일반적인 간장 조림보다 약간 심심하게 조리면, 비길 데 없이 그윽한 풍미가 난다. 젊은 시절에 여럿이서 머위 꽃줄기에 대해 호불호를 이야기하는데 "근성이 나쁜 사람이 머위 꽃줄기를 좋아한다니까"라며 어느 도쿄 토박이 친구가 말했다. "하지만 나처럼 선량한 사람도, 머위 꽃줄기를 좋아하거든." 이런 내 말에 그 친구는 "너는 예외고"라고 망설임 없이 말했다. 그러나 생각해보면 나는 근성은 나쁘지 않아도 대단히 까다로운 사람이니 친구의 말이 사실일지도 모른다. 예전에 이케가미의 산 근처에 비구니 절이 있었는데, 그 마당이 머위로 가득해서 봄이면 새하얀 머위 꽃줄기로 뒤덮였다. 산책하다가 울타리 안을 들여다보며, 분명 이곳의 비구니들은 매일같이 머위나 머위 꽃줄기를 따 먹을 거라고 생각했다. 벌써 몇 년째 그 주변에 가 보지 않았다. 비구니 절은 있어도, 마당은 남아 있어도, 머위는 자라 있지 않을지도 모른다.

오갈피나무의 새싹도 맛있다고 한다. 오갈피나무는 관목으로 생울타리로도 사용된다고 한다. 아마 무사시노 북쪽으로 치우쳐 있는 이 주변에는 분명 그런 산나무가 있겠지만 나는 아직 보지 못했다. 당연히 먹은 적도 없지만, 여름 산의 아름다운 내음이 나면서 은은한 쓴맛이 있는데, 참깨를 넣고 무치면 맛있다고 한다. 오갈피나무와는 달리 쓴맛은 없지만, 구기자나무 잎도 좋은 냄새가 나서 비빔밥으로 만들면 맛있다. 간장 말고 소금으로 간을 하면 흰색과 푸른색이 어우러져 예뻐 보인다. 내가 나고 자란 아자부의 옛날 집의 북향 언덕에는 울타리라고 할 정도는 아니지만, 구기자나무 관목이 많이 우거져 있어서, 가족들과 함께 저녁 반찬으로 땄던 일을 지금도 즐겁게 떠올린다. 붉은 열매가 예뻤는데, 어떤 맛이 났는지 기억이 나지 않는다.

땅두릅도 싱그러운 쓴맛이 나고 산 내음이 강하다. 조려도 맛있고 무쳐도 맛있지만 밭에서 나는 두릅은 산에서 나는 땅두릅처럼 섬세하고 진한 맛이 없다. 아침 식사로 빵을 먹을 때, 껍질을 벗긴 두릅을 길게 갈라 날것으로 소금을 찍어 먹으면 정말로 봄의 맛이 난다고 한다. 두릅과 함께 생표고버섯과 게르치 새끼 조림을 흰 쌀밥에 올려 먹은 게 어느 봄이었나 싶게 오래됐다.

산나물은 아니지만 매일 먹는 차도 향기와 쓴맛으로 먹는다. 옅게 우린 차든 짙은 차든 그 달콤한 향기와 쓴맛이 없었더라면 다도라는 것은 없었을 것이다. 덖은 차인 호지차나 저렴한 반차는 구수하기만 하고 쓴맛이 없어서 맛이 허전한 것 같아도, 그 나름대로 따뜻하고 구수한 음료이다. 커피 같은 강렬한 향기가 나는 음료를 매일 마실 여유가 없을 때나 위가 약할 때, 커피 대신에 호지차를 진하고 뜨겁게 우려 마시면, 아주 조금 목 한구석에 기분 좋은 느낌이 난다. 호지차와 반차를 아주 나쁘게 말하는 것 같지만, 재탕 삼탕한 밍밍한 센차를 마시는 것보다는 얼마나 맛있는지 모른다. 이런 차 문화 역시 호사스러운 관동인의 지혜에서 비롯된 게 틀림없다. 지방의 소박하고 고풍스러운 가정에서 자란 사람들은 손님의 목 느낌까지 고려하는 것까지는 배우지 못해서, 그 밍밍하고 흐린 센차를 몇 번이고 따라 낸다. 차를 내오는 것은 예로부터 일본인이 손님을 환대하는 방식이고, 안주인이 직접 은주전자에 든 따뜻한 물을 훌륭하고 고풍스러운 찻주전자에 부어 다시 내주는 차는 대단한 환대임이 틀림없다. 센차의 예법이 어떤 것인지 모르지만, 재탕 삼탕한 차를 내는 게 원래 예법은 아닐 것이다. 전쟁이 끝난 후에 세상이 달라져서 이제 그런 정성 들인 접대법이 없어진 것은 기쁘다. 이런 푸념을 오래 늘어놓는 것도 아마 나의 쓸쓸한 추억의 하나일 것이다.

어느 미국인 부인이 우리를 점심에 초대했을 때, 자몽을 유리 접시에 깔고 설탕과 포도주를 뿌려 애피타이저 대신에 내주셨다. 달콤쌉싸름한 맛, 포도주와 나무 열매의 강한 향기가 생생하게 식탁에 흘러넘쳤다. 그게 언제였던가, 어슴푸레하게 떠오른다.

연못을 파다

 그 무렵, 방공호는 각 세대에 한두 개씩 있었는데, 방화 저수지도 점점 필요해지기 시작하자 시급히 마련하라는 명령이 떨어졌다. 산노 1번가 2번가 아라이주쿠 1번가부터 7번가까지 마을별로 저수지 한 곳을 꼭 마련해야 해서, 신사의 경내나 동네 공터에 땅을 팔 준비를 했다. 그런데 아라이주쿠 3번가는 우체국이며 은행이 있는 제일 번화한 거리라 공터가 하나도 없었다. 구마노 신사가 있기는 했지만, 높은 돌계단을 올라가서 소나무와 삼나무가 무성한 위쪽까지 가야 하니, 당연히 저수지 같은 것을 팔 수가 없다. 주민자치회의 사람들은 고심하다가, 사는 사람이 제일 적고 마당이 제일 넓은 주택을 한 채 점 찍었는데 불행하게도 그곳은 우리 집이었다.

  자치회와 구청 직원들이 부탁하러 올 때까지 나는 그런 일을 꿈에도 생각하지 못했다. 개인 집 마당에 자치회의 저수지를 팔 줄은 그 누구인들 예상했을까. 상황이 촉박하기도 했고, 또 다른 이유로는 자치회 사람들 모두가 몹시 흥분해서 애국심에 불타고 있었기 때문에, 아무것도 하지 못하는 나 같은 여자한테도 무슨 좋은 역할을 줘야겠다는 성실한 마음도 섞여 있었던 듯하다. 마지막에는 자치회장까지 찾아와 애원했다. 나라를 위해, 이 집 마당에 저수지를 파야 한다며, 이 동네에는 달리 적당한 장소가 하나도 없다면서 내가 거절하면 나라가 곤경에 처한다는 뜻으로 이야기를 했다. 그래서 우리 집 말고 개인 집 마당에 저수지를 판 경우가 있는지 물으니, "있지요. 산노 2번가의 K 백작 저택의 정문에서 현관으로 가는 중간에 벌써 완성했습니다. 지금으로서는 K 백작 저택 말고는 신사의 공터뿐입니다. 양해해주기를 바라고, 대신 저희가 할 수 있는 선에서 편의를 봐 드리겠습니다"라며 내가 벌써 승낙한 것처럼 말했다. 그때는 몰락한 귀족이라는 서글픈 표현이 생기기 전이었으니, 그 무렵 백작 저택은 마을의 자부심이었기에 자치회장은 가령 저수지 하나라도 우리 집이 그 백작 저택이나 신사와 동급으로 취급

연못을 파다

되는 게 나한테도 대단한 영광이라고 의심치 않았던 것이다. "평화로워졌을 때, 그 구멍은 어떻게 되나요?" 나는 패전국이 되지 않고 일본에 평화가 올 날도 있을 거라는 헛된 희망을 품고 물어보았다. "당연히 구청에서 인부를 보내 원래대로 메워 드린다고 하니, 훗날의 일은 염려하지 않으셔도 됩니다"라는 대답이 돌아왔다. 이런 요청을 나만 들어주지 않는다면, 일억일심(一億一心, 일본 전 국민의 마음은 하나라는 뜻으로 태평양전쟁 당시에 사용된 구호―옮긴이)이라는 구호에 벗어나므로, 자치회에서 얼마쯤 심술을 부려도 어쩔 수 없었다. 게다가 이제 곧 또 다른 문제가 일어날 터였다. 집들이 불타서 점점 주택이 줄어들기 시작하면, 집을 잃은 사람들을 어느 공간에서든 수용해야 하니, 한 평도 안 되는 공간에 한 사람씩, 즉 5평에는 7명, 4평에는 6명, 3평에는 3명을 할당하는 게 원칙이라고 했다. 그렇게 할당할 때 우리 집도 협조해야 할지 모른다는 얘기를 일주일 전부터 들었다. 그렇다면 이번에 마당을 협조하고 집 안은 건드리지 않겠다는 다짐을 받는 게 좋을 것이라는 말도 들었다. 화재 때문에 집도 가재도구도 한순간에 잃어버린 사람들의 고통은 잘 알지만, 지금까지 젊은 식모와 단둘이 아주 조용하게 살던 집에 갑자기 스무 명이 될지 서른 명이 될지 모를 사람들이 들어오고, 어수선한 공동생활로 바뀌는 것은 나에게는 엄청나게 큰일이었다. 당시 나는 나라도 망하고 사람도 망하는 그 국난을 제대로 인식하지 못하고 있을 때여서, 뭐든 일시 모면할 생각으로, 그렇다면 마당을 사용하고 대신에 집은 징용하지 않는다는 다짐을 하고, 저수지 건은 결국 받아들였다. 마당 중간보다 다소 서쪽으로 제일 평탄하고 좋은 곳에 콘크리트로 12평 넓이의 기다란 연못을 만드는 것이었다.

콘크리트 타설자 같은 전문가가 오기 전에 먼저 구멍을 파야 했다. 3번가 자치회의 이웃조(5-10가구로 구성된 소단위 행정조직—옮긴이) 사람들이 각 가정에서 한 명씩 구멍을 파는 일에 차출되었다. 남자들은 낮에 직장을 다니니 모두 주부와 젊은 아가씨들이었다. 춘분이 지난 지 얼마 되지 않았을 때라 아침에는 서리가 많이 내렸는데, 아침 9시에 시작해 오후 5시에 일이 끝났다. 구멍을 파는 일손이 많아서, 내가 속한 이웃조는 모두 차 담당이 되어 여기저기 나무 아래에 풍로를 놓고 온종일 놀라울 만큼 많은 양의 물을 끓였다. 첫날은 380명 정도의 인원이었는데, 다음 날은 인원이 조금 줄고, 사흘째는 오후 2시경에 종료했다. 연인원이 9백 하고도 수십 명이 동원되었다. 여자로만 구성된 봉사대가 모두 검은 방공복 차림으로 큰

삽을 들고 흙을 파기도 하고 옮기기도 하는 모습은 정말로 씩씩해 보였다. 영화에도 이런 광경은 없을 거라고 생각하며 나는 장지문 안에서 가만히 바라보고 있었다. (집주인은 오늘은 쉬시라 하기에 나는 순순히 집 안에 들어와 있었다)

같은 이웃조에 속한 정원사가 그 아침 일찍 상의하러 와서, 정원 한가운데 무턱대고 구멍을 파면 곤란하니, 건너편 화단의 나무 수풀을 '산'으로 가정하고 '산수풍경'을 형상화해서 연못을 파자고 제안했다. 정원사는 온종일 작업을 지휘하며 적절히 흙을 운반하게 시켰다. 언덕 형태가 점점 완성되는 것을 보니 전문가라 역시 다르다는 감탄이 나왔다. 정말로 그것은 '산수풍경'으로 보였다. 3미터 깊이의 연못을 첫날에 3분의 2 정도 파 내려갔다.

작업자들은 3시에 차를 마시며 쉬는 시간을 갖는데, 첫째 날에는 3시가 조금 못 되어 정부의 사무관이라는 사람이 이번 일로 감사 인사를 하러 왔다며 찾아왔다. 구청 직원과 함께였다. 툇마루에 나와 인사를 하니, 사무관은 명함을 내밀며 공식적인 인사말을 했다. 풍채가 좋은 사람이었다. "모두 대단히 감사하고 있습니다. 추후에 절대 피해가 없으시도록 하겠지만, 용건이 있을 때는 부디 기탄없이 구청에 말씀해 주십시오. 저 역시도 찾아뵙겠습니다" 하고 말하며 다시 한번 고개 숙여 인사를 했다.

"들어오셔서 차를 드시면서 말씀하시죠." 내가 권했지만, 사무관은 마당에서 연설을 해야 하는 모양이었다. 정원사가 설계한 '산수풍경'을 형상화한 언덕 위에 서서 그는 봉사대의 부인들을 보며 연설을 했다. 노고를 위로하고 격려하며 감사하는 내용이었는데, 많은 여자들 속에서, 그것도 검은 옷을 입고 노동하는 여자들 속에서 그는 말쑥한 모습으로 서 있었다.

파는 작업은 사흘 만에 끝났지만 콘크리트 작업이 오래 걸렸는데, 그 작업이 끝나자 소방차가 물을 운반해 와서 연못이 완성되었다. 정부 공무원과 구청 직원과 자치회장이 직접 답사를 와서 툇마루에서 차를 마셨다. "마당의 경치가 한층 더 좋아져서, 정말 분위기가 좋네요. 여름에는 잉어를 풀어놓으시면 좋겠어요." 그들은 그렇게 한가로운 이야기를 하다 돌아갔다. 대문 안의 나무 사이를 자동차가 출입하기 어려워서, 서쪽 도로에 면한 생울타리를 3, 4미터 정도 끊어내고, 평소에는 사람들 눈에 띄지 않도록 막아 두기로 했다.

이 연못을 실제로 사용할 때가 오기 전에, 나는 갑자기 오모리 지역을 떠나 스기나미구로 이사했으니 그 후에 어떻게 되었는지는 모른다. 이듬해 봄, 이 주변 지역 전체는 이케가미 언덕 아래까지 대대적으로 강제철거되었으니, 아마 연못은 한 번도 사용되지 않았을 것이다. 우연한 일이지만, 3월 말에 아들이 갑자기 죽은 것과 아라이주쿠의 집이 철거된 것이 거의 동시였다. 마고메의 아들 집에 머물면서 초칠일과 두칠일을 보내고 나서, 부서진 집을 보러 갔다. 마당에는 기와 더미가 쌓여 있었고 그 주변이 온통 흙먼지가 노란 안개처럼 흘렀다. 인부 두세 명이 기와 더미 위를 소리 내며 걸어갔다. 나도 그 기와 위를 걷고 있으려니, 그 연못의 물이 석양에 빛나는 게 보였다. 근처 아이들이 갖고 노는 것인지 작은 뗏목이 떠 있고 옆의 단풍나무에 삼노끈으로 묶여 있었다. 그것만 보면 고풍스러운 경치였고, 소나무 사이에 섞인 다른 나무들이 조금씩 싹을 틔워 붉은빛을 띠는 광경은 나에게는 고향이라는 느낌도 들었다. 그 순간 나무 속에서 휘파람새가 울었다.

어린이의 글

'어린이날'인 5월 5일자 신문에 「어린이가 도둑에게」라는 글이 실려 있었다.

최근 우리 학급 회의에서 다룬 문제인데, 아무리 토론하고 선생님께 부탁해도 소용이 없어서, 세상 사람들, 특히 도둑질을 하는 사람에게 호소하려고 해요. 최근 한 달 사이에 우리 학교 수영장 가장자리의 철제 배수구 덮개 3분의 1 정도를 도둑맞았어요. 이러다가는 여름에는 전부 도둑맞고 없을 것 같아요. 제일 신나는 수영을 할 수 없게 될까 걱정이에요. 숙직 선생님은 밤에도 주무시지 않고 순찰을 한다고 하셨어요. 도둑도 두 번 잡혔다는데 피해가 끊이지 않아요.

 '어린이날'을 맞아 돈을 들여서 뭘 해주는 것보다, 모든 일본 사람들이 어린이들의 물건을 빼앗는 일을 일절 그만둔다면, 그것만으로도 우리는 행복해요. 어른들은 초등학교와 그 초등학교의 물건은 모두 자기 자식의 물건이라고 생각해주세요. 우리 학교 600명 어린이의 바람이에요. (미나토구 다케시바 초등학교 6학년 ○○○○)

 어린아이다운 순수한 글이다. 온 세상의 어떤 어른이든 이 글을 읽으면 부디 그 철제 덮개를 도둑맞지 않기를, 학생들이 고대하는 수영을 무사히 할 수 있기를 기원하지 않을 수 없다. 그러나 도둑이 이 글을 읽을까 생각해보면, 고철을 훔치는 이들은 아마 이 글을 읽지 않을 것이다. 내가 전해 들은 바로는, 임시 근로자들이 하루에 200엔이나 250엔 정도의 임금을 받고 도로를 청소하거나 불탄 자리를 정리하는데, 그럴 때 그 주변에 떨어져 있는 고철을 주워서 고물상에 가져가면 하루 평균 300엔 정도의 돈을 벌 수 있다고 한다. 그렇게 하면 한 달 임금과 맞먹는 부수입이 생기거나 그 이상의 수입을 올릴 수 있으니, 그들이 열심히 주워 모으는 것도 당연하다. 이렇게 말하면 임시 근로자들이 남의 울타리 안의 물건까지 가져가는 것처럼 들

어린이의 글

'어린이날'인 5월 5일자 신문에 「어린이가 도둑에게」라는 글이 실려 있었다.

최근 우리 학급 회의에서 다룬 문제인데, 아무리 토론하고 선생님께 부탁해도 소용이 없어서, 세상 사람들, 특히 도둑질을 하는 사람에게 호소하려고 해요. 최근 한 달 사이에 우리 학교 수영장 가장자리의 철제 배수구 덮개 3분의 1 정도를 도둑맞았어요. 이러다가는 여름에는 전부 도둑맞고 없을 것 같아요. 제일 신나는 수영을 할 수 없게 될까 걱정이에요. 숙직 선생님은 밤에도 주무시지 않고 순찰을 한다고 하셨어요. 도둑도 두 번 잡혔다는데 피해가 끊이지 않아요.

'어린이날'을 맞아 돈을 들여서 뭘 해주는 것보다, 모든 일본 사람들이 어린이들의 물건을 빼앗는 일을 일절 그만둔다면, 그것만으로도 우리는 행복해요. 어른들은 초등학교와 그 초등학교의 물건은 모두 자기 자식의 물건이라고 생각해주세요. 우리 학교 600명 어린이의 바람이에요. (미나토구 다케시바 초등학교 6학년 ○○○○)

어린아이다운 순수한 글이다. 온 세상의 어떤 어른이든 이 글을 읽으면 부디 그 철제 덮개를 도둑맞지 않기를, 학생들이 고대하는 수영을 무사히 할 수 있기를 기원하지 않을 수 없다. 그러나 도둑이 이 글을 읽을까 생각해보면, 고철을 훔치는 이들은 아마 이 글을 읽지 않을 것이다. 내가 전해 들은 바로는, 임시 근로자들이 하루에 200엔이나 250엔 정도의 임금을 받고 도로를 청소하거나 불탄 자리를 정리하는데, 그럴 때 그 주변에 떨어져 있는 고철을 주워서 고물상에 가져가면 하루 평균 300엔 정도의 돈을 벌 수 있다고 한다. 그렇게 하면 한 달 임금과 맞먹는 부수입이 생기거나 그 이상의 수입을 올릴 수 있으니, 그들이 열심히 주워 모으는 것도 당연하다. 이렇게 말하면 임시 근로자들이 남의 울타리 안의 물건까지 가져가는 것처럼 들리지만, 그런 일은 없다. 그들은 결백하다. 다만 이 패전국의 민중 중에 상습적으로 날치기를 하는 전문 도둑이 있어서, 그들은 학교 마당의 고철뿐 아니라 어느 집의 물건이든 누가 보지 않으면 거리낌 없이 가져가므로, 고물상에서 팔고 받는 돈이 상당하다는 이야기도 들었다. 그들도 부엌에서 쓰는 냄비와 솥, 부젓가락까지 채 가는 것은 아니고, 고철만 노린다. 매일 팔리는 그 고철은 다시 전문 철물회사나 공장에 팔려서 새로운 철제품이 되어 세상에 팔려나간다. 신제품이 비싸게 팔리니 회사 쪽에서도 고철류를 비싸게 사고, 판매자들도 비싸게 팔게 되어, 남의 물건을 훔쳐서까지 많이 가져오는 것이다. 그리고 그런 철제품뿐 아니라 모든 물가가 점점 높아져서 자연히 모든 사람의 생활비까지 부족해지는 것이다. 이런 식으로 반복되다 보면 끝도 없다.

고철 도둑만 가지고 정치를 비평하는 것은 무리일지도 모르지만, 정치를 하는 사람들은 한 조각의 고철의 흐름에 대해서도 약간의 지식은 갖고 있었으면 좋겠다. '노불습유路不拾遺'라 해서 길에 값진 것이 떨어져 있어도 줍지 않는다는 태평성세는 먼 옛날의 일이고, 지금은 나라도 가난하고 국민도 가난하고 정치도 가난하고 종교도 교육도 모두 무력하다. 우리를 위해서는 아무 데서도 구원이

오지 않을 거라는 기분이 들지만, 그래도 구원이 올 것이라고 믿자. 우리 한 사람 한 사람의 마음가짐으로라도 구원은 올 것이라고 믿자. 궁하면 통한다는 말은 세상 사람들이 오랜 경험을 거듭하며 깨닫게 된 상식이다. 벽에 부딪혀 옴짝달싹할 수조차 없을 때는 몸을 움직이려는, 그리고 움직이게 하려는 목숨을 건 노력이 우리를 움직인다. 조금 움직이고 다시 조금 움직이다가, 확 돌아섰을 때 막다른 현재는 회전하여 과거가 되고 새로운 내일이 오는 것이다.

커피 5천 엔

 센조쿠이케 호수 근처에 있는 H의 집에 묵으러 가서, H의 남동생인 S를 가끔 만났다. S는 남쪽의 어느 섬에서 간신히 살아 돌아온 얼마 안 되는 사람 중 하나다. 건강이 완전히 망가져서 이토 온천과 도쿄를 오가며 요양하고 있을 때였다. 그는 그 당시 맛있는 게 먹고 싶다며 자주 생선이나 고기를 H의 집에 가져와서 요리를 해달라고 했다. 그럴 때 마주치면 나도 얻어먹게 되는 일이 종종 있었다.

 S는 젊은 시절부터 외국을 돌아다닌 사람이라 여자들을 매너 있게 대할 줄 알았고, 우리가 재미있어 할 만한 이야기도 자주 들려주었다. 상당히 오랜 기간 중국에서 지

내다 온 S는 자주 중국 이야기를 했다. 그 시절에는 상하이의 인플레가 상당히 심각해서, 지폐를 가방에 가득 채워 넣고 레스토랑에 가서 음식을 먹는다는 얘기 같은 것을 들려주었다. "커피 한 잔에 5천 엔이라니까요." 그가 말했다. 그 시절에 우리가 살던 도쿄에서는 커피가 1엔 정도였을 것이다. 나는 5천 엔이라는 소리에 눈이 휘둥그레졌다. "커피가 5천 엔이면 음식은 10만 엔인가요? 도쿄에 그렇게 인플레가 생기면 우리는 죽겠네요. 하긴 죽는 데도 돈이 많이 들겠죠?" 내가 물어보자, "100만 엔 이상 들겠죠. 그런데 그렇게 걱정할 필요가 없습니다. 옷을 많이 갖고 계시니 필요할 때 한 장씩 팔면 되죠. 오시마산 기모노를 한 벌에 10만엔 정도에 팔면 일본의 인플레이션은 어떻게든 견딜 수 있을 겁니다." S는 그렇게 말했다.

그로부터 벌써 6, 7년의 세월이 흘렀다. 나의 오시마 기모노는 아직 10만 엔에는 팔지 못한다. 커피도 50엔에서 100엔이면 마실 수 있다. 100만 엔의 돈을 쓰지 않아도 내가 무사히 잠들 수 있다면 더할 나위 없이 행복할 것 같다. 게다가 상하이에서도 인플레이션 때문에 온 도시 사람이 죽었다는 소문도 아직 듣지 못했다.

혼수

지금으로부터 40년이나 50년 전에는 혼수 준비로 대개 1,500엔에서 2천 엔 정도를 쓰면 충분했다. 2천 엔을 지금의 돈으로 환산하면 상당한 금액일 수도 있지만, 어쨌든 딸이 셋 있었다고 치고, 2천 엔씩 6천 엔 정도는 부모들이 어떻게든 감당할 수 있었던 것 같다.

신부 쪽 혼수는 민간에서는 다섯 짐이 매우 일반적이었다. 세 짐은 조금 아쉽고 일곱 짐은 살짝 사치스럽지만, 귀하게 키운 외동딸에게는 부모가 큰맘 먹고 일곱 짐으로 하는 일이 많았다. 세 짐인 경우 기름 먹인 종이로 덮개를 씌운 옷장 한 채와 짐가마 두 개로 구성된다. 짐가마 하나에는 침구 두 채를 넣은 연두색 당초무늬 보퉁이,

방석 5장, 고리짝 2개 정도, 다른 짐가마에는 책상과 경대 및 그 밖의 일상 소품을 싣는다. 사실 물건이 많으면 많을수록 신부는 편하겠지만 부모는 힘이 드니까, 구색만 갖추면 된다는 정도다.

 다섯 짐에는 덮개를 덮은 옷장 두 채, 큰 궤 하나, 짐가마 두 개가 들어간다. 큰 궤에는 부부용 여름과 겨울용 침구 두 채씩, 방석, 부부용 방석, 부부용과 손님용 베개, 모기장, 방한용 실내복 두 벌이 들어간다. 짐가마에는 책상, 책장, 경대, 전신 거울, 바느질 상자, 천 고정대, 옷걸이, 신발 상자, 대나무 옷걸이, 양산, 우산, 세면기, 자, 재단판, 재양판, 다리미, 인두, 대야 두 개(겹칠 수 있도록 큰 것 작은 것), 자명종 시계, 크고 작은 찬합, 벼룻집, 주판, 밥공기, 공기, 찻잔, 부엌용 접시 큰 것 작은 것, 작은 화로 두 개(큰 화로는 신랑의 집에서 사는 건지 지금 기억이 잘 나지 않는다). 그 밖에 가방과 고리짝도 있다. 이것만 해도 하나의 짐가마에 다 실을 수 없으니 다른 짐가마에 실어야 할 수도 있다. 하지만 다른 쪽 짐가마에도 송죽매 장식이 달린 축하선물이 산더미처럼 실리므로 그쪽도 가득해진다. 두 짐가마에 이렇게 많은 물건을 싣는 것도 큰 고생이다. 옷이 조금 많은 신부는 옷장 두 채에 도저히 다 넣을 수 없어 평상복을 넣을 옷장을 나중에 보내는 일도 있다. 당일 보내는 짐에 옷장 수를 늘리게 되면 다섯 짐이 아니라 일곱 짐을 보내게 되니, 그만큼 지고 가는 사람 수도 는다. 그래서 나중에 보내는 지혜를 발휘하는데, 그런 지혜는 대개 중매인이 생각해내게 되어 있다.

일곱 짐에는 훨씬 여유 있게 짐이 들어갔다. 옷장 세 채, 궤 두 개, 짐가마 두 개인데, 이 경우 궤 하나에 짐가마 세 개로 하는 집도 있었다. 물론 고토와 샤미센 같은 악기도 이 짐가마에 싣는다. 신랑 집이 좁으면 궤를 두 개 놓을 만한 공간이 없으니, 아주 넓은 옛날 집이 아닌 이상, 대개 신랑 집에서 궤 두 개는 사양하는 일이 많았다. 궤가 하나라도 작은 신혼집에서는 궤가 현관에 놓여 답답해 보이는 일이 많았다.

일곱 짐까지는 일반적인 혼수이고, 귀족이나 거상 집안에서는 열세 짐이 당연한 일이었다. (혼수로 아홉 짐을 보내는 일은 없었다. 아홉 '구'는 고생의 '고'와 비슷해서 꺼렸던 모양이다. 열한 짐은 숫자가 어중간하니 열셋으로 정한 것이리라. 서양식으로 보면 11이 13보다 더 좋은 숫자지만, 옛날에는 그런 개념이 없었다) 그렇게 거창한 결혼에는 대개 중매인도 둘이어서, 대외적으로 일을 보는 중매인과 사무를 보는 중매인이 모두 필요했다.

이제 옷장에 뭐가 들어가는지 살펴보면, 우선 여름과

겨울 예복, 거기에 딸린 속옷, 띠, 소품, 상복과 검은 띠(이 중에는 예식 당일 입을 예복, 긴 속옷, 두 폭 띠, 흰 깃, 띠 장신구 등은 포함되지 않는다), 그리고 격식 있는 자리에 입을 외출복이나 잔무늬 기모노가 6, 7장, 여름 홑옷, 크레이프와 명주 크레이프로 지은 옷이 4, 5장, 중간 크기 무늬가 든 명주 원단, 여름용 주름 원단과 비치는 실크 원단 옷이 4, 5장, 모시 홑옷, 긴 속옷은 크레이프 원단과 일반 갑사 원단과 마 각각 몇 장씩, 여름 띠는 두겹 띠, 양면 띠, 하카타산 심 없는 띠 등이 들어갔고, 아직 홑띠나 나고야 띠는 도쿄에서는 쓰지 않던 시절이었다. 짧은 겉옷은 가문의 문장이 검은색, 가문이 들어 간 연보라색, 크고 작은 무늬가 들어간 것, 큰 무늬가 든 외출용 덧옷은 훨씬 나중이 되어서야 유행했다. 오시마 지역에서 만든 기모노와 덧옷. 이것들은 모두 새로 만든 옷이고, 그 외에 지금까지 입던 옷, 화살깃 무늬 옷, 평상복으로 입을 거칠게 짠 비단이나 염색한 비단 겉옷 등 상당한 수가 되었다. 띠 장신구는 쇠 장식이 달린 것, 꼰 끈, 홀치기 염색해 둥글게 공그른 것, 분홍색이나 짙은 옥색 천을 둥글게 공그른 것. 장식용 깃도 있는데, 그 무렵에는 무늬 없는 크레이프 원단은 소녀들이 쓰는 주홍이나 분홍 크레이프밖에 없었으며, 모두 자수를 놓았는데 하얀 깃에까지 자수를 놓았다.

코트는 아직 수직 원단이 없었던 시절이라, 염색한 무늬 없는 비단이나 홀치기 무늬로 만든 일본식 코트를 마련했다. 버선의 경우, 지방의 부유한 집안에서는 20년 동안 신을 양을 들려 보냈다고 하는데, 도쿄의 일반 가정의 신부들은 외출용 버선 10켤레, 평소 신을 버선 10켤레만 들려 보내면 되었다. 평소 신을 버선은 옥양목이 아니라 무명의 생지였던 걸로 기억한다. 속옷과 무지기, 플란넬 무지기는 예나 지금이나 꼭 필요한 물건이라, 자상한 친정 어머니일수록 많은 양을 들려 보냈다. 그리고 손수건 5, 6개, 수건 2, 3장, 출입하는 사람들에게 가끔 내놓을 손수건은 10장 분량을 한 필로 감은 것이 3필 있으면 충분했다. 그리고 옷장 안에 들어가는 것을 깜박했는데, 유카타 5, 6장, 감색 무늬 옷감 2장, 중간무늬 잔주름 옷감 5, 6장 정도는 필요했다. 찬합 덮개는 큰 것과 작은 것이 필요했다. 크레이프 원단 보자기 3장 정도, 평소에 사용할 메리야스 보자기 3장 정도, 부엌용 무명 보자기 큰 것과 작은 것, 네 폭과 다섯 폭 무명 보자기 2, 3장. 종이류로는 반절지, 풀 먹인 종이, 봉투, 두루마리 종이, 휴지 조금만 들려 보내도 많아지는 물건들이다. 그 밖의 소품은 한도 끝도 없어서 세세히 생각하면 아무리 해도 일곱 짐이 되어버리니 아예 생각하지 않는 게 탈이 없다. 여기까지 옷장 속이나 작은 서랍 속의 내용물만 살펴봤지만, 경대 속의 빗 종류, 기름, 향수, 여러 가지 화장품과 비누, 바늘 상자 속의 바늘, 실, 뼈주걱, 가위, 벼룻집 속의 붓이랑 먹 그런 것들까지 신경 쓰다 보니 머리가 뜨끈해진다.

이렇게 기록하고 보니 부피가 커지지만, 옛날 어머니들은 모두 미리부터 딸의 기모노나 소품류를 3년이고 5년이고 시간을 들여 갖추었다. 그러면 시집을 갈 때에 예복이나 외출복으로 좋은 기모노, 몇몇 도구만 더 사면 되는 것이다. 그런 이유로, 옛날 사람들은 시집을 갈 때 적어도 위에서 적은 짐의 반이나 3분의 2 정도는 들고 갔다. 나처럼 옛날 사람한테는 지금도 큰 가위와 손톱 깎기, 주판과자, 숯 다리미, 인두 정도는 남아 있지만, 전기인두나 전기다리미를 쓰는 지금은 옛날 다리미 같은 건 어딘가로 처박혀버렸다. 물건은 비교적 오래 상하지 않고 남아 있는데, 그들의 주인인 옛날의 새신부들은 오랜 세월이 지나는 사이에 죽은 사람도 있고, 몸도 마음도 지치고 약해진 사람, 또는 아주 영악해진 사람, 마음이 비뚤어진 사람, 그리고 편안하게 순순히 노인이 된 사람 이렇게 다 달라졌다. 젊었을 때는 부모님이나 중매자와 의논을 할 수 있었지만, 그 후의 그녀를 위해서는 남편과 자녀들, 그리고 남편이 일하는 세계가 그녀를 둘러싸는 것이다. 이제는 일본의 새신부는 일곱 짐이나 열세 짐의 혼수를 준비하지 않는다. 고작 방 하나나 두 개 있는 살림에 옷장 한 채와 책상과 책장이 들어가 있는지도 의문이다. 새신부는 그저 건강과 지성과 진실성, 거기에 언젠가 필요할 때를 대비해 약간의 용돈을 가지고 갔으면 한다. 하기야 필요할 때를 대비하라는 것도 옛날 사람의 생각이고, 이게 바로 노파심일 것이다. 용돈이 없으면 맞벌이를 하면 된다.

애런섬

비만 내리 내리던 봄이었지만 오늘은 웬일로 화창하고 공기도 차게 느껴질 정도로 청량하다. 남향 유리창 바깥의 콘크리트 턱에 배급받은 감자를 내놓고 말렸다. 양이 상당히 많아 20킬로그램 정도 됐는데, 감자의 얼굴도 햇빛을 받는 것을 좋아하는 것 같았다. 이 정도 양이면 상당히 오래 먹을 수 있겠다는 만족감이 감자들도 좋아하는 것 같은 착각으로 이어지는지도 모른다.

햇살을 받으면서 감자를 보고 있다가, 전에 어디서 감자가 잔뜩 쌓여 있는 즐거운 광경을 본 것 같아 생각해보니 영화에서 본 것이었다. 한 15, 6년 전이었을까 히비야 극장에서 본 〈애런의 남자들 Man of Aran〉에 나오는 정경이었다. 한 노인이 스토브 불에 몸을 녹이면서 감자를 찌고 있었다(확실히 기억하지는 못한다). 좁은 부엌 한구석에 감자가 산처럼 비축되어 있었던 것만은 기억난다. 대서양의 외딴섬 애런에서는 거친 바닷속에서 어부들이 잡는 생선 말고는 보리와 감자만이 유일한 식재료였다. 파고 파도 바위 조각만 나오는 밭에 감자 씨를 뿌리는 장면도 있었던 것 같다. 찬 바람에 보리가 처량하게 흔들리는 장면도 있었다. 소년이 홀로 높은 언덕 위에서 낚싯줄을 드리우고 있는 장면. 제대로 된 선착장도 없이, 흰 파도가 높다랗게 다가오는 모래 위에서 몇 명의 남자들이 배를 띄우는 장면. 성난 파도를 지나 배를 저어가기 시작할 때, 배는 작은 산 같은 파도 속으로 가끔 사라졌다가 다시 나타난다. 노를 젓는 이가 두려운 모습도 없이 신나게 저어 점점 멀리 나가는 장면. 엄청난 폭풍우 속에서 바위뿐인 해안가로 모여들어, 어제부터 돌아오지 않는 몇몇 배를 걱정하는 많은 여자와 노인과 아이들. 몸이 떨려오는 스릴과 때때로 휴식처럼 찾아오는 조용하고 밝은 장면. 이 영화는 이야기도 하나 없고 연애도 없고 그저 애런섬의 빈곤과 거친 자연과 싸워가는 섬사람의 용감함뿐이었지만, 그것만으로도 충분히 재미있었다. 그 옛날 영화를 다시 볼 수 있다면 한번 보고 싶다.

대양 속에 방치된 듯한 애런섬을 유명하게 만든 그 영화는 근사했지만, 영화보다 먼저 애런섬을 소개한 사람을 잊으면 안 된다. 그것은 『애런 제도』라는 기행문을 쓴 아일랜드 작가 존 싱이다.

싱이 애런섬에 간 것은 1898년경이었을까. 그가 문학에 뜻을 두고 아름다운 시를 쓰거나 고전 번역을 하며 공부하던 파리 생활을 접고, 모든 문명으로부터 격리된 섬으로 건너가서 거의 원시인에 가까운 소박한 섬사람의 삶 속에 시를 찾았던 것은, 파리에서 처음 만난 아일랜드 시인 예이츠의 권유 때문이었다.

애런섬은 세 개의 섬으로 이루어진다. 이니시 모어(북쪽 섬)는 길이가 15킬로미터이고, 이니시 만(가운데 섬)은 직경 6킬로미터 정도로 거의 원형이다. 이니시 이어(남쪽 섬)는 가운데 섬과 같은 모양이고 약간 작다. 그 섬들은 골웨이시에서 48킬로미터 정도 떨어져 있다.

싱은 그 세 섬을 건너다니며 섬사람들의 말을 배웠다. 아일랜드어를 배우고, 게일어를 배우고, 섬의 벼랑길을 걸어 다니며 더러운 부엌에서 노인들과 함께 차를 마시고, 자갈투성이 흙에 섬사람이 묻히는 장례식에도 참석하고, 소녀들의 안내로 파도가 밀려왔다 밀려가는 동굴을 들여다보기도 하고, 선착장에 서서 바다로 나가는 배를 배웅하기도 하며 섬사람들과 친하게 지냈다. 앞 못 보는 마틴 노인과 청년 마이클은 싱과 대단히 사이가 좋아져서 그의 연구를 도와주었다.

애런에 머물며 지내는 사이에도 그는 가끔 파리에 다녀왔다. 그러던 어느 날, 그가 골웨이에 상륙해서 기차역까지 짐을 날라 줄 사람을 찾자, 한 남자가 와서 짐을 등에 졌다. 몹시 취한 그 사람은 마을까지 가는 지름길이라며 다 쓰러져가는 건물과 낡은 배의 파편 등이 어질러져 있는 곳을 헤매다가, 결국에는 싱의 짐을 내던지고 그 위에 앉아버렸다. "짐이 엄청 무거운걸. 돈이 들었나?" "무슨 소리, 책만 들었소." "어이쿠, 이게 전부 돈이었다면 오늘 밤 골웨이에서 선생하고 나하고 둘이서 멋진 파티를 할 수 있으련만." 싱은 30분이나 쉬고 나서야 겨우 남자에게 짐을 지게 하고 마을에 도착할 수 있었다. 아직 유명해지기 전의 젊은 싱은 홀가분했고 방랑자 같기도 했다.

그러나 그는 마침내 더블린에 정착했고, 새로 생긴 아일랜드문예극장을 위해 예이츠와 그레고리 부인과 함께 극작을 시작하게 되었다. 그것이 1902년경이다. 처음 쓴 것이 「바다로 달려가는 사람들」이었다. 이것은 거친 바다와 싸우는 어부들의 삶을 애런섬 사람들의 말로 쓴 것이다. 그것을 시작으로 「골짜기의 그림자」, 「성자의 샘」, 「서

구 세계의 플레이보이」 등을 연달아 썼으나, 몸이 별로 튼튼하지 않았던 그는 건강이 상해, 1909년에 서른일곱의 나이로 더블린의 병원에서 죽었다. 투병 중에 쓰던 「슬픔의 디어드레 Deirdre of the Sorrows」는 미완성작으로 남았다. 약혼자였던 여배우 마리 오닐이 처음부터 끝까지 그를 보살폈는데, 어느 날 싱은 그녀에게 "죽음은 시시한 거야"라고 하더니 그다음 말을 하지 않았다. 그 대사는 싱의 희곡에도 나온다. 그리고 그레고리 부인의 설화집 속에도 젊은 영웅 쿠 쿨린이 자신의 친구와 싸우면서 "용사의 생명은 빛난다, 서로 살아 있자, 죽음은 시시한 거야"라는 부분이 있다. 아일랜드 사람들은 성자도 시인도 용사도 어부도 농부도 모두 현실주의자인 것 같다. 그들은 죽음이라는 것에 절대로 아무런 환상도 갖고 있지 않은 것 같다. 우리 일본인들도 지금, 죽음에 대한 환상을 떨쳐내고 있기는 하다.

감자를 바라보면서 나는 '애런섬'을 그린 영화를 떠올렸고, '애런섬'에서 싱에게로 날아갔다가, 다시 싱으로부터 20세기 아침의 희망으로 가득 찬 세계로 날아갔다. 눈앞의 감자는 5분 전과도 30분 전과도 조금도 다름없이 봄볕에 말려지고 있다.

성 미카엘 축일의 성자

9월 28일은 성 미카엘 축일Michaelmas이라고 해서 성 미카엘을 기념하는 축일이다. 옛날에는 미카엘 축일 전야에 아주 성대한 행사를 하며 몇 쌍이 새로 약혼하는 관습이 있었다고 하는데, 현대에는 어느 성자의 축일이나 먼저 미사를 드린 후에 집집이 마시고 먹고 떠드는 모양이다.

표면적인 해설에 따르면 성 미카엘은 기독교의 성자이지만, 사실은 아주 오래전 이교도시대의 신이나 영웅이었던 모양이다. 미카엘을 기리는 의식은 아득히 오랜 역사의 향기가 느껴지는데, 미카엘 축일에 공물로 어린 양을 죽이는 관습을 보면, 어쩌면 기독교 이전에는 훨씬 더 야만적인 공물 의식이 행해진 게 아닐까 하고 의심된다.

피오나 매클라우드는 아이오나섬에 관해 쓰면서, 성 미카엘은 태고의 해양 지배자 마나난과 동일한 존재였을 것이라고 했다. 표면상으로는 성 미카엘은 위대한 힘을 가진 천사이고, 성 게오르기우스가 육지를 수호하는 천사이자 해양과 바다에 사는 모든 것의 수호자로 여겨졌다. 그리고 말과 여행의 수호신이기도 했다고 한다. 성 콜롬바가 아이오나섬에서 죽을 때, 성 미카엘은 넘쳐나는 빛의 파도 위로 무수한 천사들의 눈부신 날개 구름을 이끌고 내려와서, 지금 죽어가는 사람의 머리맡에서 신을 찬미하는 노래를 불렀다고 전해진다.

해양의 지배자 미카엘과 성서에 나오는 천사장 미카엘이 같은 존재인지 아닌지 알 수 없으나, 아마 같을 것이라고 인식되고 있다. 아담과 이브가 에덴 낙원에서 추방되어 황량한 세계로 떠날 때, 아쉬워하며 과거에 살던 집을 돌아보던 순간에 천사 미카엘이 빛나는 검을 들고 낙원의 문을 지키고 있었다는 이야기를 어린 시절에 들었지만, 창세기에 천사 미카엘이 문지기를 하고 있었다는 내용은 없었다. 어린 나의 귀에 들려온 전설이었다고 생각한다.

『요한묵시록』에는 '이렇게 하늘에 전쟁이 일어나자 미카엘이 그 부하를 이끌고 용과 싸운다. 용 역시 그 부하를 이끌고 맞서 싸웠으나 당해내지 못하니 다시 하늘에

성 미카엘 축일의 성자

9월 28일은 성 미카엘 축일 Michaelmas 이라고 해서 성 미카엘을 기념하는 축일이다. 옛날에는 미카엘 축일 전야에 아주 성대한 행사를 하며 몇 쌍이 새로 약혼하는 관습이 있었다고 하는데, 현대에는 어느 성자의 축일이나 먼저 미사를 드린 후에 집집이 마시고 먹고 떠드는 모양이다.

표면적인 해설에 따르면 성 미카엘은 기독교의 성자이지만, 사실은 아주 오래전 이교도시대의 신이나 영웅이었던 모양이다. 미카엘을 기리는 의식은 아득히 오랜 역사의 향기가 느껴지는데, 미카엘 축일에 공물로 어린 양을 죽이는 관습을 보면, 어쩌면 기독교 이전에는 훨씬 더 야만적인 공물 의식이 행해진 게 아닐까 하고 의심된다.

피오나 매클라우드는 아이오나섬에 관해 쓰면서, 성 미카엘은 태고의 해양 지배자 마나난과 동일한 존재였을 것이라고 했다. 표면상으로는 성 미카엘은 위대한 힘을 가진 천사이고, 성 게오르기우스가 육지를 수호하는 천사이자 해양과 바다에 사는 모든 것의 수호자로 여겨졌다. 그리고 말과 여행의 수호신이기도 했다고 한다. 성 콜롬바가 아이오나섬에서 죽을 때, 성 미카엘은 넘쳐나는 빛의 파도 위로 무수한 천사들의 눈부신 날개 구름을 이끌고 내려와서, 지금 죽어가는 사람의 머리맡에서 신을 찬미하는 노래를 불렀다고 전해진다.

해양의 지배자 미카엘과 성서에 나오는 천사장 미카엘이 같은 존재인지 아닌지 알 수 없으나, 아마 같을 것이라고 인식되고 있다. 아담과 이브가 에덴 낙원에서 추방되어 황량한 세계로 떠날 때, 아쉬워하며 과거에 살던 집을 돌아보던 순간에 천사 미카엘이 빛나는 검을 들고 낙원의 문을 지키고 있었다는 이야기를 어린 시절에 들었지만, 창세기에 천사 미카엘이 문지기를 하고 있었다는 내용은 없었다. 어린 나의 귀에 들려온 전설이었다고 생각한다.

『요한묵시록』에는 '이렇게 하늘에 전쟁이 일어나자 미카엘이 그 부하를 이끌고 용과 싸운다. 용 역시 그 부하를 이끌고 맞서 싸웠으나 당해내지 못하니 다시 하늘에 있을 수 없었다. 그리하여 이 큰 용 즉, 악마라고도 사탄이라고도 불리는 자, 온 세계를 속이던 늙은 뱀이 땅에 떨어지고, 그의 부하들도 함께 떨어졌다.' 사탄은 천사장으로, 신의 다음가는 지위였을 텐데, 늙은 뱀 따위라고 불릴 만큼 상당히 신분이 낮아져버리니 안됐다. 『실낙원』의 시에 나오는 사탄은 더 멋지고 늠름한 모습이었던 걸로 기억한다. 다만 성서의 저자들은 모두 유대 식에 따라 여호와와 자신들 이외는 경멸하고 사탄도 늙은 뱀 정도로 치부해버렸을지도 모른다. (이런 소리를 계속하다 옆길로 새면 사탄에게 비웃음을 당할 거다)

그리고 '유다의 편지'라는 것에 '천사장 미카엘과 악마가 모세의 시체를 차지하려 다투며 논할 때 운운'이라고 되어 있는데 『구약성서』에서 모세가 죽는 부분에는 그런 내용이 조금도 나오지 않는다. 민간에서 옛날부터 전해오던 전설이었을 수도 있다. 모세가 세상에 있었을 때 악마와 교류하지는 않았으니, 사체에 관해서 이래라저래라 간섭할 일도 없었을 것이다. 또 미카엘 정도의 위대한 천사가 모세의 사체를 건사할 필요 없이, 일을 잘 처리하는 대장 여호수아라는 인간이 있었으니 인간의 일은 인간에게 시키면 되었을 테니, 결국 전설은 물거품처럼 실체가 없는 것일지도 모른다.

『다니엘서』에 다니엘이 환영을 보는 부분에 "천사장의 한 명인 미카엘이 와서 나를 도와주었으니, 나는 그를 페르시아 왕들 곁에 남겨 두었다"라고 나온다.

이런 식으로 천사 미카엘은 성도들에게 환영으로만 나타난다. 구약과 신약 성서 속에 천사라 불리는 자가 종종 인간으로 나타나서 신의 마음을 전달하거나, 어디로 나아가야 할지 안내를 하지만, 그들은 특별히 머리에 후광을 얹고 있는 것도 아니고 등에 날개가 있는 것도 아니다. 그저 인간 이상의 힘과 지혜를 가진 자가 인간과 말을 나눈 것이다. 그들을 인간이라고 해도 무방한데, 다만 미카엘만은 인간의 눈앞에 나타난 적은 없는 것 같으니, 꿈으로만, 환영으로만 나타나서 악과 싸우는 천사였던 것 같다. 또 만일 사탄이 천사장이었다면 미카엘은 천사장이 아니니, 그다음 지위였을까? 그럴 리는 없다. 그는 신 자신이었던 게 아닐까? 하늘과 땅에서 싸우는 신이었던 게 아닐까, 즉 마나난이었을 것이다. 그러나 성서 속 천사 미카엘은 바다와는 관계가 없고 주로 천상이나 육지에서만 활동하고 있는 걸 보면 게일 민족의 바다의 수호신 미카엘과는 거리가 먼 것 같다. 일본의 해변을 지키는 구마노 곤노도, 가토리와 가시마, 시오가마 같은 해변에 있는 신사의 신들도 모두 해양 민족의 영웅이었을 것이다. 나는 무지해서 신과 부처의 역사를 몰라 단언할 수는 없지만, 바다의 신의 나라의 사람들은 서쪽으로도 동쪽으로도 갔던 것이다.

푸른 들판에 방목하던 양 떼를 한여름철에 다른 목초지로 옮길 때 부르던 오래된 가톨릭 찬송가가 있다. 이 역시 가톨릭의 나라의 천사 미카엘이지, 이교도시대의 강한 신 미카엘이 아니다. 눈부시게 빛나는 흰 날개를 단 천사의 모습이다.

백마를 타고 오는 상냥한 미카엘이여
피의 용을 정복한 미카엘이여
하나님과 마리아의 아드님의 사랑으로
그대의 날개를 펼치고 지켜주소서
그대의 날개를 펼치고 모두를 지켜주소서

박쥐의 역사

 옛 게일족의 전설담에 나오는 박쥐 이야기를 읽어 보면, 옛날 옛적부터 박쥐는 미움을 받았던 모양이다. 박쥐는 여러 이름으로 불리는데 그중에서도 '검은 방랑자'라는 것이 가장 시적인 이름이라고 그 전설담에 쓰여 있다.
 세상이 처음 생겼을 무렵에 박쥐는 물총새처럼 파란색이었고, 제비처럼 가슴이 하얗고 크고 촉촉한 눈을 지녔다. 눈빛과 날갯짓이 번쩍인다고 해서 '번쩍이는 불'이라고 불리기도 했는데, 세상이 변하면서 그 '번쩍이는 불'이 어쩌다 '검은 방랑자'가 되고야 말았다.
 그리스도 '고난'의 날의 일화다. 울새 한 마리가 날아와서 십자가 위에서 괴로워하는 그리스도의 손과 발에서 가시나무 가시를 빼내려 애쓰며 그리스도의 피로 작은 가슴을 붉게 적시고 있을 때, 박쥐가 팔랑팔랑 그 주위를 날아다니며 자랑스럽게 울었다. "내가 얼마나 아름다운지! 내가 얼마나 빨리 나는지!". 그리스도는 눈을 돌려 박쥐를 보시었다. 그러자 파도가 밀려갈 때처럼 파란색과 흰색이 박쥐의 몸에서 사라져버렸다. 박쥐는 눈이 멀고 몸이 검어진 채로 퍼덕퍼덕 날아, 마침 다가오는 밤 속으로 뛰어들어 영원히 암흑 속에 빠져버렸다. 그 후로 박쥐는 황혼과 밤의 세계에서만 정처 없이 선회하면서 날아다니며, "세상에 나는 눈이 보이지 않아! 내가 얼마나 추한지 보아다오!" 이렇게 가느다랗고 갈라진 목소리로 우는 것이다.

같은 저자한테서 들은 바로는, 박쥐는 천둥 때문에 말라버린 나무와 번개 사이에서 태어난 아이라고 한다. 또 '자랑스러운 아버지의 기형아'라는 이름도 있다는데, 자랑스러운 아버지는 자랑스러운 눈부신 천사인 '악의 아버지' 사탄이다. 왜 박쥐가 사탄의 기형아인가 하면 그것도 역시 고난과 관련된 이야기이다. 유다가 배신한 후에 나뭇가지에 목매어 죽고 나서, 유다의 혼이 탄식하며 바람을 타고 헤매기 시작했다. 그러자 '자랑스러운 아버지'는 그 비참한 영혼을 완전히 업신여기며 이 세상으로 다시 던져버렸다. 그러나 돌려보내기 전에 '자랑스러운 아버지'는 그 비루한 몸을 비틀고 또 비틀어 440번이나 비틀었기에, 그것은 인간도 아니고, 새도 아니고, 짐승도 아닌, 세상에서 가장 비루한 쥐와 비슷하고 날개가 달린 생물의 모습으로 변했다. "죽는 날까지 장님으로 암흑 속에 살며 영원히 저주받거라"며 '자랑스러운 아버지'가 말했던 모양이다. 그래서 이 '황혼의 순례자'는 쇠약해진 손발과 보이지 않는 눈으로, 두려움에 떨며 의심하며 주저하면서 유령 같은 목소리로 "죽는 날까지, 죽는 날까지"라고 울부짖으면서 떠돌아다녔다고 한다.

아가일의 어느 지방에서는 박쥐는 독수리의 3대, 사슴의 6대, 인간의 9대만큼 산다는 말이 있다고 한다. 이보다 덜 시적이고 정확하게 감정한 사람이 있는데, 박쥐의 일생은 모두 33년이고, 도망을 다니는 기간이 13년이니, 평균을 내어 21년을 산다고 했다. 리스모어 섬에서 온 어부의 말로는 "박쥐 나이 말이요? 그건 유다가 그리스도에게 입맞춤하고 적의 손에 넘겼을 당시 유다의 나이와 같으니, 그보다 젊지도 않고 나이를 먹지도 않지요"라고 스스럼없이 대답했다. 아무도 확실한 건 모르는 것 같다.

어느 정원사가 인간의 수명을 계산하는 방법에 대해서 말해줬는데, 우선 뱀장어 나이에 두 배를 하면 개구리의 나이가 되고, 개구리의 나이에 두 배를 하면 박쥐의 나이가 되고, 박쥐의 나이에 두 배를 하면 사슴의 나이가 되고, 거기에 10년을 더하면 보통 인간의 나이라고 한다. 뱀장어의 수명이 대개 7년에서 7년 반 정도, 개구리가 대략 15년 정도, 박쥐는 30년 정도, 사슴은 60년 정도다. 이 이야기를 들려준 사람은 어쩌면 사슴이 아니라 독수리일 수도 있다고 했다.

중국의 아름다운 직물이나 융단에는 언제나 박쥐가 표현되어 있다. 복福이라는 글자가 연상되어서인지 아니면 다른 전설이 있는지, 여러 가지 다양한 색으로 문양화된 박쥐가 우아하고 부귀해 보이는 모습으로 표현되어 있다. 중국의 박쥐는 복이니, 배신자 유다의 이미지와는 하늘과 땅 차이보다 훨씬 클 것이다. 일본에서 박쥐는 배신자도 아니고 경사스러운 복도 아니고, 그저 현실의 동물로서 여름 저녁에 시원한 바람을 쐴 때 구색처럼 나오는 정도로 인식되는데, 선도 아니고 악도 아니고 아름다움도 아니고 추함도 아닌 것 같다. 아마 확대경으로 보면 괴기한 모습일지도 모른다. 이 세상에 박쥐는 있어도 좋지만, 없어도 괜찮다.

지산겸 地山謙

 T가 나를 위해 서죽筮竹이며 산가지를 사 와서, 스스로 점을 치는 연습을 해보라고 권해 준 건 벌써 상당히 오래 전 일이다. 다도나 꽃꽂이처럼 점을 치는 연습을 한다는 것도 이상한 표현이지만, 처음 한동안 나는 정말로 열심히 그 연습을 계속했었다. 점에 대한 이론도 아무것도 모르고, 내괘가 뭔지 외괘가 뭔지 사전지식도 전혀 없이, 그저 가르쳐주는 대로 열심히 해보았다.

 그러기 훨씬 전부터 점을 믿어서, 무슨 일이 있을 때마다 오모리에 있는 K선생님 댁을 찾아가 점을 부탁했었기 때문에, 불과 물, 하늘과 땅과 바람, 번개와 연못과 산 그런 괘의 형상은 그런대로 알았다. 그래서 어설픈 초보 점

술사는 그저 열심히 서죽을 뽑아 작괘를 했지만 금세 서죽을 움직이는 게 힘들어져서, 남에게 배운 대로 작은 십 전 짜리 은화 세 닢을 던져 그 뒷면과 앞면으로 음과 양을 구별하고, 은화 여섯 닢을 늘어놓고 그 형상이 나타나는 대로 적었다. 이게 훨씬 간단했다.

 나 자신의 신상에 대해 직접 점치기도 하고, 다른 사람에게 고민이 있으면, 그것에 관해 답을 점치는 일도 있었는데, 나 같은 사람이 마구잡이로 점을 보아도, 신기하게 맞는 답이 나왔다. 또 어떨 때는 어떻게 해석해야 할지 어려운 답도 있었다. 언젠가 나의 평생 운세를 점쳐보려고 생각했는데, 어떤 괘가 나올지 호기심이 일었다. 젊었을 때부터 중년까지의 나의 일은 주로 병과 싸우는 것이었으니(내가 아팠던 게 아니라, 시아버지의 병, 남편의 오랜 지병, 시누이의 오랜 병, 시동생의 병, 그에 수반되는 경제적 노력, 나는 마치 간호사 일을 하러 시집을 왔나 보다 하며, 그것을 일종의 자부심으로 여기고 거의 평생 그런 방면의 일만 했었다), 아마 내 일생의 괘는 '지수사(地水師, 전쟁 중의 장수)'가 나오는 게 아닐까 하고 마음속으로 점치고 있을 때, 의외로 답은 '지산겸地山謙'이었다. 나는 머리를 한 대 맞은 것처럼 놀라 무심코 소리를 질렀다.

 "겸謙은 형통한다. 군자는 마침이 있으니 길하다. 단전에 이르기를 하늘의 도는 내려가 광명하고, 땅의 도는 낮은 데서 위로 행함이라. 하늘의 도는 가득 찬 것을 이지러지게 하며, 땅의 도는 가득 찬 것을 변하게 하여 겸손한 데로 흐르고, 귀신은 가득 찬 것을 해롭게 하며, 겸손함에는 복을 주고, 사람의 도는 가득 찬 것을 미워하며 겸손한 것을 좋아한다. 겸은 높아도 빛나고 낮아도 넘지 아니한다. 이는 군자의 마침이라."

겸謙은 즉 겸손, 겸양의 겸으로, 낮추는 일이다. 높은 곳에 있어야 할 간艮 괘인 산이 낮은 곳에 있어야 곤坤 괘인 땅 밑에 있는 것이다. 아마 나는 평생토록 땅 밑에 웅크리고 있어야 할 것이다. '수고로운 일을 하고도 겸손하니 군자가 마침이 있고 길하다'라는 것이 지산겸이라는 점괘의 내용이다. 고개를 높이 들지 않고 겸손한 마음으로 평생 웅크려 일하고 무사히 평화로이 죽을 수 있다고 해석했다. 무엇보다도 '마침이 있고 길하다'라는 말은 밝은 희망을 갖게 해 준다. 뭔가 어려운 일이 있을 때, 뭔가 고민될 때, 나는 항상 부적처럼 '겸은 형통한다, 겸은 형통한다'라고 중얼거린다, 그렇게 하면 상당한 용기가 생겨서 터널 길을 파가는 인부처럼 어둠 속에서도 묵묵하고 꾸준하게 일을 해나갈 수 있다. 이 신앙은 미신이 아니다, 오히려 상식이라고 생각하는데, 나처럼 젊은 시절부터 몽상을 목숨처럼 생각해온 사람이 이 평범한 교훈을 하루도 잊지 않을 수 있었던 것은 다행이다. 64괘 중에서 이 '지산겸'만이 어느 괘효에도 흉이 나오지 않고, 그 대신 어느 괘효나 겸을 지키고 유종의 미를 거둔다는 약속을 해 준다. 그 견실한 소박한 약속이 대체로 견실하지 않은 나를 위한 평생의 구원이기도 한 것이리라. 나에게는 하늘도 없고 불도 없고 바람도 없는 것이다. 그것으로 만족하며 지내자.

몸에 익은 것

 M은 열두세 살 때부터 알던 학교 친구로, 옛날이나 지금이나 친하게 지낸다. 그녀는 친정도 시집도 매우 유복해서 취미로 하는 온갖 기예에 능통한데, 특히 다도와 시에서는 취미 수준을 넘어 전문가나 다름없다. 그런 그녀가 언젠가 말했다. "난 꽤 여러 가지를 배워봤지만, 뭐니 뭐니 해도 10대 때 배운 게 제일 몸에 익어 있더라, 바로 고토琴가 그래. 집 안에서 살림만 하다 보니 고토 같은 걸 연주할 시간도 없고 몇 년이나 내팽개쳐 두고 있어도 조금만 연습하면 바로 기억이 나서 옛날처럼 할 수 있거든. 중년에 배운 건 열심히 공들여서 지금까지 계속해도, 아직 정말로 몸에 익은 것 같지가 않아…." 그녀처럼 차분

한 성품을 가진 사람이 하는 말이니, 그건 정말일 것이다. 나는 초등학생 때부터 여학생만 있는 기숙학교에 다녀서, 성장하고부터는(열너덧 살부터) 내 방 청소를 배웠다. 그리고 열여섯 정도부터는 외국인 교사의 방과 서양 응접실도 청소했다. 일주일에 한 번씩은 양말과 속옷 빨래도 해야 했다. 이 나이가 되어서도 비교적 편한 기분으로 청소나 빨래를 할 수 있는 것은 10대 때에 배운 것이 기예는 아니어도 몸에 익어 있기 때문일 것이다.

그에 비하면 졸업 전 1년 정도는 일주일에 세 번 식사 준비를 도우러 가서 반찬을 만들어 보거나, 일주일에 한 번씩 선생님들의 서양 요리를 돕기도 했다. 그러나 요리에 재능이 없는 것인지, 아니면 벼락치기로 배워서 그랬는지, 나는 요리가 아주 서툴러서 제 손으로 귀찮게 요리를 만들어 먹는 즐거움을 알지 못한다. 어차피 주부로서는 낙제생인데, 이것은 그 방면의 취향이나 솜씨가 없을 뿐 아니라, 대부분의 주부 생활 동안에, 그러니까 1899년에 결혼해서 2차세계대전이 시작되기 전까지 오랜 세월 부엌일을 남의 손에 맡기고 지낼 수 있었던 탓이다. 이제 와서 제 손으로 무엇 하나 제대로 못 하는 것을 후회한들 이미 늦었다.

한편 요리나 세탁과는 사뭇 방향이 다른 것으로는 성

경이 있다. 내게는 아주 친숙해서 아마 내 체취의 일부분일 정도다. 미션스쿨치고도 성서 교육을 지나치게 받은 것 같다. 일요일 오전에는 교회에 가서 목사님의 설교를 들었다. 설교 시간 전에 성경을 낭독하고 그중 한 구절을 그날의 설교 주제로 정했다. 그러고 나서 교회가 아니라 학교의 주일학교로 가서 영어 성경으로 『구약성서』에 나오는 유대인의 역사를 배웠다. 선생님이 어떻게 가르치느냐에 따라서 상당히 흥미가 있는 과목이었다. 그 과목은 시험이 없었다. 그리고 주중에는 월, 화, 목, 금 4일에 오전 11시 반부터 12시까지 교장 선생님이 진행하는 『신약성서』 연구 시간이 있었다. 말만 연구지 수업을 듣기만 했는데, 교장 선생님이 문학을 좋아하셔서 여러 시인의 시나 셰익스피어 희극의 문장까지 인용해 성경을 아주 재미있게 가르쳐주셨다. 그 과목은 시험이 있어서 어지간히 답을 잘 쓰지 않으면 위험했다. 미션스쿨에서 성경 과목에서 낙제 점수를 받으면 스캔들 수준의 대참사가 벌어진다.

또 그런 의무나 도리 때문이 아니더라도, 읽을거리가 없을 때는 아무것도 안 읽는 것보다는 성경이라도 읽는 게 즐거웠다. 아무 데나 무작위로 펼쳐서 읽었다고 하면 선생님들은 놀랐겠지만 아무 말도 하지 않았다. 문학소녀들은 (아마 현대의 소녀들도 그렇겠지만) 어떤 주제든, 모르는 분야든 흥미를 느낄 것이다. 우리 두세 명은 『레위기』의 율법 부분 같은 걸 읽고 나서, 그 뒤에 숨은 인간사를 신기해 했다. 불경스럽다는 말은 이럴 때 쓰는 표현이다.

그런 장시간의 독서가 무슨 도움이 되었을까 생각해보면, 물론 마음가짐에도, 행동거지에도 그렇게 젊은 시절에 뿌린 씨앗은 자라서 열매를 맺는 게 틀림없다. 그리고 의외의 작은 추억이 언젠가 나를 웃게 만들었다.

나라에 전쟁이 끝나고 먹을 것이 시장에 잘 나오지 않아서, 가정에서 빵이나 비스킷을 굽던 시절에, 밀가루 속에 버터를 조금 섞어 구우면서 그 버터의 양 조절로 부드러운 정도가 조금씩 다른 빵을 먹어 보고 있을 때였다. 나는 『구약성서』에 나오는 예언자 엘리야와 가난한 과부의 이야기를 떠올렸다. 포학한 왕 아합의 시대, 예언자 엘리야가 이스라엘에는 앞으로 몇 년 동안 비도 이슬도 내리지 않을 것이라고 예언했다. 아합왕은 어떻게든 이 예언자를 잡아 죽이려고 생각했는데, 쉽게 잡히지 않고 그는 한적한 시골의 어느 과부의 집에 숨어 지냈다. 나라가 기근으로 고통받을 때, 그 가난한 과부의 집에는 작은 통에 밀가루 한 줌과 작은 병에 조금 남은 기름이 있었을 뿐이었는데, 3년 동안 과부 모자와 엘리야가 그 밀가루와 기름으로 구운 빵을 매일 먹고 있었으나, 밀가루도 기름도 떨어지지 않았다는 이야기다. 어린 시절에 읽은 그 기적의 밀가루와 기름이 떠올랐다. 그 옛날부터 그들은 밀가루에 기름을 섞어 빵을 구웠는데, 어느 나라에서 배운 것일까, 더 일찍부터 개방되어 있던 국가들에 대해 생각했다. 그런 식으로 음식에 대해 하나씩 하나씩 떠올리다 보니, 마음은 저도 모르게 어딘가로 놀러 다니는 것이었다.

익숙해진다는 것은 어떠한 경우에나 그 사람의 몸에 색을 입히고 힘을 붙인다. 떡은 떡집에 맡기라는 말이 있듯이 모든 일에는 전문가가 있지만, 일상생활에서 우리 머릿속에 잠재된 것이나, 손에 익은 것이 저도 모르게 나오는 것 같다.

도보

　제니가타 헤이지(엽전을 이용해 범죄자를 잡는 주인공이 등장하는 소설—옮긴이)의 시대에는 버스나 전차 같은 탈것도 없고, 그렇다고 무턱대고 가마를 탈 수도 없었을 테니, 부하인 하치고로가 단서를 듣고 오면 무코야나기하라에 있는 큰어머니 집에서 바로 튀어나와 간다에 있는 자기 집까지 달려간다. '저런!' 하며 헤이지는 료고쿠든 아사쿠사든 요시와라든 가 봐야 한다. 걷는 데 힘을 다 써버리니 지칠 것 같은데, 그 시절에는 그걸로도 충분했던 모양이다. 헤이지가 에도에서 범인의 도주 경로를 생각하고 있는 동안에, 하치고로는 미우라미사키까지 가서 사흘 밤낮으로 쉬지 않고 용의자의 고향을 모조리 조사하고 돌아온다. 현대인이라면 도쿄로 돌아오기 전에 녹초가 되어버리겠지만 하치고로는 발에 물집이 잡혀도 태연하다. 무엇이든 모두 습관의 힘일 것이다.

제니가타 헤이지까지 거슬러 올라갈 필요도 없이 내가 어렸을 무렵에는 어른이나 아이나 참 잘 걸어 다녔다. 인력거 비용이 쌌다지만 그래도 역시 사치였다. 여학교에 다니던 시절에 수업이 없는 토요일에 친구와 둘이 2인승 인력거를 타고 기숙사에서부터 긴자에 있는 세키구치나 사에구사 매장까지 털실이며 리본을 사러 갔다. 돌아와서 둘이서 인력거값을 내면서, 걸어갈 수 있는 곳이면 그 돈으로 뭘 더 살 수 있었을 텐데 하며 치사한 계산을 했다. 아자부에서 긴자까지 왕복 차비가 얼마였는지 기억이 나지는 않지만, 아무튼 지금의 콜택시 정도일 테니 비용이 상당히 부담스러웠을 것이다.

학교를 졸업하고 나서, 시를 배우거나 겐지 이야기의 강의를 듣기 위해 간다오가와마치에 있는 사사키 노부쓰나 선생님의 자택까지 일주일에 한 번씩 다녔다. 아주 오래전에 중국공사관이 있었던 비탈길 아래인 나가타초 2번가의 우리 집에서 간다오가와마치까지는 상당히 멀었다. 아침 9시경에 인력거로 갔다가, 돌아올 때는 12시경에 출발해 어슬렁어슬렁 걸어서 돌아오면, 딱 1시간 정도 걸렸다. 오가와마치에서 간다바시로 나와서, 와다쿠라몬 앞을 지나서 도라노몬까지 온다. 마침내 저수지 거리까지 와서 오른쪽의 좁은 길로 돌아가서 나오는 산노산 기슭과 주변 길이 나가타초 2번가였다.

집에 오면 점심을 먹고 차를 마시며 저녁때까지 아무것도 하지 않고 어떻게 하면 피로를 해소할 수 있을지 생각했었다. 게다가 그 나이 때는 먼 길을 걸어 다리가 굵어지는 것도 고민이었다. 아버지가 직장을 그만두고 집에만 계시던 때라, 딸이 시를 배운다고 인력거를 타고 다니는 건 사치라고 하시며, 편도만 차로 가는 것도 어머니가 특별히 배려해주신 거였다. 그런 식으로 선생님 댁에 다녔던 건 어지간히 내가 시를 좋아했기 때문에, 즉 문학소녀였기 때문이다.

또 어느 날은 오가와마치에서 진보초를 지나면서 번화한 가게들을 구경했다. 그중에서도 장식용 옷깃을 파는 가게를 구경하는 건 즐거웠지만, 책방은 들여다보지 않았던 것 같다. 그러고 나서 구단자카 언덕을 올라와 도랑가를 걸어가며 한조몬이며 고지마치 거리를 곁눈질로 보면서 완만한 비탈길에 다 와서 오른쪽으로 꺾으면 고지마치 하야부사초가 나온다. 그다음이 나가타초의 고지대였던 것 같다. 이렇게 길을 떠올리니 내가 인력거꾼이나 운전기사 같지만, 어쨌든 정말 잘도 걸었다. 1시간 하고도 20분 정도의 거리였다. (이 중에는 간다 거리의 가게들을 들여다보는 시간도 들어 있다) 물론 맑은 날에만 그랬다는 거고, 비가 올 때는 쉬었는지 분명히 기억이 나지 않는다.

그런데 그렇게 먼 길을 걸으며 나막신은 어떤 것을 신었었는지 신발에 대해서는 조금도 기억이 나지 않는다. 어차피 평상시에 신는 것이니 좋은 건 아니었겠지만, 발에 닿는 부분에 가죽이나 왕골이 덧대 있었는지 그냥 나무 바닥이었는지도 잊어버렸다. 신은 언제나 어머니가 자신의 것과 우리 자매의 것을 함께 아카사카의 히라노야라는 신발전문점에서 사왔던 것 같다. 그 시절에는 샌들은 유행하지 않았으니, 아무튼 어떤 나막신이었더라도 나막신이었던 것은 틀림없다.

그로부터 2, 3년 후의 일이다. 나는 선생님의 제자 중에서는 꽤 고참이 되어 있었는데, 꽃구경을 겸한 봄의 들놀이 모임이라는 데에 초대를 받았다. 선생님 부부와 그 밖의 예닐곱 명, 가와다 준 씨가 최연소자로 열여덟 살 정도였던 것 같다. 어느 역에서부터 어떻게 탔는지 몰라도 아마 다치카와역에서 내렸던 것 같다. 황매화가 핀 구불구불한 시골길을 걸어 다마강 강변에 내려가서, 뗏목 위와 모래톱의 자갈 위에서 도시락을 먹었다. 그 후에 어디를 어떤 식으로 걸었는지, 고가네이의 꽃구경을 한 것도 같은 날이었는지, 아니면 이듬해 봄이었는지 기억이 뒤죽박죽이라 확실하지 않지만, 마지막으로 주오선 우시고메역에서 내리니 밤이 되어서, 모두 구단우에까지 걸어가 후지미켄이라는 레스토랑에서 저녁을 먹었다. 나가타초까지 밤길을 혼자 걸으면 위험하다며 나만 인력거를 불러 주셨는데, 나머지 사람들은 모두 구단자카 언덕을 걸어 내려 돌아갔다. 가와다 씨는 우시고메 쪽으로 갔다. 그런 식으로 아침부터 밤까지 걸어 다녀도 별로 다리가 부은 사람도 없었던 것 같으니, 습관이나 기분 탓이었으리라.

최근에 전쟁 중이라 전차가 움직이지 않을 때, 도쿄의 주부들은 하루에 수십 리 길을 걸어서 불탄 친척 집이나 친구를 방문하는 일도 있었다. 오직 정신력으로 걸었던 것이다. 한동안 가루이자와에서 지냈을 때, 나는 역에서부터 구도로에 있는 여관까지 외길을 종종 왕복했다. 항상 무거운 짐을 지고 있었는데, 밤의 가루이자와 길은 그다지 멀다고도 생각하지 않았다. 젊은 아이와 동행하고 있었던 탓에, 산책하는 듯한 기분이기도 했던 것 같다.

바쁘게 지내는 어느 가정주부가 이런 말을 했다. 다리가 움직이고 있을 때는 나쁜 생각이 조금도 들지 않는다.

여유롭게 자연 속의 생물의 하나로서 움직인다. 인간은 앉아 있을 때나 자고 있을 때 여러 가지 생각을 하므로, 오래 자는 사람은 현명한 이치를 깨닫기도 하고, 어느 때는 심술궂은 유언장을 쓰기도 한다는 것이다. 그 말을 들으며 정말로 그렇겠다고 공감했다.

두 명의 여류 시인

 오노노 고마치小野小町는 관료이자 문인인 오노노 다카무라의 손녀로, 아버지는 데와出羽의 수령을 지낸 오노노 요시자네라고 한다. 닌묘(833-850), 몬토쿠(850-858), 세이와(858-876) 무렵의 인물로 추정되는데, 출생과 사망 연도가 분명하지 않다 보니 전설은 전설을 낳아, 지금 우리에게는 그녀가 아름다웠다는 사실과 뛰어난 시인이었다는 사실만 전해진다. 요즈음 오랜만에 고마치의 단가를 다시 읽을 기회가 있었는데, 시대 차이를 조금도 느끼지 않고 읽었다. 현대의 단가는 관념적인 경향이 강해 내게는 점점 어렵게 느껴지는데, 옛날에 내가 '단가'라고 배웠던 그런 시를 다시 만난 것 같은 느낌이었다. 그녀의 시가집에 단가는 그렇게 많지는 않지만, 조금 인용해 보겠다.

꽃 빛은 바래버렸네 허무하도록 이내 몸도 그러하네 세상사를 바라보는 사이에

산골 마을 황폐한 여인숙을 비추면서 몇 밤을 지났을까 가을 달빛은

생각하며 잠들어 그 사람이 나타났을까 꿈인 줄 알았다면 깨지 말 것을

선잠을 자다 사랑하는 이를 보았기에 허망한 꿈에 의지하게 되었네

너무나 절실히 그대가 그리운 밤은 잠옷을 뒤집어 입고 자네(잠옷을 뒤집어 입고 자면 꿈에서 그리운 사람과 만날 수 있다는 미신이 있음—옮긴이)

꿈길에서는 쉬지 않고 그대에게 가지만 한 번 본 것과 어찌 같을까

바위 위에서 노숙하면 추우니 이끼로 된 옷을 제게 빌려주시오

부초 같은 힘든 신세 뿌리를 끊고 함께하자는 물이 있다면 흘러가려고 하네

저녁매미 우는 산속 마을의 해 질 녘은 바람 말고는 찾

는 이도 없구나

찬바람에 잎이 물들고 남몰래 슬픈 말만 쌓이는 계절이로구나

위세 높은 신께서도 보셨다면 은하수 강의 수문을 열어 주셔요

병꽃나무 꽃이 피는 울타리에 때아니게 나처럼 우는 휘파람새 소리

산 사람이 죽어 죽은 사람 수는 늘어 가는데 아아 어느 날까지 한탄을 할까

허무한 구름이 되어버린다면 안개 낀 쪽을 가련히 바라보아 주셔요

이슬을 맺게 하는 바람은 옛 가을 그대로건만 옛날과 달라진 내 소매의 이슬이로구나

바라보고 있노라면 세월이 지나는 줄도 모르고 가을 경치 되어버렸구나

봄날의 포구마다 나가 보자 무슨 방법으로 해녀가 지내는지

나무 사이로 비치는 달그림자를 보면 여러 생각을 하게 하는 가을이 왔구나

연민이라는 말이야말로 세상의 미련을 떨치지 못하는 굴레로구나

애처롭다 이 몸이 죽어 연둣빛 연기가 되고 결국에는 들판의 안개가 될 걸 생각하노라면

「연둣빛…」이라는 시는 씩씩하다. 그녀가 고향인 미치노쿠로 돌아가던 도중에 죽었다는 전설도 사실이었을 것 같은 느낌이 든다. 이 씩씩함으로 사소한 일로는 약해지지 않고 갈 데까지 가려고 한 것이다. 옛날의 뛰어난 여인들, 오노노 고마치, 이즈미 시키부, 쇼쿠시 내친왕, 그리고 우리의 시대에 살았던 요사노 아키코. 그들은 번득이는 재능과 씩씩한 마음을 시에 쏟아부으며 살았던 것이다.

요사노 아키코의 시가집을 전부 오모리 집에 놓고 와서, 내 손에는 유고인 『백앵집白櫻集』뿐이지만, 지금 그중에서 조금 발췌해서, 천 년에 한 번, 2천 년에 한 번 드물게 태어나는 뛰어난 시인들의 마음을 접해 보자. 신기하게도 『백앵집』의 단가는 젊은 날 그녀의 단가와는 다른 느낌을 준다.

홀로 나왔다가 홀로 돌아가니 밤이 되면 울고 싶은 도읍 서쪽 스기나미 마을

푸른 하늘 아래에 단풍잎이 무성해지고 그대 없는 여름

이 시작되려 하네

　그대 계신 서쪽에서 사무치게 애처로운 듯 석양이 비칠 때

　마음에 병이 들어 도시 속이 쓸쓸하더니 길 떠난 산과 들에서 쓸쓸히 앉았네

　나뭇잎 춤추는 아시가라산에 들어가는 것처럼 나도 나가네 도읍 밖으로

　나 홀로 아가쓰마강을 건너는 날이 찾아왔건만 그대는 없네

　소리도 없이 산에서 산으로 안개가 옮겨가는 모습에도 끝이 있구나

　멀리서 보니 그저 흘러가는 물거품일 뿐이지만 그대도 지나는 에노시마의 다리

　내 님의 상喪을 알린 날처럼 그물을 당기는 사람이 잇따라 오려나

　다가가면 사라져 흔적이 없어지듯이 이즈야말로 바다 안개 위에 떠 있구나

　미카사 유노카와의 출렁다리와 다르지 않게 위험하구나 세상에 남겨져 사는 일

　안개 왔다가 안개 사라지는 사이에 비하면 오래구나 그대와 보았던 세상도

마침내 이승에 있음을 깨닫고 동백원에 향을 올리네
비가 그치고 다시 물소리가 나타나는 고요한 세상의 산은 가을이로구나
내가 넘어가는 옛길의 와다고개 항상 새로운 자작나무가 무성하네
검은 고양이가 검은 새끼 고양이를 데리고 가로수 밑에 노는 호수가
겐지를 보내고 홀로 글을 쓰던 무라사키의 나이 젊었으나 나는 그렇지 않네

(에치고 나가오카에 놀러 갔을 때 쓴 시)

내 차가 천 리의 눈을 뚫고 나아가는 날조차 마음은 걱정이 되지 않더라
강이 있어 고시^越의 쌓인 눈의 단면은 신기하기 한이 없구나
시나노강 밟지 말아야 할 큰길을 고시로 가는 길 들판의 흰 눈 위에 놓는다

'무라사키의 나이 젊었으나 나는 그렇지 않네'라는 한 수 속에 드러난 슬픔은 그녀가 평생토록 읊었다고 알려

진 수백 수의 다른 시 속에서는 찾을 수 없는 감정이었을 것이다. 천부적인 재능과 의욕에 넘쳤던 그녀가 홀로 된 후에 늙음이라는 것을 느낀 것이다. 그것은 우리 누구나가 느끼는 늙음과는 다른 것이다.

(다른 여류 시인들은 모두 전설이지만, 나에게 요사노 아키코만은 전설이 아니다. 내 조카딸이 그녀의 학교에 다녀서, 나는 학부형 중 한 명이었고, 그런 나에게 그녀는 항상 솔직하게 이야기를 했다. 스승과 제자 사이도 아니고, 친구도 아니고, 사회에서 만난 동료도 아니라, 산뜻하고 친절하게 아주 평범한 이야기를 하셨다. 아무 데도 얽매이지 않고 젊고 용감했던 그녀를 알아서인지, 슬픔을 표현한 이 한 수를 읽으며 견딜 수 없는 기분이 든다) 나는 일찍이 이 나라에 살다가 죽은 두 여류 시인의 시를 비교하기 위해서가 아니라, 그저 마음에 들어 적어 본 것이다. 천재가 또 언제 이 세상에 올지 모르지만 언젠가는 다시 태어날 것이다. 그날이 멀든 가깝든.

새끼 고양이 이야기

1900년대 초반에 다나베 와케코라는 유명한 다도 선생님이 있었다. 그 다나베 선생님에게 나는 2년 정도 다도를 배웠다. 선생님은 꽃꽂이도 가르치고 계셔서, 금요일이면 별로 넓지 않은 선생님 댁은 꽃집에서 가져온 꽃으로 방이며 툇마루가 가득했다. 대표적인 꽃꽂이 유파인 이케노보池の坊였는데, 사실 다도를 하는 김에 배웠으니 결혼 전에 배우는 신부수업 같은 것이었다.

선생님 댁은 고지마치의 저택촌 안의 외딴섬처럼 낡고 작은 집이었는데, 4평짜리 방 두 칸과 1평 반 정도 되는 현관방이 있었다. 그리고 큰 방 서쪽으로 좁은 마루방이 있어서 다기를 씻는 곳으로 쓰였다. 제자인 우리는 현관으로 가지 않고 사립문을 통해 마당으로 들어가 징검돌을 건너 바로 툇마루로 올라갔다. 30평 정도 되는 좁은 마당은 풀이 정취 있게 우거져 있었다. 키가 큰 풀은 뽑긴 하는지 구불구불한 좁은 길에는 이끼나 덩굴풀 사이로 징검돌이 슬쩍슬쩍 보이고 그 앞쪽으로 서너 그루의 키 작은 나무와 관목이 수풀을 이루고 있어 그 앞으로 푸른 세계가 기다리고 있었다.

선생님은 평생 결혼을 하지 않으셨는데, 학문과 시를 인정받아 가가 지방의 백만석 영지를 지배하던 마에다 가문에서 시녀장을 담당하며, 와케노라고 불렸다. 그 후 마에다 가문의 시녀장을 그만두고 교토에 위치한 고등여학교의 교수가 되셨다가, 마침내 도쿄로 오셔서 개인지도를 하셨다. 선생님의 이름이 점점 알려지면서 잡지나 강의록에 다도, 꽃꽂이, 예의범절에 대해 글을 쓰게 되었고, 여러 왕족의 공주들 강습에 초빙되기도 하고, 학교에도 두세 곳 출강을 나가시며 매우 바빠지셨는데, 그래도 일주일 중 수요일과 금요일은 자택에서 강의하는 날로 정해 두셨다. 선생님은 어깨까지 늘어뜨린 머리에 짧고 검은 겉옷을 입고 그야말로 시녀장님답게 꼿꼿이 앉아서 사람을 맞으셨다. 신문물에 개방적인 메이지 시대의 사람이라 서양식 요리를 아주 좋아하셔서, 토요일 밤에는 항상 제대로 만든 진한 스튜를 많이 만들어 다음 날도 그것을 데워 먹었다고 말씀하셨었다. 도시락 반찬으로도 소고기 간장조림이나 로스트비프 등 다도가인 선생님과는 완전히 거리가 먼 음식을 싸 들고 가시며, 이건 한번 만들어 두면 일주일 정도는 먹을 수 있다며 설명하셨는데, 사실은 그런 요리를 좋아하셨던 것 같다. 음식뿐 아니라 선생님은 모든 것에 보수적이지 않았다. 부모나 집안이나 무엇 하나 특출한 장점이 없는 내가 서양인이 세운 학교를 졸업했다는 사실을 하나의 훈장처럼 여기시고, (그 시절에는 대개 상류층 딸들은 여자학습원이나 도라노몬여학관에 입학하고, 중류층 딸들은 소수의 머리가 좋고 특출난 사람만 오차노미즈대학에 가는 경향이 있었다) 우리 어머니에게 "댁의 따님은 영어를 배워서 다행이에요. 앞으로 세상은 점점 발전해 갈 테니, 외국어 하나 정도는 아무래도 필요하겠죠. 지금은 모두 서양 문물을 반대하지만, 이윽고 지금과는 다른 시대가 찾아올 거예요. 저도 시간만 좀 있으면, 쉬운 단어부터 배우고 싶어요. H한테도 영어가 평생 도움이 될 테니 좀 더 공부를 시켜 주시는 게 좋을 것 같아요"라고 말씀하셨다. 어머니는 아주 놀라며 "네가 서양인 학교에 다닌 걸 칭찬해주시는 건 다나베 선생님뿐이구나" 하며 웃으셨다.

그 후에 선생님은 외출하는 날이 많아서 집을 봐줄 사람을 두셨다. 젊은 과부로 여덟 살 정도 되는 딸이 있는 사람이었다. 4평짜리 방의 다음 방도 4평으로, 거실 겸 침실이었는데, 집을 봐주는 사람은 식사할 때와 잘 때는 이 방을 쓰고, 낮에는 1평 반짜리 현관방에서 바느질을 했다. 집 보는 사람은 어딘가 지방 도시 출신이라고 했는데 적극적이고 활기찬 면과 시골스러운 기질도 있어 좋은 사람으로 보였다. 그녀가 오고 나서 반년도 지나지 않아 선생님은 느닷없이 뇌출혈로 쓰러져서 혼수상태로 열흘 정도 누워 계셨는데, 이 사람이 세심하게 돌봐주었다.

일찍이 결혼했던 여동생분도 전보를 받고 바로 상경했지만, 오랫동안 소원하게 지내던 언니 집에 대해서는 아무것도 몰라 그저 머리맡에 앉아 있을 뿐이라, 우리 제자들도 매일같이 찾아가서 2시간 정도씩은 선생님을 간병해드렸다. 내친왕을 가르치던 오가와 여사가 유일한 친구였는데, 밤이 되면 가끔 오셔서 여러 가지 의논을 해주셨다. 집 보는 사람한테 들었는데, 여동생분이 상경한 뒤 바로 옷장 서랍이나 고리짝 속까지 함께 열어보았지만, 작은 서랍장 서랍에 든 우체국 저금통장에 3천 엔 정도의 돈이 있을 뿐, 달리 어디에도 선생님의 돈이 보이지 않아서 여동생분이 난처해한다고 했다. 선생님 같은 총명한

분이 수십 년이나 일하며 검소한 생활을 계속하시고, 어딘가에 노후를 위한 저축을 해 두셨을 게 틀림없는데, 그것을 선생님 외에 누가 알고 있을까, 친척분들도 상당히 난감하겠구나 싶었다.

황족분들로부터 근사한 병문안 과자나 과일 바구니가 도착해 거실이 좁아져버렸다. 열흘째가 되어 선생님은 불현듯 눈을 뜨고 그것들을 둘러보셨다. 여동생분과 집 보는 사람은 기뻐서 소리를 내며 불렀지만, 말씀은 못 하시고 뭔가 찾는 듯하다가 마침내 오른손을 내밀고 뭔가 드는 듯한 손 모양을 하시기에, 시험 삼아 연필을 쥐여드리니 그것을 잡았다. 누군가 종이를 찾다가 작은 수첩을 꺼내 글을 쓸 수 있는 위치에 손으로 밀어드리니, 선생님은 한참 생각하는 모습으로 계시다가 이윽고 연필을 움직여 무엇인가 쓰셨다. 옆의 사람들은 숨을 죽이고 기다리고 있었는데, 연필을 탁 떨어뜨리고 피곤한 듯이 눈을 감으셨다. 유언일 것이라고 모두가 생각했다. 그 수첩을 집어 올려 여동생분이 읽고, 차례차례로 옆의 사람도 읽고, 모두 고개를 갸웃했다. 수첩에는 분명한 글씨로, '새끼 고양이 이야기'라고 쓰여 있었다.

선생님은 그길로 눈을 뜨지 못하고 계속 주무시다 다음 날 아침에 돌아가셨다. 여동생분은 낙담했고, 집 보는 사람은 그런 일이 있었다면서 우리 제자에게 전해 주었다. 신문기자도 두 명 정도 찾아와서 '새끼 고양이 이야기'를 궁금해했는데, 그것은 그저 선생님의 꿈속 이야기였기에, 그걸 끝으로 후일담도 없었다. 성대한 장례식은 사람들로 북적거렸고, 우리 제자들은 모두 줄줄이 인력거를 타고 절까지 배웅했다.

오랜 세월이 지난 지금도 나는 가끔 선생님을 떠올린다. 선생님이 꼿꼿이 앉아 계시는 조용한 모습과 임종 전의 그 '새끼 고양이 이야기'를. 깨지 않는 잠 속에서 나도 동화 같은 새끼 고양이의 세계로 놀러 갈 수 있다면 행복하겠다고 생각하기도 한다.

화장실

 몇 년 전 또는 몇십 년 전의 일이 기억 속 어딘가에 가라앉아 있다가, 새벽녘에 꿈속에서 그것을 또렷하게 볼 때가 있다. 지금 쓸 이야기는 꿈을 꾼 것이 아니라, 아무런 이유도 없고 관계도 없는 일인데도 문득 떠오른 일이다. 1890년인가 91년이었던가, 어쩌면 훨씬 전의 일이었을 수도 있다. 아자부 1연대의 병영에 가까운 미카와다이三河台 언덕 위의 집에 살던 무렵의 일이다.

 미카와다이의 집은 내가 거기서 태어나 열여덟 살이 되도록 살았던 집이라 종종 생각나는 일도 있는데, 지금 떠올린 것은 그 집의 손님용 화장실에 대해서다. 무인 가문의 전통 양식으로 지어진 오래되고 넓은 집이었고, 옛날

식으로 손님과 남자들이 사용하는 변소와 여자들이 사용하는 변소가 따로 있었다. 언제였는지 아버지가 외국에서 근무하다 돌아와서 그 오래된 집에 서양식 방, 즉 응접실을 만들었다. 집의 가장 서쪽 구석에다 8평 정도 되는 서양식으로만 꾸민 방이었는데, 창문 커튼, 벽에 건 여러 개의 액자, 테이블, 벨벳 테이블보, 의자, 담배 세트, 성냥 트레이, 장식장과 책장, 모두 19세기의 중후함이 엿보이도록 정갈하게 꾸몄다. 남쪽 창문에서는 잔디 마당 너머의 잔디를 덮은 석가산, 잔디밭 속을 굽이도는 좁은 길, 다소 서쪽으로 치우쳐 서 있는 한 그루의 큰 천엽벚나무 같은 것들이 보였고, 그 남쪽 두 개의 창문 너머 서쪽 벽에 문이 하나 있어서 그곳으로 손님용 변소로 들어가는 것이었다. 집안사람들은 손님용 변소를 '화장실'이라고 부르고, 가정용 변소를 간단히 '뒷간'이라 불렀다. 즉 손님이 손을 씻고 단장하는 곳이라 화장실이라 하고, 가정용 변소는 드러내놓고 말하기 민망하다고 해서 '뒷간'이라 한 것이다.

어쨌든 그 화장실은 당연히 실용적으로 쓰기 위해 만든 것이지만 매우 예술적이기도 했다. 우선 안에 들어가면 처음에는 1평 반 정도의 공간이 나오는데 남쪽과 서쪽에 큰 유리창이 있어서, 남쪽 유리창 너머로 해당화와 동백나무가 보이고, 가을에는 잎이 큰 단풍나무도 보였다. 서쪽 창문 아래에 세면대가 있었는데, 현대처럼 타일을 바르지는 않았지만 하얀 대나무와 점박이 대나무를 세련되게 줄무늬를 내어 만든 발판을 깔아 두었다. 바가지와 대야가 엎어져 있고, 오른쪽 받침대 위 작은 통에서 지금의 수도와 마찬가지로 물이 나왔다. 밖에 빗물 통을 두어 빗물을 받았다가 작은 통으로 흘려보낸 모양이다. 세면대 아래에 바구니가 있어 젖은 수건을 던져넣을 수 있게 되어 있었다. 발판 왼쪽에는 장식이 없는 화장대 같은 선반이 있어서, 작은 수건 트레이와 빗과 브러시가 얹혀 있고 타원형 거울이 걸려 있었다. 그리고 입구 쪽으로 문에 가까운 벽의 작은 선반에는 굵은 양초를 꽂은 촛대를 놓아두었다.

입구 바닥 전체에 깔린 융단에는 가늘고 붉은 꽃과 검은 잎 무늬가 들어 있었는데, 작은 장미꽃 무늬였던 것 같다. 그 융단 위에서 실내화를 신고 오른쪽 벽 한가운데 있는 세 자 폭의 미닫이문을 열면, 그곳이 진짜 화장실이었다. 서쪽에 다소 높은 창이 가로로 여섯 자 길이로 쭉 뚫려 있었다. 방범용으로 거친 대나무 격자가 설치되어 있었던 것 같다. 그 창문 맞은편 응접실 가까운 벽은, 벽에서 벽까지 옆으로 길게 여섯 자 정도 되는 의자가 설치되어 있었다. 폭은 80센티 정도나 되었을까, 바닥과 같은 빨간 꽃무늬 융단이 깔려 있고, 그 한가운데에 구멍을 만들어 검은색을 칠한 둥근 뚜껑으로 덮어 두었다. 거기에 앉아 볼일을 보는 것이다. 앉으면 오른쪽에 벼룻집처럼 생긴 얕은 상자가 있고 휴지가 들어가 있다. 왼쪽 벽에는 작은 선반이 있어서 삽화가 든 외국 잡지가 한두 권 놓여 있었던 것 같다.

내가 기억해내지 못할 만큼 어린 시절에 그 서양식 방과 화장실이 신축되었던 것이니, 아버지가 젊은 시절 뉴욕에서 돌아왔을 때였을까. 그 방들의 모습을 허공에 그려 보면, 젊은 시절 아버지가 네덜란드 문화가 녹아 있던 나가사키에서 공부하며 익숙해졌던 분위기가 다분히 반영되어 있었던 게 아닐까 싶다. 어쩌면 19세기 자체가 그렇게 여유 있고 따뜻하고 중후한 시대였을지도 모른다. 내 나라의 일도 잘 모르는 나이기에, 훨씬 넓은 남의 나라는 더더욱 모른다.

아득한 옛날 아담과 이브가 둘이서 지내던 시절에 세상은 넓고 공간은 너무 많았지만, 점점 인간이 늘어났고 그래도 19세기의 말경까지 화장실에 그래도 3평의 공간을 할애할 수 있었다. 20세기의 반을 지난 지금은 1952년이다. 이 나라는 한 번 큰불을 만났고 도쿄의 구석부터 구석까지 황량한 허허벌판이 되었지만, 다시 서서히 집이 생기고 사는 사람도 늘기 시작했다. 그러나 모두가 각자 한 채씩 집을 짓고 사는 일은 아직 상당히 어렵다. 일단 방을 빌려 산다면 남편과 아내가 둘이서 살기에는 3평 정도의 공간이 있으면 그걸로 충분하다는 인식이 있는 것 같다. 그 옛날 3평짜리 화장실을 떠올려도 그 시절이 지금보다도 더 좋았고 그립다는 생각은 별로 들지 않는다. 다만 내 개인의 일생만 보더라도, 그렇게나 세상의 넓이가 바뀌는 동안 사람들의 사고방식은 그보다 더 많이 바뀌었다고 생각하니, 괜히 웃음이 나올 것만 같은 이상한 기분이 든다.

가난한 날 기념일

 2차세계대전 직후에 일본에 있던 외국인 중에서 군인들은 모두 한 끼씩 정해진 배급을 받아서 그나마 다행이었지만, 가족이 함께 가루이자와에서 지내는 사람들은 우리보다 더 가난했다. 그들은 우리처럼 연근이나 우엉은 먹지 못해서, 익숙하게 먹던 채소인 감자나 양배추, 양파와 일정하게 배급을 받은 빵을 먹고, 매번 통조림 고기를 먹었다. 내가 지내는 여관 2층에 아이가 둘 있는 미국인 가족이 있었는데, 이 사람들은 운 좋게 총사령부에서 일하게 되어 점점 생활이 편해졌다. 그래도 빵이나 고기를 여유 있게 먹을 수는 없어서, 저녁 식사 때는 정해진 양의 빵과 고기 요리 하나와 채소를 먹고 그다음에 죽을 먹었다. 쌀 한 홉에 작은 양배추 하나를, 큰 양배추라면 반 정도를, 잘게 다져서 쌀과 함께 흐물흐물하게 푹 끓여서 쌀과 양배추가 완전히 하나로 녹아들면 소금으로 심심하게 간을 한다. 그리고 대파를 잘게 썰어 간장만 넣고 갈색이 나도록 조린 것을 수프 접시에 담은 죽 위에 올려 먹는다. 여관 부엌에서 배운 대로 만들어 보면, 따뜻하고 달고 부드러워 정말로 맛이 좋았다. 언젠가는 대파가 없어서 양파로 해 보니, 대파보다 물기가 많고 달큰해서 이 죽에는 전혀 어울리지 않았다.

요새는 먹을 것을 구하기가 그렇게 고생스럽지 않아서 양배추 죽을 오랫동안 잊고 있었는데, 이것은 지금 먹어도 상당히 맛이 있다. 옛날 이스라엘에서는 유대력 1월 14일부터 일주일 동안 효모를 넣지 않은 빵을 먹는 무교절을 지키며, 하나님과 모세에 의해 이집트에서 구출되었을 때를 기념했다고 한다. 우리도 가장 힘들었을 때를 생각하며 이런 양배추 죽, 설탕 없이 소금만 넣은 팥죽, 고기 없는 크로켓 같은 메뉴를 정해서, 그 나름대로 즐겁고 맛있게 먹어 보면 어떨까 생각했다. 돈을 쓰자면 한이 없다. 마치 돈을 쓰지 않고는 살 수 없는 세상 같다. 어떻게 하면 그 나름대로 건전하고 유쾌하게 살아갈 수 있을지 연구해보자.

가난하고 힘들었던 날의 기념일, 무슨 이름으로 할까? 그것은 축하하는 날일지, 아니면 제삿날 같은 것일지 모르겠다. 아마 그 둘 다 아니고, 일단 설날처럼 별로 맛있지 않은 음식을 즐겁고 맛있게 먹으면 될 것이다. 그 시절에 우리가 기꺼이 먹었던 것을 두세 가지 떠올려 보자.

 흰쌀밥은 잠시 접어두고, 양배추 죽이라도, 아니면 밀가루와 비지를 섞은 찐빵이라도 좋다. 감자를 메시드 포테이토로 만들어 그 위에 채소를 넣은 진한 카레를 끼얹고 삶은 달걀 하나를 잘게 다져서 뿌리고, 절임 같은 것을 곁들이면 훌륭한 메인 요리가 될 것이다. (간장 절임이나 락교는 당시에는 수입을 못 했을 수도 있다) 생선은 말린 청어 간장 양념구이가 가장 좋을 것이다. 맛은 그보다 떨어지지만 오징어 조림(동그랗게 자른 것), 간장과 맛술에 절여 말린 정어리, 가정에서 반건조로 말린 정어리, 임연수 버터구이, 소금 후추를 뿌려 냄새를 없애고 직화로 구운 고래고기 스테이크도 좋다. (나처럼 절대 고래고기를 못 먹는 사람은 정진 기간에 먹는 유부 양념장 구이로 대체한다) 그 밖에 그 당시 구할 수 있었던 생선류를 떠올려 본다.

 가지를 쪄서 반달 모양으로 썰어내는 가지회도 있었다. 초된장보다는 간장을 곁들이면 더 맛있다. 양념은 무엇이든 구할 수 있는 것을 쓴다. 가지 철이 아니라면 곤약을 잘 데쳐서 썰어 먹어도 좋다. 제철 토마토를 쓰면 가지보다도 보기에 예쁘다. 아무것도 없을 때는 가는 오이도 좋은데, 여기에는 시골 된장이 잘 어울리는 것 같다.

조림으로는 제철 채소 뭐든 좋다. 도쿄에서든 시골에서든 조림은 뭐든 먹을 수 있었던 것 같다. 봄에는 우엉, 햇감자, 청대 완두, 당근. 여름부터 가을까지는 연근, 작은 양파, 껍질콩, 토란. 겨울에는 무나 순무 조림. 민들레는 봄의 들풀인데 흑임자를 넣어 무치면 맛있다. 가을의 토란 줄기는 흰깨가 어울린다.

국에는 두부나 채소, 뭐든 넣어도 좋다. 바다 근처에 사는 지인이 바지락 말린 것을 보내 주었는데, 고기 된장국을 만들 때 돼지고기 대신 쓰거나, 두부와 같이 조려 먹어 보고, '바지락이 이렇게 맛있는 거구나' 하고 감탄을 하며 한 자루를 즐기면서 먹었다. 이것 말고도 전에 말한 고기 없는 크로켓에는 대파를 조금 섞는다. 돼지고기 없는 죽순고기조림도 있다. 죽순이나 당근이 있으면 가늘게 썰어 돼지고기 대신에 새우나 가다랑어 살을 넣는다.

고구마, 감자, 호박은 조림 반찬이 아니라 주식 대용으로 먹는 일이 많았다. 감자는 집게손가락만큼 작은 것도 버리지 않고 껍질째 기름에 볶아 된장을 조금 넣고 지진다. 이 '알감자 된장 범벅'은 주식에 보탬이 되었다. 이것은 무시할 수 없는 세련된 맛으로, 지금이라면 햇감자 중에서 알이 작아 상품 가치가 없는 것을 먹는 것이다.

배추나 양배추 절임을 먹을 수 있게 된 게 1947년 무렵부터인 것 같은데, 이 기념일에는 배추처럼 조금 사치스러운 채소를 사용하면 절임을 만들 때도 수프를 만들 때도 대단히 보탬이 된다. 식후 과일은 사과, 감, 포도, 귤 등 흔해 빠진 것을 먹을 것. 과자는 조금 귀찮더라도 수제로 만든다. 설탕 없이 만들면 더 좋겠지만 과자만은 그래도 조금 달게 만들었으면 한다. 그 시절의 앙금은 감자 앙금, 호박 앙금, 강낭콩, 청완두 등이었다. 가장 일반적으로 모든 사람이 먹었던 건 감자나 고구마를 넣고 구운 화과자, 그리고 팥 대신 호박으로 만든 팥소 과자(팥이 들어가지 않은 팥소 과자라고 하니 묘하지만). 이건 노랗고 보기에도 예뻤다. 청완두를 앙금으로 넣은 만주. 팥에 강낭콩도 섞은 양갱 떡 같은 것들도 많이 먹었다. 땅콩, 곶감, 매실 설탕절임, 흑설탕 사탕. 이런 것들은 아주 먼 곳에서 몰래 반입된 것들이었다. 이렇게 먹을 것만 나열하고 보니 아주 굶주렸나 싶겠지만, 6, 7년 동안 맛없는 음식만 먹고 살던 그 시절에 우리는 그게 굶주림인 줄 모르고 그저 결핍을 느꼈을 뿐이다. 그런 결핍 때문에, 바구니를 들고 자루를 메고, 모두가 산비탈을 돌아다녔다. 그 불편했던 날을 기념하며 현재에 감사하고 미래에 대한 기원을 담아, 기념일을 하나 만들고 싶다.

4월의 유혹

 소설의 제목은 『4월의 유혹』이었던 걸로 기억한다. 1920년대였던가, 30여 년 전에 읽은 책이라 제목조차 거의 잊었었는데 이삼일 전에 문득 기억이 났다. 런던에서 출판되어 당시에는 드물게 잘 팔린 대중소설로, 지금은 작가의 이름도 생각나지 않는다.

 교외에 사는 중류층 가정의 주부가 도시에 물건을 사러 갔다가 돌아오는 길에 자신이 속해 있는 사교클럽에 들러 커피를 마시고, 그곳에 어질러져 있던 신문을 읽는다. 신문 광고란에 '이탈리아의 고성 임대, 1개월간. 집세 얼마 얼마. 상세한 사항은 ○○로 서면으로 연락 바람'이라는 특이한 광고문구가 있었다. 여자는 아주 내성적이었고, 마치 옛날 일본의 며느리들이 그랬듯 순종적인 옛날 여자였다. 그런데 그 글을 읽는 순간, 쓸쓸하고 단조로운 가정생활 속에서 그녀가 이것도 하고 싶다, 저것도 하고 싶다고 마음속 깊은 곳에서 항상 생각하던 일 하나가 고개를 들었다. 상상은 이미 그 순간에 이탈리아의 고성으로 날아갔고, 얼마간의 집세를 내고 고성을 빌려 꿈도 꾸지 못했던 이탈리아의 4월의 풍광을 직접 보고 싶었지만, 집세가 문제였다. 그러고 있는데 얼굴을 아는 클럽 회원이 들어온다. 지금까지 전혀 교류가 없던 사람이지만, 내성적인 부인은 이 여자에게 광고를 보여준다. "이 고성에 가고 싶지 않아요? 우리 둘이서 이 집세를 내고?"

그 여자도 당장 이탈리아로 가고 싶어진다. 두 사람은 오랜 친구처럼 사이좋게 앉아서 상세하게 돈을 계산해 본다. 여비, 식비, 집세, 거기에 요리사도 성에 남아 집을 지키고 있다고 하니 그녀에게도 팁이 필요하다 등등. 두 여자는 무슨 일이 있을 때를 대비해서 저금해 둔 돈을 찾아서, 평생의 추억이 될 일에 써도 아깝지 않다고 생각하지만, 그렇다 쳐도 돈이 조금 부족하다. 각자의 남편에게는 비밀로 이 계획을 실행하고 싶어서, 힘들게 방법을 짜내지만 아무래도 부족하다.

마침 그때 이 방에 젊고 아름다운 회원이 들어온다. 고민하던 두 여자는 새로 들어온 여자에게 의논한다. 그 아가씨는 깜짝 놀라지만 조금 생각하더니 바로 한 팀이 된다. 사실 그녀는 모 후작의 딸로 런던 사교계의 꽃이었는데, 중류층의 수수한 삶을 사는 주부들은 그녀를 모른다. 그 아가씨는 자기가 좋아하지 않는 사람이 따라다녀서 피곤한 상황이라, 마침 숨기 좋겠다고 생각하고 이 주부들과 동행해 비용의 3분의 1을 내기로 한다. 아가씨는 후작 작위가 아니라 아버지 집안의 본명을 댔기 때문에 그녀의 신분은 전혀 모른다. 금세 일이 진행되어 그들은 즐겁게 출발한다.

그 고성은 4월의 바다가 내려다보이는 곳에 서 있었고, 꿈처럼, 영화처럼, 소설처럼 어쩌면 그것보다 더 아름다웠다. 거기서 여러 가지 일들이 일어난다. 불청객이 여러 명 찾아온다. 자세한 줄거리는 잊었지만, 아가씨에게는 예상치 못했던 연인(후작도 백작도 아니지만 젊고 훌륭한 신사)이 생겼고, 두 주부도 차갑게 멀어졌던 남편들을 되찾아, 각자 활기차게 런던으로 돌아오는 이야기였다. 오래전에 읽었기에 어쩌면 내용이 다를 수도 있다.

지금 내가 이 소설을 떠올린 것은 고성에 놀러 가고 싶어서가 아니다. 일본에서는 훌륭한 고성 같은 건 모두 나라님의 소유물이고 끊임없이 땔감 대신으로 태워 없애고 있다.

　내가 바라는 건 그저 긴자나 히비야 주변에 여자들만 다니는 작은 클럽이 있었으면 하는 것이다. 외출을 싫어하는 나로서는 이상한 바람이다. 쇼핑 다녀오는 길에 잠시 들러 커피라도 마실 수 있고, 잡지나 신간 책을 읽을 수 있다면 마음이 편할 것 같다. 어려운 책과 가벼운 읽을거리를 섞어서 기분 내키는 대로 읽는다. 그런 데서 젊은 사람과 나이 든 사람이 친해지고 각자의 세계가 무한하게 확장되어 갈 수도 있을 것이다. 그런 생각을 하며 나는 내일보다 더 먼 날에 희망을 걸어본다.

　어떤 일이든 앞장서는 사람이 없으면 아무것도 안 된다. 지금 시대에는 회사의 공금 횡령이나 관청의 비자금 문제가 터지면, 대개 3천만 엔이라거나 4천만 엔이라는 숫자가 신문에 나온다. 그런 거액의 돈이 어딘가에 잠들어 있나 본데, 그만한 거액은 아니어도 훨씬 훨씬 적어도 좋으니 하늘에서 돈이 뚝 떨어지는 기적을 기다리자. 기적이라는 것은 옛날에도 있었고 지금도 있다고 나는 믿는다.

과거가 된 아일랜드 문학

 지금으로부터 한참 전의 일이다. 예이츠는 1923년 노벨문학상을 받았을 때의 감상을 이렇게 썼다. "그때 나의 마음에는 여기에 없는 두 사람이 떠올랐다. 먼 고향에서 홀로 쓸쓸히 지내고 있을 노부인과 젊어서 죽은 다른 한 친구이다." 그레고리 부인과 싱은 예이츠와 함께 아일랜드의 문예운동을 일으킨 중심인물이었고, 예이츠는 지금 자신이 받는 노벨상은 세 명이 함께 받아야 마땅하다고 생각했을 것이다. 그 후 그레고리 부인도 죽고, 예이츠도 이번 전쟁 중에 죽으면서 아일랜드 문예부흥운동도 꽃이 피고 지듯이 먼 과거의 페이지로 넘어갔다. 너무나 싱의 글을 사랑하던 나조차도, 아일랜드의 작품을 읽지 않은

지 오랜 세월이 지났다.

 멋진 전시회를 보고 나서 전시회장을 빠져나온 사람처럼, 오랜 세월 아일랜드 문학 속에 빠져 있던 내가 어느 순간 그 속에서 빠져나온 후로 다시는 그곳으로 들어가려 하지 않았다. 인간의 마음은 끊임없이 움직이니 어쩌면 나는 싫증이 나버렸던 모양이다. 게다가 게으른 성격이어서 학자가 연구하듯이 하나의 일에 몰두하지 못하고, 아일랜드 문학에는 미안하지만 결국 나는 전시회장에서 나가버린 사람처럼 다시 들어가지 않았던 거다.

 전설 속 영웅들이 전쟁도 하고 성자가 전도도 하던 옛날의 젊디젊은 시절을 지나, 아일랜드는 오랫동안 좋은 일 하나 없이 내내 압제 정치하에 있었던 가난한 나라다. 언젠가 아일랜드가 에이레라는 이름으로 바뀌었다던데, 바뀐 보람 하나 없이 이번 전쟁을 거쳐 왔다. 세계 여러 나라의 흥망성쇠 앞에서 한 나라의 시인이나 문학자의 추억도 당연히 스러지는데, 그러는 사이에 일본은 나라 전체가 거대한 쓰나미에 휩쓸려버렸다. 살아남은 사람들은 황량한 공기 속에 제각각 무엇인가 향수를 느끼며, 그 위에 새로운 것들을 만들어 내려고 하는 모양이다. 나는 전쟁 중의 괴로움을 달래며 읊었던 단가를 정리하다가, 문득 예전에 익숙했던 아일랜드 문학의 향기를 맡았다. 소중했던 거의 모든 것들을 잃은 지금의 내가 아일랜드 문학에 향수를 느낀다는 게 스스로도 가엾지만, 이런 시절에는 뭐가 됐든 먹을 것 말고 다른 생각을 할 수 있다는 건 행복한 일이다. 켈트 문학 부흥을 위해 불태우던 그들의 꿈과 열의가 조금이라도 우리에게 주어지기를, 그리고 모두가 각자 종이 한 장 정도의 일이라도 할 수 있기를, 나는 간절히 바란다.

공습을 대비해서 마고메의 집 마당에 묻어두었던 책 속에 옛날에 내가 아끼던 그레고리 부인의 설화집도 섞여 있었다. 얼마 전 그 책을 소포로 받고, 이 작은 집에 미국 탐정소설 정도밖에 가져오지 않았던 나는, 오랜만에 '평화롭던 지난날'을 맛보듯이 그 두세 권의 책을 다시 읽었다. 세상이 변하고 나 자신도 변했는지, 그 전설담을 읽는데 사고방식이 예전과는 달라졌다.

예를 들어 포모르족의 왕, '분노한 눈의 발로르'는 아일랜드의 해안 가까이에 있는 섬에 유리로 된 탑을 세우고 그 속에 틀어박혀, 그 분노한 눈으로 바다를 지나는 배를 물색해 약탈한다. 그런 이야기를 옛날에 읽었을 때는 대서양의 파도 속에 보였다 안 보였다 하는 유리로 된 탑에 아침 해와 저녁 해가 비치는 경치를 상상하며 근사하다고 생각한 적도 있다. 지금은 완전히 달라졌다. 과연 그 유리는 어느 나라에서 들여온 물건일까. 포모르족 다음이 다난 민족이고, 그다음에 온 게일인의 시대에 영웅 쿠 쿨린이 태어났으니, 쿠 쿨린은 그리스도와 거의 동시대 사람일 것이다. 그런데 어느 나라에서 그렇게 많은 유리를 가져온 것일까. 이런 식으로 생각을 한다. 지금 우리 집 유리창 두 장이 깨져서 그것을 판으로 막아 둔 상황이라, 내게는 유리가 아주 귀하다. 유리로 된 탑 속에서는 발로르왕도 밤에는 추웠을 것이다. 참고로 우리 집은 덧문이 없고 유리창만 있는 작은 집이라, 무사시노의 겨울이 얼마나 추운지 지난 3년간 사무치게 느끼고 있는 탓도 있다.

또 만난 적 없는 이름난 용사를 연모해 '바다 신의 나라'로부터 푸른 눈을 가진 금발의 공주가 찾아오는 이야기이다. 그들은 호수가 보이는 들판 가에 집을 짓는다. 숲의 고목을 베어다 둥근 나무 기둥을 세워 새털로 지붕을 얹고 뒷마당에는 가축을 기른다. 마구간에는 수십 마리의 말이 있고 집 앞에는 용맹한 개가 집을 지킨다. 50명의 귀족의 딸들이 그 '바다 신의 나라'의 공주와 함께 매일 바느질하여 부하 무사들의 옷을 짓고, 거의 매일 50명, 100명의 손님의 식사 준비도 돕는다. 아이가 태어나자 잠시 모유로 키우다가, 금세 유모를 정해 맡긴다. 아이가 조금 자라면 이름난 무술가의 집에 보내 용사 교육을 받게 한다. 환자가 생기면 넓은 외과와 내과 병원에서 각각 환자를 맡아 전문적인 지식을 바탕으로 초목의 즙을 모아 만든 약을 주고, 많은 남녀 조수가 간호한다. 정말로 만사가 완벽하게 그 집단생활이 지속되고 있는 것이다. 그 이야기 속 금발 공주의 아름다움보다도 남편의 용감한 모습보다도, 원시인 집단의 평화로움이 한없이 좋아 보여 읽은 이의 마음을 사로잡는다. 일찍이 일본에서도 야마토 지역의 어느 종교 본부에서 종교의 힘으로 원시 시대처럼 집단생활을 지속했다는데, 그곳에는 신앙과 복종과 노동뿐, 즐거움이나 풍요로움은 없었을 것이다. 패전국의 현재 모습은 무수한 노인들이 고려장을 당한 것처럼 저마다 작은 집 안에 틀어박혀 두문불출하며 따분한 생활을 하고 있다. 그들도 오랜 전설 같은 풍요롭고 큰 삶에 속해 있었다면, 조용히 일광욕을 즐기거나 나무 열매를 주우며 각자 일을 갖고 자신감 있게 남은 생을 보낼 수 있었을 것이다. 그런 것도 다 푸념이지만, 아무튼 물건의 소중함이 얼마나 깊고 강하게 우리 마음에 스며들어, 상상이나 꿈, 휴식을 죽여버렸는지, 내 마음을 스스로 돌아보며 슬퍼진다. 그래서 지금은 전설은 읽지 않기로 했다.

오랜 기간의 나의 아일랜드 문학에 대한 열정이 식은 후에도, 몇 년씩이나 나를 즐겁게 해준 레녹스 로빈슨의 희곡을 한 권도 이 집에 가져오지 않은 것은 어찌된 일일까. 농민극이 아니라 미국에서 소재를 찾은 그의 대중적인 희곡을 좋아한다. 아마 다른 소설책과 함께 마고메의 집에 남기고 온 것 같다. 지금 내 곁에는 극히 소수의 희곡집 그것도 신진 작가들의 책만 있다. 그런 책 속에 전문 분야가 다른 제임스 조이스의 하나뿐인 희곡 「추방자」가 섞여 있었다.

조이스는 세계적인 소설가이지만, 그의 희곡은 내 집에 꽂혀 있는 농민극 작가들 사이에 섞어 두어도 아마 실례는 아닐 것이다. 장편 『율리시스』로 폭풍처럼 세계를 휩쓸어버린 그이지만, 희곡은 별로 잘 쓰지 못한다. 왕조시대 일본 여성의 일기문학처럼 답답한 분위기만 가득해서, 주요 인물이 모두 추방당해도 아깝지 않을 사람들이다. 그 옛날의 일기문학의 움직임이 느렸던 것처럼, 「추방자」역시 움직임이 적다. 심리적으로는 충분히 움직여서 무대 밖의 과거와 미래를 희미하게 암시하고 있지만, 무대의 인물이 움직이지 않는 건 정말 답답하다. 아일랜드의 극작가들이 모두 입센의 영향을 받은 것처럼, 조이스의 작품에도 다소 북유럽의 흔적이 보이지만, 그 푸른 빛이나 강한 숨결은 느껴지지 않고, 그저 맥없는 사색의 제스처가 있을 뿐이다. 그 유명한 검술가 미야모토 무사시도 검술 말고 다른 것에는 서툰 부분이 있었을 것이다. 1918년에 「추방자」가 출판되었으니, 1914년에 나온 단편집 『더블린 사람들』보다도 나중 작품이다. 이 위대한 작가의 그리 뛰어나지 않은 작품을 보는 것도 흥미로워서 나는 이 책을 다시 읽었다. 그것은 안개 낀 큰 바다를 보는 기분이기도 했다. 다만 홀로 가만히 지내는 인간의 마음은 은근히 뒤틀려 있는지, 나는 남몰래 이 책에 대해서 생각하며 혼자서 재미있어 하고 있다.

나는 지금, 조이스가 그 많은 작품을 아직 하나도 쓰지 않고 고대 서사시의 해석을 시도하고 있던 시절, 싱이 아직 희곡 하나 쓰지 않고 애런 제도의 어느 섬에서 파도를 바라보며 지내던 시절, 그레고리 부인이 자신의 영지 내의 농민의 집들을 찾아가서 오래된 민요나 영웅의 전설을 모으던 시절, 선배 예이츠가 마침내 겨우 『오이진의 방랑기』라는 시를 출판했던 시절, 즉 그 천재 작가들의 꿈이 어렴풋이 익기 시작하던 희망의 시절에 대해 생각한다. 세계대전이 끝나지 않았던 20세기의 아침은 일본에서는 다이쇼 시대의 봄에 해당하는 풍요로운 시대였다. 세상은 풍요로웠고 귀족도 아니고 노동자도 아닌 중류 계층인 우리는 제국극장에 가서 메이란팡梅蘭芳의 연극을 보고 시내에서 커피를 마시며, 태평성세를 꽃피우고 있었다. 큰 시간의 간극을 뛰어넘어 지금과 옛날을 생각하며, 정리되지 않는 나의 마음을 시 한 수에 기대어 보려 한다.

꽃빛은 바래버렸네 허무하도록 이내 몸도 그러하네 세상사 바라보는 사이에

아쉬운 것은 계절의 꽃만이 아니고, 인간의 청춘만도 아니다. 이 옛노래 속에 있는 '꽃빛'의 모든 것을 슬퍼하고 그리워하는 것이다. 옛날의 귀부인은 어찌나 현명하고 짧게 읊어냈는지. 고작 몇 글자 안 되는 시로 그 한탄을 그득히 읊고 있다.

꽃집 창문

저물어가는 야마테 언덕에 불빛이 비쳐 꽃집 창문에는
황국과 백국

이 시는 1936년경 요코하마의 야마테 언덕에서 읊은 것인데, 그때 꽃집에 있던 꽃의 색이나 길을 비추던 흰 전등불이 전혀 드러나 있지 않다. 몇 번 다시 읊어 보아도 정경이 떠오르지 않아서 그냥 포기해버렸다. 하지만 시는 그렇다 쳐도 가을날 노을 지는 비탈길의 경치를 나는 그 후로도 가끔 떠올렸다.

아직 세상이 조용하던 시절에, 오모리산노에 살던 딸네 부부가 나를 요코하마로 놀러 오라고 초대했다. 말이 놀러 간 것이지 평일 오후 4시쯤에 나갔으니 소소하게 저녁 식사를 하는 게 목적이었다. 밥을 먹기 전에 사위가 좋아하던 프랑스영사관 앞 공터로 가서 산책을 했다. 그 시절의 택시는 1엔 50전 정도에 오모리 핫케이자카^{八景坂}에서 그 프랑스영사관이 있는 언덕 위까지 우리를 데려다주었다.

석양이 아직 따사로운 언덕 위 풀밭을 돌아다니며 벼랑 근처로 가 보니, 바다는 이미 빛을 삼키고 있었고 갈매기 몇 마리가 높고 낮게 날고 있었다.

그 초원에서 잠시 쉬고 나서 영사관 옆을 지나 가파른 언덕길을 내려가기 시작했다. 한쪽은 벼랑이고, 한쪽에 작은 집이 한두 채 있었는데 문은 닫혀 있고 불빛도 없었다. 짧은 가을날이 완전히 저물어 언덕길은 어두웠다. 언덕을 다 내려가자 주위에 불빛을 하얗게 비추는 집이 있었다. 꽃집이었는데 안에는 온통 서양 꽃들이 가득하고, 커다란 유리 창문에 송이가 큰 흰색과 노란색 국화가 흐드러지게 피어 있었다. 노란 국화는 화분에 심겨 있었고 흰 국화는 줄기가 잘려 있었다. 아니면 그 반대였는지 지금은 기억나지 않지만, 꽃집 창문이 어두운 길에 눈부시리만큼 밝은 세상을 만들어주고 있었다. 야마테에 사는 외국인 집에 꽃을 배달해 주는 가게 같았고, 그 주변에 다른 가게는 하나도 없는 것 같았다. 그때 가게 안에도 길에도 우리 말고는 아무도 보이지 않았고, 그 고요한 밤길을 왼쪽으로 빠져나와 차이나타운 쪽으로 걸어서, 헤이친이라는 가게에서 저녁을 먹었다.

그 후로도 요코하마에는 몇 번쯤 쇼핑을 하거나 놀러 갔지만, 그 꽃집이 있는 길에는 간 적이 없다. 그저 집에 와서 그 꽃집은 오늘도 꽃으로 가득했을까 궁금해하기도 했다. 초토화되었던 요코하마가 부쩍 재건되었다는 얘기를 듣고, 나는 다시 예전처럼 꽃집 창문 불빛에 비친 국화꽃을 머릿속에 그렸다.

얼마 전에 『매화, 말, 휘파람새』라는 아쿠타가와 류노스케의 수필집을 읽는데, 괴테극장에 〈살로메〉를 관람하러 가는 부분에서 저녁에 어느 언덕길 중간에서 작자가 어둠 속에 유난히 밝은 꽃집 유리창을 보는 대목이 있었다.

"우리 네 명의 제일고등학교 학생들은 석양 무렵 기차를 타고 7시 몇 분쯤 요코하마에 도착했다. 거기서부터 마을 몇 개를 지나쳤는지 확실히 기억나지 않는다. 그저 어느 언덕길에 이르니, 집도 보이지 않는 어둠 속에 밝은 유리창이 딱 하나 있는데 그 창문 속에 국화꽃이 많이 피어 있었던 게 기억난다. 그 가게는 아마 서양인을 상대하는 꽃집 같았다. 조금 들여다봤지만 창문 속에 사람의 모습은 보이지 않았다. 그런데 무리 지어 핀 국화꽃 위로 동그란 담배 연기 하나가 허공에 떠 있었다. 나는 그 창문 앞을 지날 때 묘하게 반가운 기분이 들었다."

이것은 야마테 언덕에 있는 같은 꽃집인 게 분명하다. 묘하게 반가운 기분이 들었다고 저자가 말하는 부분에서 나도 묘하게 반가워져서, 무리 지어 핀 국화꽃 위로 떠 있는 담배 연기를 본 것 같은 착각조차 들기 시작했다. '꿈의 고향'을 봤다고 표현하면 너무 추상적일지 모르지만, 고요하고 차분한 세계를 아쿠타가와 씨도 나도 각각 다른 시간에 들여다봤던 것이리라.

불타는 열차

1951년 4월 24일 오후 1시 40분경에 게이힌선 사쿠라기초행 열차가 사쿠라기초역 플랫폼에 들어가기 직전에, 맨 앞 차량의 지붕에서 불꽃이 튀며 순식간에 첫 번째 차량이 불바다가 되고, 서둘러 급정차했으나 두 번째 차량에도 불이 옮겨갔다. 맨 앞 차량은 전소되고, 두 번째 차량은 반소됐는데 이 두 차량에 가득 타고 있던 승객들은 불 속에서 빠져나오려고 해도 문이 열리지 않아, 백 수십 명의 남녀와 어린이, 아기도 모두 열차 안에서 불타 죽고 말았다. 사망자 외에도 중상자와 경상자가 많았다. 불과 10분 동안 일어난 사고로 뒤쪽 3개 차량의 승객 300여 명은 무사했다.

이 참사의 직접적인 원인은 마침 가선架線이 끊겨 처져 있는데 열차가 들어와서 바로 지붕에 불이 붙었다고 하는데, 그 차가 '63형'이었기 때문에 이런 큰 사태가 벌어졌다고 한다. 모든 차량의 번호가 6만 3천번 대라고 해서 '63형'이라고 하는데, 전쟁 중에는 조악한 전선이나 기재를 사용해서 사고가 많았다고 한다. 1948년경부터 대대적인 수리를 통해 거의 전쟁 전과 같은 수준의 차량이 된 줄 알았는데. 지붕에는 소나무나 삼나무 같은 판을 대어 사람 눈을 속이고 있었기에 불이 바로 붙었던 것이다. 게다가 창문은 유리를 절약하기 위해 3단 개폐식으로 만들었던 것을 지금도 그대로 쓰다 보니, 급한 상황에서 창문으로 도망치는 게 절대로 불가능했고, 더구나 출입구 문이 안에서 열리지 않아 사망자가 더 늘었다.

인간이 무력한 것은 이토록 두려운 일이 일어나는 그 순간까지 누구 하나 그것을 예측할 수 없는 점이다. 만일 용한 점쟁이가 있어서 2분이나 3분 전에 사고가 날 것을 맞추었다 해도 이 경우에는 아무 소용이 없다. 이미 너무 늦다. 그 사람도 결국은 함께 죽고 말 것이다. 그렇다면 30분 전에 그것을 알았다고 하더라도, 그를 믿고 그 열차를 타지 않을 사람은 극소수일 것이다. 우리 모두 천수를 누리고 죽을 수 있을 거라고 안심하는 것은 너무 안일하다.

 지금으로부터 20여 년 전에 나도 불타는 열차를 탄 적이 한 번 있는데, 나는 다행히 살았다. 그 열차의 승객들도 모두 살았다. 모두에게 행운이었는데, 사실 그것은 뒤 칸 승객 한 사람과 차장의 활약 덕분이었다. 그 시절은 1차세계대전이 끝나고, 2차세계대전의 조짐도 없이 세상이 평화로웠다. 열차에도 넓은 이등칸이 달려 있고 요금도 쌌다. 가마타, 오모리, 오이의 주민들은 대개 이 이등칸을 타고 왕래하고 있었다.

 가을 초, 아마 10월경이었을 것이다. 신바시역 플랫폼에서 기다리고 있는데, 아주 혼잡한 열차가 들어오기에 다음 열차를 기다리기로 했다. 그때 오모리에서 오래 알고 지내던 어느 신사가 다가와서 "방금 열차를 타지 않으셨군요? 아주 붐볐죠?"라고 말을 걸었다. 우리는 플랫폼에 서서 붉게 물든 서쪽 하늘 위로 보이는 후지산을 바라보고 있었는데, 다시 열차가 미끄러져 들어왔다. 이번에는 편하게 탈 수 있어서, 그 신사는 긴 이등칸의 훨씬 앞쪽에 앉고, 나는 중간 자리에 앉았다. 다마치에서 나이 지긋한 신사가 탔고 내 옆의 빈자리에 앉았다. 시나가와역을 출발한 지 얼마 안 되어, 나는 이상한 냄새를 맡았다. 맡았다기보다 느꼈다. '이상하네, 무슨 냄새지?' 하고 생각하는데, 다마치에서 탄 신사가 코를 쿵쿵거리며 "이상하네, 뭐 타는 냄새가 안 납니까?" 하고 내게 물었다. 그때는 벌써 실제로 타는 냄새가 났다. "정말로 아까부터 이상했어요"라며 내가 얼른 일어서자 그도 일어섰다. 우리 두 사람의 좌석 사이에서 흰 연기가 희미하게 피어올랐다. "어머, 타고 있어요"라고 건너편의 젊은 아가씨가 일어서서 연기가 나는 좌석 밑을 들여다보았다. 흰 연기 속에 불이 보였다. "불이야!" 소리와 함께 승객이 모두 일어섰다. 불은 좌석 위를 따라 빠르게 번져갔다. "차장! 차장!" 하고 부르는 사람, "열차를 세워"라고 외치는 사람, "위험신호 벨은 없나?" "벨에 끈이 달려 있을 거요"라며 기차처럼 생각하는 사람도 있었지만, 전동열차 어디에도 그런 끈은 매달려 있지 않고, 열차 안에는 차장도 없었다. 앞 차량에 뭔가 신호를 하자고 떠들며 한 사람도 빠짐없이 자꾸만 앞으로 밀려가는데, 불은 그사이에 좌석 쿠션 위를 타고 우리 바로 옆까지 진행되었다. 모두 밀리고 또 밀리는데, 그중에는 창문을 여는 사람도 있었고, 조금 더 기다리라는 사람도 있었다. 어떤 사람은 앞칸과 연결된 통로의 창문을 열어 어떻게든 앞칸에 이 화재를 알려 기관사에게 전달되면 정차를 할 것이라며, 그 희망 하나에 매달리며 "안의 창문을, 안의 창문을 열어"라고 외쳐도, 밀고 밀리며 누구 하나 통로의 창문을 열어 앞칸에 알리는 사람은 없었다. 그러던 중에 갑자기 전기가 꺼지더니 우리가 탄 차량만 어두워졌고, "멍청아, 앞칸에 알려"라는 소리와 함께 "밀지 마, 밀지 말라고, 그렇게 부인을 밀지 말라고" 친절히 외치는 소리도 들렸다. 그 부인은 나다. 길고 넓은 칸이었기에 다행히 넘어져서 밟히지 않고, 그저 엉망진창으로 이리저리 밀리고 있다가, 아이고, 이러다가 짜부라들어서 죽겠다, 몸이 타서 죽기 전에 숨이 막혀 죽겠다고 생각하는데, 일종의 기쁨을 느끼는 순간이 찾아왔다. "여러분, 불이 꺼졌습니다. 불이 꺼졌습니다" 하고 차량 뒤쪽에서 외치는 소리가 났다. 모두 정신없이 앞으로 가며 뒤의 불을 보지 않고 있는 사이에, 뒤 차량에서 이 화재를 발견하고 "불이야, 불이야" 하고 차장에게 알려준 사람이 있었던 모양이다. 차장은 서둘러 통로 문을 열고 불 속에 뛰어들어, 그가 가진 지식으로 혼자서 불길을 잡은 것이다. 아직 좌석 쿠션만이 타고 있을 때여서 다행이었다.

"꺼졌다! 꺼졌어!" 하며 승객들이 주위를 둘러보았을 때, 전차는 어느새 정차해 있었다. 거긴 오이마치역 바로 앞이었고, 차장의 신호로 기관사가 바로 정차한 것이다. 불이 꺼진 것과 동시였다. "여러분, 여기서 하차해주십시오. 곧이어 다른 열차가 올 겁니다"라는 차장의 말에 모두가 내렸다. 그곳은 플랫폼이 아닌 선로였고 나는 다른 남자의 어깨를 빌려 선로로 내려가, 조금 걷다가 누가 플랫폼에 밀어 올려 주어서 무사히 오이마치역에 발을 디디고 설 수가 있었다. 살아 돌아온 기분이라는 게 그야말로 그때의 기분일 것이다.

그때까지 나는 작은 보자기로 싼 보따리를 소중히 들고 있었는데, 그제야 가벼워진 것을 깨달았다. 긴자의 후지야 빵집에서 여러 가지 모양의 빵을 사서 선물로 들고 가던 중이었는데, 빵은 사라지고 보자기만 매듭도 그대로인 채 손에 남아 있었다. 목숨 대신에 빵이 차량 속에 떨어져 있을 걸 생각하니, 우습기도 하고 서글프기도 한 묘한 기분이 들었다. 거기서부터 택시를 타고 집에 오니 식구들이 모두 현관으로 달려 나왔다. 방금 N 씨한테 전화가 와서, 부인은 무사히 집에 가셨는지 걱정한다고 하기에 (N 씨는 신바시역에서 이야기를 나누었던 오모리의 신사다) 나는 얼른 전화를 받아들고 감사 인사를 했다. "우리 둘 다 운이 좋았습니다. 붐비던 앞 열차를 탈걸 다음 차를 탄 게 화근이었습니다. 운이 나빴으면 그걸로 끝이었을 겁니다"라며 그도 기뻐했다. 우리는 운 좋게 무사히 살았다. 그 열차가 '63형'이 아니라 차량이 견고했고,

뒤 칸 승객의 기지와 제대로 된 교육을 받은 차장 덕분에 많은 목숨이 살 수 있었다. 그때 그 차장은 나보다 훨씬 젊은 사람이었는데 지금 살아 있으려나?

네 도시

 그레고리 부인의 전설담에 따르면 옛날 게일인의 선주민인 다난인들은 아일랜드로 넘어올 때 드넓은 하늘의 공기 속으로 안개를 타고 왔다고 한다. 다난인들은 북쪽에서 왔다고 쓰여 있는데, 북쪽에는 네 개의 도시가 있었다. 우선 큰 도시 파리아스, 그리고 눈부시게 빛나는 고리아스와 핀디아스, 훨씬 남쪽에 무리아스가 있었다. 다난인은 그 네 도시로부터 네 개의 보물을 갖고 왔다. 우선 파리아스로부터는 리아 팔이라는 '운명의 돌'. 고리아스로부터는 한 자루의 검. 핀디아스로부터 '승리의 창'. 무리아스로부터는 커다란 솥, 그 솥이 있으면 아무리 많은 사람이라도 충분히 먹일 수 있었다. 그렇게 쓰여 있지만, 그 고향 도시가 북쪽에 있다는 것만 알 수 있을 뿐이다.

그 네 도시에 대해 피오나 매클라우드의 수필에서는 옛날 에덴동산의 사방에 고리아스, 파리아스, 핀디아스, 무리아스라는 도시가 있었고, 그 무렵 에덴은 천사들과 땅의 처녀들의 자손들로 번창했다고 쓰여 있다. 그 아름답고 슬픈 여인 이브가 아직 태어나지 않았던 시절로, 영혼을 갖지 못한 릴리스의 딸들은 꽃처럼 아름다웠지만, 꽃처럼 시들어 죽어버리면 그걸로 끝이었다. 그때 아담은 아직 에덴동산에서 깨어나지 않았다.

핀디아스는 에덴의 남쪽 문밖에, 무리아스는 서쪽 문밖에 있었다. 북쪽에는 파리아스가 커다란 별 하나를 이고 있었다. 동쪽에는 보석의 도시 고리아스가 떠오르는 해처럼 빛나고 있었다. 그 빛의 도시에서는 죽음을 모르는 천상의 사람들이 릴리스의 아이인 지상의 여성들과 서로 사랑했다. 아담이 신의 이름을 부르며 세상의 왕이 된 그날, 서쪽과 동쪽과 북쪽과 남쪽의 그 도시에서는 커다란 한숨이 들려오고, 천상의 연인들이 아침 햇살을 맞으며 날갯짓하는 아침이 와도 지상의 여인들은 잠이 깨지 않았다. 천상의 사람들은 그길로 에덴에 오지 않게 되었다. 아담 옆에서 이브가 눈을 뜨고, 영원한 신비를 담은 눈으로 아담을 보았을 때, 황혼의 한탄과 작별의 소리가 도시들에 울려 퍼지고 있었다. 바닷가의 무리아스에, 높은 산봉우리의 고리아스에, 조용하기 그지없는 정원의 파리아스에, 달빛이 창처럼 비치는 평야의 핀디아스에. 이렇게 해서 릴리스의 딸들은 먼지처럼, 이슬처럼, 그림자처럼, 마른 잎처럼 사라져가고, 사람이 없는 네 도시가 생긴 것이다.

아담은 일어서서 이브에게, 아무도 살지 않는 그 네 도시를 둘러보고 네 개의 세상의 오랜 비밀을 찾아서 가져오라고 했다. 이브는 먼저 고리아스에 가봤지만, 그곳에는 아무것도 없고 그저 불꽃이 불타고 있었다. 이브는 그 불꽃을 따서 자신의 마음에 숨겼다. 낮 즈음에 이브는 핀디아스에 도착했다. 그곳에는 하얗게 빛나는 창이 있었다. 그녀는 그것을 자신의 머리에 숨겼다. 저녁에 그녀가 파리아스에 도착했는데 암흑 속에 빛나는 별 하나만 보였다. 이브는 암흑과 그 암흑 속의 별을 자신의 배에 숨겼다. 달이 뜰 무렵 이브는 큰 바다의 기슭에 있는 무리아스에 도착했다. 그곳에는 아무것도 없고 그저 파도 위를 헤매는 빛만 보였다. 이브는 몸을 웅크려 바다의 파도를 퍼 올려 자신의 핏속에 숨기고, 아담이 있는 곳으로 돌아왔다. 그녀는 고리아스에서 발견한 불꽃과 핀디아스에서 발견한 하얀 빛의 창을 아담에게 주었다. "파리아스에서는 당신에게 줄 수 없는 것을 가져왔지만, 내가 숨겨 가지고 온 암흑은 당신의 암흑이고, 나의 별은 당신의 별이 될 거예요"라고 이브가 말했다. "바다 옆 무리아스에서는 무엇을 발견했어?" "아무것도 없었어요." 이브가 대답했지만, 그녀가 거짓말을 한다는 것을 아담은 알 수 있었다. "헤매는 빛을 보긴 했어요" 그녀가 덧붙였다. 아담은 한숨을 쉬고 그 말을 믿었다. 이브는 바다의 파도를 자신의 핏속에 숨겨 두고 다시는 꺼내지 않았다. 그 후로 세상의 여자들은, 무수한 여자들은, 집도 없이 파도처럼 불안하게 살고 있는 것이다. 여자들이 대대로 물려받는 것은 바다의 파도처럼 짜기만 하다. 어떤 사람은 바다의 소금이 핏속에 섞여 가라앉히기 힘든 번민을 안고 있고, 어떤 사람의 마음에는 끊임없이 파도가 치고, 또 어떤 사람은 집을 버리고 방황하며 떠돌다 생을 마친다. 세상의 어머니인 이브로부터 세상의 여자라는 여자에게 영원히 전해 내려오는 유산이다.

이런 전설을 고스란히 적어봤자, 그 태고의 네 도시는 지금을 사는 우리에게 아득히 먼 무관한 존재이다. 하지만 무관하다는 말이 맞을까? 어떤 호기심이나 흥미가 나에게 이 네 도시의 전설을 떠오르게 했는지도 모른다.

예이츠의 희곡 「왕의 문지방」

 최근 몇 년 만에 예이츠의 희곡 「왕의 문지방」을 다시 읽어봤다. 연극으로는 재미가 없을지도 모르지만, 아일랜드인인 작가의 마음이 모든 인물 속에 투영되어 천재나 지식인이나 거지나 군인이나 모두 유쾌하고 자유롭게 대사를 한다. 왕궁 입구만을 무대로 삼아 움직임이 적은 연극인데, 이 작가의 「매의 우물」, 「캐슬린 니 훌리한」이 그렇듯이, 하나하나의 대사 뒤로 펼쳐지는 세계가 있고, 그 세계 속에 무한한 시간과 움직임이 내포되어 있는 것 같다. 어쨌든 이렇게 음식 이야기만 하는 희곡은 달리 없을 것 같으니, 시인에게는 실례이지만, 음식 이야기를 많이 다루는 나의 수필 속에 이것을 하나 끼워 넣으려 한다.

이 연극의 주인공 시인 섀너핸은 이 나라에서 견줄 이가 없는 시인으로, 지금까지는 왕궁 회의에서 군인과 법률가와 함께 국사를 논의했었다. 이 나라가 건국된 이래로 시인은 그럴 권리를 부여받고 있었는데, 이 무렵 세력이 강해진 군인과 법률가들이 그저 시나 쓰는 사람이 자신들과 나란히 국가 회의에 참석할 자격은 없다며 거만하게 굴었다. 왕은 그들의 비위를 거스르는 것이 두려워 시인을 회의 자리에서 내쫓았다. 섀너핸은 시가 폄하되고 시인 전체의 특권을 빼앗긴 것에 분개하여, 그날부터 왕궁 입구에 누워 금식하며 죽음을 기다리고 있었다. 고대로부터 이 나라에서는 남에게 견디기 힘든 굴욕을 당했을 때나 부당한 대우를 받았을 때는 그 사람 집의 문지방에 몸을 누이고 금식하며 항의하는 관습이 있었다.

 막이 오르면, 왕궁 입구 계단에 시인 섀너핸이 누워 있다. 그 옆에 시인에게 먹이려고 각종 음식을 올려둔 탁자가 있다. 의자는 하나. 입구에 드리운 커튼 앞, 맨 윗 계단에 왕이 서서 섀너핸의 수제자에게 말을 거는 부분부터 시작된다.

 잘 와주었다. 너의 스승의 생명을 붙잡고 싶어 너를 부른 것이다. 이제 얼마 남지 않았을 것이다. 아궁이의 불이 흔들리며 꺼지듯이, 이제 곧 불이 꺼질 듯하다. 왕이 그렇게 말하자, 열병에 걸렸습니까? 하고 제자가 묻는다. 아니다, 스스로 죽음을 선택했으니, 그는 죽음으로 항의할 생각인 듯하다. 나의 문지방 앞에서 죽는다면 민중이 소동을 피우며 나를 공격할 것이다. 왕은 그 점을 걱정하는 것이었다. 왕은 상세히 지난 사흘간의 이야기를 한다. 제자는 대답한다. 이제 안심이 됩니다. 오래된 관습 때문에 죽다니 그럴 가치는 없습니다. 제가 권해서 뭐라도 들게 하겠나이다. 쇠약한 몸으로 꾸벅꾸벅 졸고 있어 전하의 친절한 음성이 들리지 않았는지도 모릅니다. 왕은 제자에게 여러 가지 보상을 약속하고 퇴장한다. 이때, 왕은 넋두리처럼 시인에 대해 이야기한다. "… His proud will that would unsettle all, most mischievous, and he himself, a most mischievous man, …(그의 오만한 의지는 모두를 동요하게 만들 것이고, 그건 가장 해악을 끼치는 일이다. 그리고 그 자체가 가장 해로운 인간이다)." 지금 죽으려고 하는 시인을 가장 해악을 끼치는 인간이며, 시인 자체가 해로운 인간이라고 말하는 것이다. 왕의 눈에는 상식 이외의 것은 모두 야만적이고 미개하며 해로운 것으로 보인다.

왕께서 시인의 특권을 빼앗아버리는 것은 도리에 어긋나지만, 그로 인해 죽는 것도 어리석습니다. 스승님, 어서 꿈에서 깨시어 당신의 제자들을 보아주십시오. 제자는 섀너핸을 불러 깨운다.

섀너핸은 쇠약한 몸으로 꾸벅꾸벅 꿈을 꾸고 있다. 그 옛날 알룬에 있던 커다란 지붕을 가진 집에서 영웅 핀 막쿨과 오스가와 함께 있는 꿈을 꾸는데, 구운 돼지고기 냄새가 그 주변에 가득 퍼진다. 꿈이 끊어지는데, 이번에는 왕비 그라니아가 강물 옆에서 연어를 요리하고 있는 참이었다. 가엾게도 스승님은 굶주림 때문에 구운 고기 꿈을 꾸셨군요. 보름달이 뜬 밤에 학은 굶습니다. 자신의 그림자와 반짝이는 물을 두려워해서지요. 스승님은 꼭 그 학 같습니다. 제자가 말했다. 자네 목소리도 얼굴도 내가 잘 알 듯한데, 자네는 누구인가? 시인이 묻는다. 스승과 제자는 시와 상식을 섞어 여러 가지 문답을 한다. 스승은 시인이며, 제자는 이성적인 지식인인 것 같다.

회의 자리에서 왕 옆에 앉는 일은 그리 중요하지 않습니다. 그런 사소한 일이 시를 망칠까요? 관계가 있을까요? 제자가 묻는다. 섀너핸은 조금 일어나서, 꿈꾸듯이 앞쪽을 보면서 말한다. 등화절 축제 때였던가. 시는 신이 만드신 강력한 것이자 연약한 것이라고 자네가 말했었네. 사소한 모욕에도 죽어버리는 연약한 것이라고 자네는 말했어.

수제자는 뭐라고 대답할지 다른 제자들과 의논한다. 가장 나이 어린 제자가 시인의 발밑에 무릎을 꿇고 슬퍼한다. 아버지의 밭에서 일하던 저를 제자로 불러주시고 이제 와서 버리십니까? 저는 앞으로 무엇을 사랑해야 할까요? 제 귀에 음악을 들려주신 뒤에 소음 속으로 보내시는 겁니까? 지금부터 트럼펫도 하프도 버릴까요? 찢어진 마음으로 시를 쓸 수 없습니다.

셔너핸은 이 젊은 제자에게 말한다. 네게 약속된 것은 시인의 슬픔이 아니었더냐? 나는 이 계단 위에 시 학교를 열겠다. 네가 가장 젊은 제자다. 모두에게 말하노라. 모든 것이 무너져 폐허가 될 때, 시는 환희의 소리를 지를 것이다. 시는 씨를 뿌리는 손이다. 깨지는 그릇이다, 번제(燔祭)의 불길 속에 타오르는 희생자의 환희다. 그 환희는 지금 이 계단 위에서 웃고 있다. 울고 있다. 불타고 있다.

스승님, 부디 죽지 마십시오. 젊은 제자가 운다. 수제자는 제자들 일동을 데리고 왕의 곁에 앉을 특권을 시인에게 다시 돌려달라고 탄원하러 간다. 악기를 아래에 내려놓고 일동 고개를 떨구고 조용히 퇴장한다.

그 후에 시장과 두 명의 절름발이와 시인의 늙은 하인 브라이언이 등장한다. 시인이 사는 도시 킨버라의 시장이다. 시장은 연설 연습이라도 하듯 사람들을 향해 연설하고, 두 명의 절름발이는 왕을 험담한다. 그리고 시인 앞에 놓인 음식을 탐낸다. 늙은 하인이 시인에게 음식을 권하자, 시인은 멍하니 받아든다. 절름발이는 그것을 보더니, 시인이 먹어버리겠다며 아쉬워한다. 고양이에게 꿀을 주어 봤자, 강아지에게 나무 열매를 주어 봤자, 무덤 속 유령에게 푸른 사과를 주어 봤자, 모두 아까운 일이라고 아쉬워한다. 시인은 음식을 브라이언의 손에 돌려주며 말한다. 먼 길을 왔을 테니, 이건 자네가 먹는 것이 좋겠네. 그때부터 늙은 하인도 시장도 절름발이도 각자 제멋대로 제 말만 떠들어대기 시작한다. 한 사람이 말을 그치면, 다른 사람이 말하기 시작해, 소음이 일종의 리듬을 만들어낸다.

그 소동이 나자 시종장이 계단을 내려와서 조용히 하라며 야단친다. 그 가마를 어디로든 치우고 모두 물러가 주시오. 왕궁 입구는 특권계급이나 탄원자가 지나는 길이오. 얼른 이 소동을 멈추라고 말한다. 늙은 하인은 바구니 속에 음식을 집어넣으며 말한다. 권력자나 높은 자리에 있는 사람들이 군대가 없는 사람의 특권 같은 걸 신경이나 쓰겠습니까?

시종장은 지팡이로 일동을 쫓아낸다. 시장은 그 지팡이를 피하면서 시종장에게 여러 번 고개를 숙여 인사하고, 시인은 내 말을 들어 주지 않소. 누구 말도 듣지 않으니 시인의 약혼자를 데려오자며 퇴장한다. 시종장은 섀너핸에게, 왕께서도 귀족들도 나도 이렇게 호의를 베푸는데 이렇게까지 음식을 먹지 않고 죽어서 민중이 반기를 들게 할 거요? 하고 푸념을 한다. 마침 수도승이 왕궁에서 나오자, 한마디 해달라고 부탁한다. 수도승은 자신은 시인의 공상이 얼마나 제멋대로인지 공격하며 지금까지 여러 번 설교도 해 봤으니, 새삼스레 시인의 비위를 맞출 수는 없다며 거절한다. 시종장은 다시 군인에게 부탁한다. 군인은 고집불통은 죽는 게 낫다고 말한다. 왕궁에서 일하는 젊은 귀부인 둘이 군인에게 부탁한다. 저렇게 말라서 뼈와 가죽만 남았는데 뭘 좀 먹이라며 첫째 귀부인이 말한다. 둘째 귀부인은 하프 연주자들은 이제 아무도 하프를 연주해주지 않을 테니 자신들은 춤도 출 수 없다며 저 사람에게 뭘 좀 먹이라고 부탁한다. 두 여자는 교대로 오른손에 군인의 손을 잡고 왼손으로 쓰다듬는다. 한 사람이 접시를 들고 와서 군인에게 쥐여 주자, 군인은 섀너핸 앞에 접시를 내민다. 죽을 생각인 거요? 거기서 드러누워서 음식 냄새라도 맡는 게 좋을 거요. 왕도 어찌나 관대하신지, 하며 못마땅해한다. 왕의 개여, 왕 앞에 가서 꼬리나 흔들고 있어라. 시인이 되받아치자 군인은 검을 뺀다. 시종장은 그것을 저지하며, 시인이 다치기라도 하면 민중이 어떤 소동을 일으킬지 모르니 참아달라고 부탁한다. 군인은 이제 와서 시인이 하자는 대로 다 받아줄 거면 차라리 회의 자리에 그냥 두었으면 될 것 아니냐고 화를 내며 검을 집어넣는다. 시종장은 미소도 짓고 인사도 하면서 아주 정중한 말로 비위를 맞춘다. 시인은 공상 속에서 거친 말을 내뱉으며 시종장과 다른 사람들을 모두 해산시킨다. 수도승은, 섀녀핸이여, 이제 헤어집시다. 살아 있는 그대의 얼굴을 보는 것도 이게 마지막이로군, 마지막 소원은 없소? 하며 얼굴을 가까이 갖다 댄다. 시인은 말한다. 그대의 그 사나운 신은 요즘은 점잖아지셨소? 그대가 왕에게 봉급을 받기 전에는 신은 그대를 고생시키지 않았던가? 요새는 그대가 신을 길들여서, 왕이 식사하는 동안 재잘거리는 일을 가르쳤나 보오? 왕의 손에 앉아 음식을 먹는 걸 가르치기라도 했소? 왕의 지위란 게 항상 피곤할 거요. 그럴 때 왕은 위안을 주는 신을 원할 테지. 수도승은 겉옷을 잡은 시인의 손을 뿌리치고 왕궁에 들어간다. 시인은 새가 앉아 있기라도 하듯 한 손을 내밀고, 그 새를 쓰다듬는 동작을 하며 말한다. 작은 신, 예쁜 깃털의, 빛나는 눈의 작은 신이여.

두 명의 공주가 왕궁으로부터 나타나 등장한다. 시인

이 귀부인들에게 뭔가 말하는 동안, 공주들은 서로 손을 잡고 두려운 듯 서 있다. 귀부인들은 공주들에게 공놀이를 하자고 청하지만, 그들은 우선 부왕의 명령대로 시인에게 식사를 권한다. 아바마마께서는 회의 자리에 당신을 앉힐 수는 없지만 다른 일이라면 어떤 것이라도 들어 주시겠다고 말씀하셨어요. 요리나 술을 드셔요. 한 공주가 잔을 내밀자 섀너핸은 한 손으로 그것을 잡고, 다른 손으로 공주의 손을 잡고 한참 쳐다본다. 길고 부드러운 손가락, 하얀 손끝, 하얀 손, 지나치게 흴 정도다. 공주님, 생각나는 게 있습니다. 공주님이 태어나시기 얼마 전에 왕비님께서 길가에 의자를 내놓고 앉아 계셨는데, 그곳을 지나가던 나환자에게 마을로 가는 길을 손짓으로 가르쳐 주셨나이다. 그러자 나환자는 손을 들어 왕비님의 손을 축복했지요. 그때 병이 전염된 것은 아닙니까? 어디 손을 보여주십시오. 병이 옮았는지도 모릅니다. 공주는 두려워 몸을 뺀다. 군인은 화가 나서 검을 뽑는다.

섀너핸은 일어서서, 그대들의 손은 모두 감염되었소. 모두가 나병에 걸린 거요. 여기 가져온 큰 접시도 작은 접시도 더러워져 있소. 술도 더러워졌소. 그렇게 말하면서 잔에 든 술을 뿌린다. 길을 가던 나환자에게 병이 옮은 거요. 지금 하늘을 걷고 있는 저자가 그 환자요. 푸른 하늘에서 하얀 손을 내밀고 모두를 나병으로 축복하고 있소. 섀너핸은 달을 가리킨다. 나병이 두려워 모두가 도망칠 때 두 명의 절름발이가 시인 앞에 있는 접시의 음식을 달라고 조른다. 그러나 결국 그들도 두려워져서 도망간다. 그들과 엇갈리게 시장이 시인의 약혼자 페이럼을 데리고 등장했다가, 시장은 바로 퇴장한다. 섀너핸, 섀너핸, 페이럼이 불러도 시인은 여전히 하늘만 보고 있다. 섀너핸, 나예요. 그 말을 듣고 시인은 비로소 그녀를 보고, 그 손을 잡는다.

추수가 끝나면 데리러 오겠다고 약속했잖아요. 자, 지금 바로 나와 함께 가요. 그래? 함께 가지. 그런데 추수가 벌써 끝났소? 공기에 여름의 맛이 나고 있는데. 페이럼은 시인의 손을 이끌어 탁자에 앉히고 빵을 술에 적셔 먹이려고 한다. 너무 지쳐 있으니 떠나기 전에 이걸 먹고 기운을 차려요. 섀너핸은 빵을 손에 들었다가 주저하며 그녀에게 빵을 돌려준다. 나는 먹어선 안 되오. 당신은 왜 여기에 왔소? 페이럼이 대답한다, 저를 조금이라도 사랑한다면 이 작은 빵 한 조각을 먹어 줘요. 만일 사랑한다면 다른 생각은 하지 않으실 테죠. 섀너핸은 그녀의 손을 굳게 잡고, 당신은 아이요. 창문 안에서 남자를 보기만 하던 당신이 사랑을 알까? 어젯밤 밤새도록 별은 미친 듯이 빛나고, 세상은 무수한 결혼으로 가득 차 있었소. 그러나 이미 나의 싸움은 끝났지. 나는 죽을 거요. 페이럼은 두 팔로 그를 안고 말했다. 나는 당신과 떨어지지 않을 거예요. 당신을 죽게 내버려두지 않을 거예요. 검은 흙 말고 이 하얀 팔에 누워 주세요. 시인은 거친 말로 뿌리쳤다가 다시 두 팔로 그녀를 안으며 말한다. 숲속의 작은 비둘기여, 나의 거친 말을 용서해 주오. 하지만 그대는 돌아가시오. 나는 죽어야만 하니. 그리고 페이럼에게 입맞춤을 한다. 이때, 왕이 두 공주를 데리고 등장한다. 뭘 좀 먹었느냐? 페이럼에게 묻는다. 아니요, 시인의 특권을 허락해 주실 때까지는 먹지 않을 겁니다. 페이럼이 대답한다. 왕은 계단을 내려와 시인에게 다가가서 말한다, 섀녀핸이여, 나는 자존심을 버렸다. 그대도 버려다오. 얼마 전까지 그대와 나는 친구였다. 지금 그대는 가정집의 화롯가에 다 들리도록 내게 반항하는 소리를 내고 있다. 그대의 바람을 허락하면 귀족이나 고관들이 왕위에 맞설 것이다. 나더러 어쩌라는 것인가? 왕이시여, 시인들이 왕께 안전한 길을 약속했나이까? 섀녀핸은 왕이 손수 권하는 빵을 페이럼의 손을 빌려 뿌리친다. 나의 빵을 받지 않을 텐가? 먹지 않겠나이다. 왕의 물음에 섀녀핸이 대답한다. 지금까지 나는 참고 있었다, 이것으로 끝이다. 나는 왕이고,

너는 신하이다. 귀족들이여, 시인들을 데리고 나가라.

귀부인들, 수도승, 군인, 시종장, 고관들 등장한다. 목에 교수형에 쓸 밧줄이 묶인 시인의 제자들을 끌어낸다. 왕은 제자들에게 명한다. 그가 죽는 것은 마음대로이나, 그가 죽으면 너희들도 죽을 것이다. 너희의 생명을 구걸해 달라고 그에게 부탁해라. 나이 든 제자가 말한다. 스승님, 죽어 주십시오. 시인의 권리를 위해서. 왕은 놀라서 가장 어린 제자에게 말한다, 네가 부탁해라, 너는 아직 젊다. 그러자 젊은 제자가 말한다, 선생님, 죽어 주십시오, 시인의 권리를 위해서.

섀너핸은 제자들에게 가까이 오라고 한다. 육친보다 친한 자여, 자식보다 가까운 자여, 나의 병아리여, 하며 모두에게 이별을 고하고, 일어서서 비틀거리며 계단을 내려간다. 나도 너희도 죽어서 어딘가의 산에 버려질 때, 죽은 사람의 얼굴이 웃는 걸 사람들이 볼 것이다, 달도 볼 것이다.

시인은 쓰러졌다가 다시 조금 몸을 일으킨다. 왕이시여, 왕이시여, 죽은 사람의 얼굴이 웃습니다. 그렇게 말하고 시인이 죽는다.

죽은 사람의 얼굴이 웃습니다. 오랜 권리는 상실되고, 새로운 권리 즉 죽음이 남아 있나이다. 젊은 제자는 그렇게 말하고 그들의 교수대 밧줄을 왕 앞으로 내민다. 모두 쫓아내라, 그자의 사체를 갖고 어디로든 가거라. 왕은 그 말만 내뱉고 왕궁으로 들어간다. 군인들은 제자들 앞에 서서 길을 막아선다. 제자들은 들것을 만들어 셔너핸을 누인다. 사람이 사는 집에서 쫓겨나서 우리 스승님은 산새와 고독을 나누러 간다네, 선배 제자가 말한다. 젊은 제자가 덧붙인다. 산을 침대로, 산을 베개로 삼으시네.

그들은 들것을 어깨에 지고 몇 걸음 나아간다. 페이럼과 제자들 퇴장한다. 슬픈 음악.

아가씨

 그 청년은 처음 화류계 동네 요시와라에 갔다고 했다. 그로부터 열흘 정도 지나서 나에게 그날 밤의 자초지종을 들려주었다. 그와 나는 나이 차를 초월해 친구로 지냈다. 청년은 유서 깊고 좋은 집안에서 태어나 기품 있고 신경질적이었지만, 동시에 남들이 예측하지 못하는 엉뚱한 짓도 하는 사람인데, 그가 요시와라에 간 이유도 소설을 쓰고 싶다는 소망이 있어서, 세간의 뒷골목도 가끔 다녀보아야겠다고 생각해서였던 것 같았다. 어차피 그런 데도 갈 거라면, 월등하게 급이 높은 가게로 가 보고 싶었다는데, 그래서 찾아간 곳은 대단히 오래되고 근사한 유곽이었던 모양이다. 유곽 행수에게 자신이 처음 왔다고 하자, 그녀는 "그러면 나한테 맡겨만 주세요. 당신에게 딱 어울리는 사람이 있답니다. 우리 집에서 보물처럼 아끼는 아이를 나오라고 하지요"라고 말했다고 한다. 청년의 이야기로는 그 유곽은 욕실도 화장실도 모두 병원처럼 청결하고, 약 냄새가 강하게 나서, 놀러 간 게 아니라 입원한 것 같은 기분이 들었다고 한다. 그래서 그 보물처럼 아낀다는 아가씨가 나왔는데, 스무 살 정도 되는 상당히 얌전한 양갓집 규수 같은 여성으로, 미쓰코시 백화점의 쇼윈도에 있는 상품보다 훨씬 더 아름다운 기모노를 입고 있었다고 한다. 조금씩 이야기를 나누는 동안에 그녀가 띄엄띄엄 한 말로는, 자신은 도호쿠의 오래된 가문에서 태어났는데, 아버지 사업이 파산 직전까지 가자, 그녀는 2년 동안 일하는 조건으로 이 가게에 왔고, 그때 아버지는 3만 엔을 챙겼다고 한다(그 당시에 3만 엔이면, 지금의 2백만 엔이나 3백만 엔의 가치였을 것이다). 그녀가 이런 곳에 있는 것은 친척들과 지역 사람들에게도 비밀로 하고, 도쿄에 있는 친척 집에서 지내며 공부하고 있는 걸로 되어 있다며, 2년이 지나면 아무것도 모르는 얼굴로 고향으로 무사히 시집을 갈 수 있다면 갈 생각이라고 말했다고 한다. 그런 직업의 세계에는 여러 가지 허점이 있어서 그 2년을 무사히 2년 만에 끝내기는 어려울 것이라고 그는 생각했지만, 그녀는 단순하게 그렇게 믿고 있는 것 같았다. 그녀는 지방에서 여학교를 나왔는데, 어머니의 친정이 요쓰야 지역이라 어머니를 따라서 도쿄에 온 적이 있지만, 어머니가 돌아가시고 나서는 외삼촌의 집에도 오지 않았다고 한다. 고향에서는 그 외삼촌 댁에 와 있는 걸로 되어 있다고 한다. 예뻤어요? 내가 물었다. 그럼요, 무라사키노우에같이 온화하고 젊은 아가씨였습니다. 무라사키노우에보다는 키가 클지도 모르겠어요. 그가 대답했다. 무라사키노우에도 그렇게 작지는 않았을걸요? 내가 말했다. 그러자 그는 그래도 겐지보다는 작았던가 봅니다, 라고 말했고, 우리는 웃고 말았다. 우리는 가끔 이야기 속의 인물을 옛날에 살던 사람처럼 착각해버린다.

  그녀는 그에게 이런 말을 했다고 한다. 손님은 이런 곳에 오시지 않는 게 좋아요. 게다가 만일 저를 동정하신다면 이제 오지 말아 주셔요. 여기에 있는 동안은 사람이 아니라 그저 기계처럼 일하려고 해요. 여러 번 보면 점점 친근한 기분이 들 것 같으니까요. 마치 오빠라도 타이르는 듯한 말투였다고 했다. 그녀는 어지간히 강한 마음을 가졌거나, 그것이 아니라면 아주 순진한 아가씨였을 것이다. 청년은 이제 그곳에는 가고 싶지 않고, 마음이 매우 아프다고 했다. 그곳의 분위기가 그가 생각했던 것과는 많이 달랐고, 그것을 누군가에게 말하고 싶어서 내게 이야기했을 것이다. 그가 한 이야기는 모두 사실이겠지만, 그가 들었던 이야기가 모두 진실인지 아닌지는 알 수 없다. 사람은 누구나 소설을 만들고 이야기하고 싶은 마음이 있기 마련이니까.

아무튼 그 무라사키노우에처럼 싱그럽고 조금도 주눅이 들지 않는 그 아가씨가 무사히 고향으로 돌아가서 지금쯤은 건실한 세계에 정착했기를 빌어본다.

소매치기와 도둑들

 Y씨가 야마노테선 전철에서 집단 소매치기를 당해 주머니가 탈탈 털려서 돌아왔다. 그날 Y씨 부부는 제국극장에서 「모건 오유키」라는 뮤지컬을 볼 예정이었는데, Y씨의 입장권은 주머니 속의 다른 물건과 함께 소매치기의 손에 넘어가고, 부인의 입장권은 무사히 집에 남아 있었다. Y는 아내에게 혼자라도 가서 보고 오라고 했지만, 부인은 소매치기와 나란히 연극을 보게 될지도 모르니 그만두겠다고 했다. 소매치기라면 그런 입장권을 제국극장 입구 주위에서 누군가에게 팔아넘길 테니, 옆에 앉을 사람은 소매치기와는 아무 관계가 없는 남일 거라고 Y씨가 말했다. 하지만 입장권을 본 순간에 소매치기 중 한 사

람이 갑자기 「모건 오유키」를 보고 싶어졌을 수도 있고, 어쨌든 자기 옆에 앉은 사람이 소매치기인지 그냥 일반 사람인지 모르는 애매한 기분으로 공연을 보는 건 질색이라며 부인은 가지 않기로 했다.

마침 그런 상황에서 나와 마주쳐서 "어때요? 찜찜하지 않으시면 저녁 공연이니 가서 보실래요?"라는 제안을 받았지만, 나도 그런 일에 대해서는 몹시 겁쟁이라서, 그 한 장 남은 입장권은 결국 버리기로 하고 대신에 느긋하게 차를 마시며 재난에 관한 이야기를 들었다. 그전에도 Y 씨는 역시 야마노테선 전철에서 소매치기를 당했다고 했다. 그때는 옷의 가슴 부분을 칼로 여러 번 찢고 지갑을 훔쳐 갔는데, 마침 지갑에 돈이 별로 없어서 전문 소매치기는 수고한 보람이 없었을 것이다. 살집이 있고 키가 커서 돈이 많을 거라고 상대방이 착각했을 거라고 했다. 그때는 소매치기를 당한 줄도 모를 정도였으니, 아마 한 명의 소행이라고 생각되지만, 이번 일은 처음부터 눈치를 챘다고 했다. 옆자리에 한 명이 앉고, 또 한 명이 앞을 가리듯 손잡이를 잡고 서고, 다른 덩치 큰 남자가 출구를 막고 서 있었다고 한다. 신문에 실리는 기사를 봐도 집단 소매치기는 절대로 피할 수 없다고 한다.

역시 Y 씨 부부가 잘 아는 모 부인이 작년에 간사이 지방을 여행하던 중, 친구 두세 명과 나라에 놀러 갔다. 전철 개찰구에 서 있을 때, 옆쪽에 있던 화려한 양장 차림의 아가씨가 "지금 몇 시예요?"라고 묻기에, 별생각 없이 손목시계를 잠깐 보고 시간을 알려주었다. 동시에 함께 서 있던 다른 친구도 아가씨의 목소리에 무심코 자신의 손목시계를 들여다보았다고 한다. 그런데 그들이 전철에 타려고 했을 때 그다지 붐비지도 않았는데, 계단 부분에 젊은 남녀 서너 명이 티격태격 싸우며 다른 사람들이 타지 못하게 방해했다. 겨우 올라탄 찰나에 두 부인의 손목시계의 고리가 툭 떨어졌고 이미 시계는 채 가고 없었다. 조금 뒤쪽에 서 있던 일행이 그들이 소매치기인 줄 알았어도, 도저히 알려줄 수도 다가갈 수도 없었다는 이야기였다. 이런 집단적인 소행은 모두 전쟁 전에는 없던 일이다. 옛날에도 대도가 많은 부하를 데리고 에도나 간토 지방을 휩쓸고 다녔다는 이야기도 있지만, 단독으로 능숙하게 일을 하는 사람이 더 많았던 것 같다.

최근에 12, 3년밖에 안 된 일인데, 오이마치와 산노, 오모리해안, 시나가와 방면을 휩쓸고 다닌 도둑이 있었다. 그 도둑은 오이마치와 시나가와의 중간 정도에 살았고, 사실 우체국에 근무하고 있었다. 언제부터 그럴 생각이 든 것인지 잘 모르지만, 혼자서 몰래 밤일을 시작했다. 점점 일이 커져서 오이마치와 산노 주위의 부유해 보이는 집들은 순서라도 있는 듯 차례차례 피해를 입었다. 그 주변의 파출소 순찰이나 야간 순찰을 도는 형사들은 밤늦게 우체국 마크가 그려진 등불을 비추면서 걸어가는 전보 배달원의 모습을 보아도 아무도 주목하지 않았다. 신문에서도 그 이야기는 자세히 나오지 않았던 것 같다. 어쩌면 우체국이라는 공공기관에 속한 사람이 그릇된 길로 빠져서 한 행동은 대서특필할 수 없었을지도 모른다. 1년 반 정도 그는 조용히 솜씨 좋게 그 일을 계속하고 있었는데, 어느 날, 전에 한 번 이 배달원을 어느 깊은 밤에 오이마치의 가노에즈카 주변에서 본 적이 있는 형사가, 다시 두 번째로 아라이주쿠 4번가에서 그와 마주쳤을 때, 머리에 뭔가 번쩍하고 짚이는 것이 있어서, "어이, 자네…" 하고 불러 세웠다. 이날 밤에 배달원은 자전거를 타고 있었는데 전에 없이 당황했다. "예" 하고 자전거를 세웠지만, 그 순간 안 되겠다 싶었는지 그대로 도망쳐버렸다. 그러나 그렇게 되고 보니 우체국 쪽에도 탐정의 손이 미쳐, 마침내 반년 전부터 일을 그만두고 전문 도둑이 되어 있던 그를 찾아냈다. 그의 아내는 재봉을 잘해서 언제나 이웃의 바느질거리를 도맡았다고 이웃 사람들에게 말했다는데, 사실은 훔친 옷을 뜯어서 다시 꿰매 모양을 바꾸어 팔아넘기고, 전당포에 가져가는 일도 있어서 (전당포가 더 안전한 창고이므로) 가마타, 오모리해안, 시나가와, 가와사키, 요코하마로 여기저기 가게들과 거래를 했다고 한다. 내 친구 이야기인데, 2년도 훨씬 전에 도둑맞은 오시마산 기모노가 나왔다고 확인하러 오라고 해서, 형사에게 안내되어 게이힌 국도의 큰 전당포 안쪽 사무실로 가 보니, 사무실 두 개가 백화점의 창고정리 세일 때처럼 사람과 의류로 붐볐다고 했다.

이케가미 지역을 떠들썩하게 했던 도둑도 있었다. 그는 표면적으로는 정육점을 운영했다. 벌써 4, 5년이나 정육점을 계속하며 신용도 좋았다고 하는데, 경방단(소방대와 경찰 보조조직. 1939년에 설립되어 1947년에 폐지—옮긴이) 청년들이 임시 건물에서 쉬고 있으면 그 앞을 지나며 "어이구, 안녕하세요? 수고 많으십니다"라며 말을 걸었다고 한다. 그는 대개 10시나 11시쯤에 도쿄에서 일을 보고 왔다며, 한적한 시골길을 걸어서 돌아왔는데, 큰 가방 같은 것도 들고 다닌 적이 없었다. 언젠가 뭔가 다른 범죄가 발생해서 비상 경계선이 쳐졌고, 그날 밤 정말로 도쿄에서 돌아온 것 같았던 그도 검문을 받았는데, 그가 갖고 있던 작은 주머니 속에서 촛불을 비롯해 도둑들이 쓰는 일곱 가지 도구가 나온 바람에 결국 잡혔다는 것이었다. 그렇게 혼자 계획하고 혼자 일을 하는 사람들은 모두 상당히 자신감이 강해서, 어떨 때는 자신의 기술에 도취되는 일도 있는 것 같다. '지하철 샘'이라는 매력적인 도둑 캐릭터도, 소설 속 세계가 아니었다면 쉽게 잡혀버렸을 수도 있다.

명탐정 브라운 신부는 나무 위에 숨어 있는 플랑보에게 설교했다. "…플랑보, 자네에게는 아직 젊음도 있고 명예도 있어. 지금 자네가 하는 일에서 그게 오래갈 걸로 생각한다면 큰 착각이네. 좋은 일이라면 일정 수준을 계속 유지하는 것도 가능하겠지만, 나쁜 일을 하면서 언제까지나 같은 수준을 유지할 수 있는 인간은 이 세상에 없어. 나쁜 길은 점점 더 깊숙이 빠져들고 싶기 마련이니까." 별이 빛나는 밤, 나무 위에서 브라운 신부의 말을 듣던 대도 플랑보는 진심으로 귀를 기울인다. 일반적으로 탐정소설로 분류되는 많은 탐정소설을 나는 오랫동안 애독했는데, 브라운 신부의 지혜만큼 항상 새롭고 귀한 건 없다고 생각한다. 그러나 영국이 아니더라도, 일본에서도 제니가타 헤이지나 아고주로 같은 멋진 탐정이 탄생했다. 그뿐이 아니다. 이 나라는 소설의 주인공이 아니라 정말 살아있는 사람인 명판관 오가타라는 위대한 인물조차 태어난 곳이다. 악이 표면이고 선이 이면인 것 같은 착각조차 드는 지금 이 나라에, 한바탕 선들바람아 불어 다오.

L씨 살인사건

지금으로부터 수십 년 전의 일이다. 아자부에 있는 어느 여학교에서 L씨 살인사건이라는 소동이 일어나 세간을 놀라게 했다. 나는 아직 열세 살인가 열네 살 소녀였고, 그 여학교의 기숙생이었다. 마침 부활절 연휴 중이어서 도쿄에 집이 있는 아이들은 모두 집으로 돌아가서 학교는 아주 조용했다.

그 학교는 언덕 아래의 평지에 세워져 있었는데, 교문을 들어서면 오른쪽에 학생 출입구가 있고, 그곳을 통과하면 교실이 여러 개 이어지고, 2층, 3층이 기숙생의 방으로 되어 있었다. 교문에서부터 정면에 화단을 사이에 두고 학교 현관이 있는데, 그리로 들어가면 서양 응접실, 사무실, 학부형 응접실, 신문자료실, 선생님들이 쓰는 교무실 등이 있고, 이 건물 2층도 학생들의 방으로 쓰고 있었고, 넓은 복도 막다른 곳의 문을 열면, 외국인 교사의 방이 두세 개 있었는데 모두 남향으로 창문이 있었다. 그 맨 끝의 동남향 구석에 교장인 L 부인의 방이 있고, L 씨도 그 방에서 부인과 함께 지내고 있었다. 그 방문 옆에서 L 씨가 살해당했다.

L 부인은 전에 미스 S라고 불리던 시절부터 벌써 오랫동안 이 여학교의 교장을 지내고 있었다. L 씨는 언덕 위의 T 학교의 교수로 부인보다는 훨씬 나중에 일본에 온 사람인데, 인연이 닿아 두 사람은 결혼했고 두 살짜리 딸도 있었다.

선생님들의 방 앞 복도에서 동쪽으로 난 계단이 있어 현관으로 이어지고, 서쪽으로 난 뒷계단이 부엌이나 사환의 방으로 통했다.

사환이 쓰는 방 옆의 출입구 문을 열고(아마 자물쇠가 걸려 있지 않았던 모양이다), 도둑이 바로 뒷계단을 올라가 2층 복도로 나가면, 큰 펜던트 램프 하나가 복도를 비추고 있었을 것이다. 그는 건물 안내도를 조사해 둔 것이 아니었는지, 우선 가장 끝의 가장 커 보이는 방문을 두드렸다. 여자들만 있는 학교라고 들어서, 놀라게 해 뭔가 훔쳐가려고 생각한 듯, 칼집에서 칼을 빼들고 있었다. 문이 열리고 안에서 나온 건 여자가 아니라 몸집이 큰 서양인 남자였다. "무슨 일이요?" 그렇게 묻다가 빼든 칼을 보자, 그는 한눈에 강도라는 걸 알아차리고, 아내와 아이를 지키기 위해 단숨에 제압할 생각으로 도둑의 손을 잡으려고 했다. 도둑은 몸집이 작지는 않았지만, 그 크고 젊은 남자에게 잡히지 않으려고 마구잡이로 칼을 휘둘렀다. 큰 소리가 나서 부인이 출입구에 나오자, 도둑이 지금 쓰러져 있는 남편 위에서 칼을 치켜든 상황이라, 그녀는 "오오!"라고 외치며 손을 뻗어 그 칼을 막아내려고 했다. 그 바람에 부인의 오른손 검지와 중지가 싹둑 잘리고 부인은 실신해서 쓰러져버렸다. 도둑은 예상치 못하게 자신이 저지른 일에 망연자실해서, 피 묻은 칼을 내리고 우두커니 서 있는데, 옆방에서 큰 외침과 울음소리가 들렸다. 창문을 열고 혼자가 아닌 두 사람 정도의 목소리가 "도둑이야, 도둑이야!" 하고 떠들기 시작하니, 그는 비로소 정신을 차리고 서둘러 계단을 뛰어 내려가 도망쳤다.

옆방에 젊은 여교사 두 명이 있었다. NK 여사와 EH 여사였다. 사람 소리와 싸우는 소리에 잠이 깬 한 사람이 문을 열고 이 참극을 한눈에 보자마자, 정신없이 문을 잠그고 열쇠 구멍으로 내다보았다. 한 사람은 벌벌 떨면서 창문을 열고 마당을 향해 큰 소리로 도움을 요청했다.

열쇠 구멍으로 계속 내다보던 EH 여사는 음악 선생님이었는데 가냘픈 외모였지만 배짱이 있어서, 도둑이 없어진 걸 보자마자 문을 열고 복도로 나와서 쓰러져 있는 부부를 도우려고 했다. L 씨는 벌써 완전히 숨이 끊긴 상태였다. 부인은 이마가 베이고 두 손가락이 잘려 출혈이 심했는데, EH 여사의 처치로 목숨을 부지할 수가 있었다.

교감인 M 여사와 중성적이고 아름다운 A 여사는 동쪽 건물 2층에 있는 두 방에 각각 기거하고 있어서, 넓은 마당을 사이에 두고 있었기에 이 소동은 몰랐다. 사환이 알려서 두 사람은 서둘러 일어났고, 잠시 후에 의사와 경찰에게 연락했다.

신문에서는 대대적으로 이 살인사건에 대해 써댔다. 기사를 쓰려고 파헤치다 보니 여러 가지 사실이 드러났다. 경찰은 바로 범인을 찾아낼 생각으로 고군분투했다. 그러나 피 묻은 칼을 들고 뛰어나간 그 살인자는 아무런 흔적을 남기지 않고 사라져버렸다. 죽은 사람과 회복 여부가 불투명 사람이라는 증거가 눈앞에 없었다면, 누가 꿈을 꾼 게 아닐까 싶을 만큼 범인은 완전히 숨어버렸다.

두 명의 피해자 외에, 슬픈 희생자가 한 명 더 있었다.

L 씨가 교수로 있던 언덕 위의 T 학교의 교장은 신학

박사 C 씨로, 이 나이 든 박사에게 딸이 둘 있었다. L 씨는 C 박사의 집에 친하게 드나들며 고향에 온 듯 허물없이 지내고 있었는데, 그러던 중 고전적인 분위기의 숙녀인 큰딸에게 따스한 사랑을 느끼고 그들은 바로 약혼했다. C 박사도 C 부인도 상당히 기뻐했다. 그러나 그렇게 한창 행복하던 때에, 금발의 푸른 눈에 지성을 가진 멋진 여성, 즉 언덕 아래의 여학교 교장인 S 여사가 나타나자 L 씨의 마음에 갑작스러운 변화가 생겼다. 그는 태어나서 처음 느끼는 열정으로 여사를 사랑했다. 주위 사람들도 그들을 동정하며 이 연애를 밀어주었고 결혼에 이른 것이었다. C 아가씨는 조용히 물러나, 지금까지 가르치던 여학교를 그만두었고, 언덕 위의 학교에는 L 씨가 가르치고 있으니 그곳에서도 일할 마음이 들지 않아, 아자부 뒷거리의 집들을 방문하며 개인 전도를 시작했다. 경찰은 그런 과거 이야기까지 듣고 다니더니, 바로 관련된 스캔들이 있었다며 어떤 단서를 잡은 것처럼 소란을 떨었다. C 아가씨는 정말로 불행했다. 그러나 그나마 다행이었던 것은 살인 현장을 옆방에서 열쇠 구멍으로 EH 여사가 자세히 들여다본 것이었다. 일본인 도둑이 칼을 들고 L 씨와 맞붙어 싸운 일을 분명히 목격했기에 경찰 측의 여러 가지 기상천외한 억측도 깨져서, 그들도 그 도둑을 찾아다닐 수밖에 없었다. C 아가씨는 그해 여름까지는 꾹 참고 견뎠지만, 마침내 부모님 곁을 떠나 고향으로 돌아갔다. 그 후의 그녀가 어떻게 지냈는지 듣지 못했지만, 역시 깨끗하고 조신하게 지냈을 거라고 생각된다.

이 소동이 잠잠해지고 L부인이 겨우 회복되자, 교감인 M여사를 교장으로 승진시키고 자신은 고문이라는 위치에 앉아, 어린 딸을 기르면서 상급 학생들에게는 요리나 세탁 같은 가사 일을 가르쳤다. 딸이 다섯 살 정도가 됐을 때 그녀는 고향으로 돌아갔다. 물론 그녀와 아이만 먼 길을 떠나보내는 게 안쓰러워서, 교사 중에서 가장 어렸던 A여사가 동반자로 동행했다.

T여학교에는 그 비극으로 어두운 그림자가 드리워졌고, 동시에 시대적 흐름이 신식 교육에 염증을 느끼고 갑자기 고전적인 여자 교육법이 세간에 유행하기 시작하면서, 가장 진보적이었던 이 여학교의 학생 수가 매우 급격히 줄어버렸다. 이 학교를 그만둔 학생들은 귀족학교나 도라노몬여학관에 입학해서, 모두가 종교의 향기가 나는 세상 밖으로 성장해갔다.

이때의 비극은 정말로 돌발적이어서, 길가에 늘어진 전선을 우연히 만진 사람이 감전된 것과 같은 것이었다. 어떤 원인이 있는 것도 아니고 누구의 탓도 아니다. 만일

L 씨가 다른 사람과 결혼해서 다른 곳에서 살았다면 그는 아무런 상처도 없이 학교의 구조도 잘 모르고 침입한 도둑은 교장이나 다른 선생의 손을 두 개 잘랐을 뿐, 살인도 하지 않았을 것이다. '묻지마 살인'이라고 할 만한 엄청난 한순간의 사건이기는 했지만, 처음 하나의 불행이 여러 개의 불행을 초래했다고 할 수 있다. 학생들은 학교의 체면을 생각하고, 또 두 손가락을 잃은 미망인의 모습을 아침저녁으로 보고 있었기에, 그 이후 아무도 결코 이 슬픈 사건을 입 밖으로 내지 않았다. 그러나 감수성이 예민한 소녀들의 마음에는 여러 가지 그늘이 드리워져서, 신기한 생각과 상식적인 생각이 맴돌았고, 그것은 그저 그들의 어린 마음속 세상에서만 반복되는 질문과 대답이었다.

새로 교장이 된 M 여사는 만사를 깊게 생각하는 학자 스타일의 사람으로, 결코 전도자 스타일은 아니었다. 세례를 받는 사람 수가 많은 것에 자부심을 가졌던 이 여학교의 초기 기풍과는 완전히 멀어져, 그녀는 서양식 교양을 가진 일본의 신여성을 만들어 내려고 힘껏 애썼다. M 여사는 잘 가르쳤고 그 일이 즐겁기도 했다. 그래서 불경기 때 어려운 학교 경영에도 필사적으로 학생들을 가르쳤고, 학교는 그전과는 달리 소박해졌지만, 조용히 뿌리

깊게 성장해갔다.

　미궁에 빠진 채로 묻혀버리는가 싶던 살인사건이 다시 한번 신문에 오르내리는 때가 왔다. 그것은 30여 년이 지난 후의 일인데, 도쿄의 어느 경찰서에 사소한 경범죄로 잡힌 한 사내가, 자신이 예전에 지금으로부터 30여 년 전에 아자부에서 사람을 죽인 일이 있다고 자백한 것이었다. 그 상세한 내용이 신문에 나왔는데, 그만큼 오랜 일이 되고 보니 독자들의 반응이 별로 없었다. 독자의 반 이상은 자신들이 태어나기 전의 이야기였을 것이고, 또 나이를 먹어 대개의 일은 잊어버린 사람도 많았으니까. 그러나 소수의 사람은, 나도 그중 한 사람인데, 열심히 이 기사를 읽었다. 이미 한참 전에 시효가 지났으니, 이 범인은 그 옛날의 살인사건 때문에 벌을 받지는 않고, 그 새로 저지른 경범죄 때문에 잡혀 들어갔던 걸로 기억한다. 그 후의 일은 어떻게 되었는지 모른다. 학교와 경찰에서는 고향에서 조용히 지내는 노부인에게 이 마지막 소식을 보냈다. 한 명의 도둑이 물건을 훔치러 온 바람에 아무런 연고도 원한도 없는 사람을 죽여버리고, 평생 그 죄의 무게로 고통받으면서 살았지만, 경찰에서 숨기려면 끝까지 숨길 수 있는 오랜 사건을 결국 자백했다는 사실을 '보고하게 되어 기쁩니다'라고 편지에 썼을 것이다.

벌써 한 세기의 반 정도가 지났지만, 그 사건을 가까이에서 듣고 본 사람 중에서 몇 명은 아직 살아 있을 것이다. 그 사람들의 평화와 조용한 여생을 기원하고 싶다, 나 자신도 포함해서 말이다.

가지밭

 엽서를 부치려고 밭길을 지나 역 앞에 있는 우체국 쪽으로 걸어갔다. 아직 이 주변은 집이 두세 채 들어섰을 뿐 예전 그대로 밭이다. 석양이 새빨갛게 하늘을 물들이고, 다카이도역 쪽에서 상행선 전철이 달려오는 소리가 난다. 항상 지나는 뒷길인데 오늘은 어쩌다 보니 5년 전의 어느 저녁 무렵을 떠올려버렸다.

 1946년경의 초가을이었을까, 가지밭에서 있었던 일이다. 아직 물자가 제대로 조달되지 않아, 먹을 것 때문에 모두가 고생하고 있을 때였고, 피란을 갔다가 돌아온 사람들은 특히 고생이 심했다. 저녁에 마침 이 밭을 지나가는데, 누가 큰 소리로 화를 내고 있어서, 나는 깜짝 놀라

멈춰 섰다. 소리를 지르고 있는 사람은 키 큰 청년이었는데, 그 가지밭의 주인인 그 동네에서 부유한 농가의 아들이었다.

"나이 먹었으면 다냐고! 먹을 게 없다고 말도 없이 밭의 물건을 훔쳐 가면 어쩌냔 말이야. 나도 일해서 먹고산다고. 피란 갔다가 밭 서리나 배워 왔나 보지? 다시는 못 오게 때려 줄 테니, 어서 나와." 그는 화가 머리끝까지 나 있었고, 상대방은 절대 나오지 않았다. 가지밭에 웅크리고 아무 말도 하지 않고 아래만 보고 있는 것은 나이 든 여자로(나보다는 젊어 보였다), 명주 천으로 만든 일바지에 조금 낡은 검정 실크 겉옷을 입고, 화려하게 채색된 공단 장바구니를 두 손으로 쥐고 웅크리고 있었다. 그 장바구니 안에 이 소동의 원인이 들어 있을 텐데, 그녀는 그것을 쥔 채로 움직이려고 하지 않았다. 기분 좋은 광경은 아니었기에 서둘러 지나가려다 무심코 청년과 눈이 마주쳤다. 그는 무서운 표정을 짓고 있었다. "그냥 줘서 보내요." 나는 작은 목소리로 말하며 가볍게 눈인사를 하고 다시 걷기 시작했다. 청년이 다시 큰 소리로 "얼른 가 버려요" 하고 말하는 소리가 들렸다. 입으로는 뭐라고 소리를 쳐댔지만, 그의 내면은 늙은 여인을 때릴 수 없는 신사였던 것이다.

우체국에서 일을 마치고 나서 뭘 좀 사고, 다시 한번 그 밭길을 지나갔다. 호기심에서였다. 여자는 이제 없고 청년이 그 가지밭 옆의 밭에서 일을 하고 있었다. "아까는 괜히 참견해서 미안해요"라고 나는 말을 걸었다. 그는 쓴 웃음을 지으며 "아닙니다. 저도 아까 같은 일은 힘들어요. 아무것도 훔친 일이 없다는 거예요. 그럼 남의 밭에서 뭘 하고 있었냐고 하니, 힘이 들어서 쉬고 있었다고 하더라고요. 얼른 가라고 했더니, 이런 창피를 당하고 말 안 해도 간다며 큰소리를 치면서 가더군요. 가지 세 개를 떨어뜨리고 갔어요. 잽싸더라고요. 피란 가서 날치기를 배워 왔을 거예요." 그는 얄밉다는 듯이 말했다.

"가지 색깔이 참 좋네요. 조금 살 수 있을까요?" 하고 묻자 그가 대답했다. "대여섯 개 정도는 그냥 드리죠. 사지 않더라도.", "그래요? 고마워요. 그럼 뭔가 담을 걸 가지고 와서…." 내가 비꼴 의도 없이 말했는데, 그가 하하하 큰 소리로 웃기 시작했다. "그게 좋아요, 그게 좋아. 하하하하." 그는 불쾌한 기분을 완전히 떨치듯이 웃고 있었다.

그 여자가 호통을 들으면서 밭에 웅크리고 있던 모습이 눈에 떠올라 나는 웃을 마음이 들지 않았다. 그 여자는 이런 일을 조금씩 조금씩 배우면서, 그러기까지 여러

가지밭

힘든 일도 배고픈 일도 다 겪으며 도쿄로 돌아왔을 것이다. 나는 초라한 삶을 살기는 해도, 아직 굶주림을 모르기에 그 사람에게 돌을 던질 자격이 없다고 생각했다. 그 후로 5년이 지나 같은 밭길에서 그런 일을 떠올렸다. 춘삼월의 멋진 보리밭이다. 그 시절보다 나는 더 가난하게 지낸다. 그래도 아직 굶주림은 모른다. 그러나 다시 전쟁이 일어나고 그래도 죽지 않고 살아 있다면, 언젠가는 나도 남의 밭에 발을 들일지도 모른다.

사과의 노래

 보리싹이 아직 어린 밭으로 향하는 채소 장수의 가게에는 사과가 가득하네
 깊은 산길 단풍잎보다도 짙은 가게의 사과들 주홍색 눈부시네
 멈춰 서서 보는 마음이 즐거워 사과도 하나하나 미소를 짓네
 미치노쿠의 먼 밭에 열린 나무 열매의 향기는 나를 감싸고
 연노랑 사과를 손에 들면 향기 나는 잘 익은 과일의 숨결
 멋진 행운이 나에게 온 것처럼 커다랗고 맛있는 노란

사과를 두 개 샀네
 초저녁 불 밝힌 식탁 위 접시의 사과는 싱싱하여라
 남에게 말 못 하는 내 기도가 짙게 스며드는 사과 향기
 사람 많이 사는 집을 떠올리며 사과를 담은 접시 여러 개
 향연이 끝난 뒤 고요 속에 시계 소리 듣지 못하는 불빛만 또렷하네

그 밖의 여러 가지

아마 5, 6년 전의 일로 기억한다. 내 지인인 단가 시인 구리하라 기요코 씨가 오노노 고마치의 무덤에 다녀와서 단가 열 수 정도를 연작으로 지어 어느 잡지에 실은 일이 있다. 시인은 일 때문에 구리하시 근방에 갔다가, 옛날 고마치가 교토에서 도저히 살 수 없게 몰락해서 미치노쿠로 가다가 길가에서 죽었는데 마을 사람들이 근방에 묻었다고 전해 내려오는 이야기를 들었다고 한다. 그것이 거짓인지 사실인지 알 수 없고, 어쩌면 다른 사람의 무덤일 수도 있다는 단서를 달고 단가를 읊었다. 단가도 아름다웠지만 나는 '고마치의 무덤'에 깊은 흥미를 느꼈다. 고마치는 교토의 귀족 가문에서 태어난 귀부인은 아니었다. 미치노쿠에서 자란 이 젊은 아가씨는 재색이 출중하여 하급 궁녀로 뽑혀 교토의 궁정에서 일하게 된 재원이었다. 궁녀는 후궁의 시녀, 지방관의 딸 중에서 재색이 뛰어난 자를 천거했다는 기록도 있다. 그러니 그녀는 좋은 집안의 딸이었을 것이다. 그리고 한 시대에 이름을 날렸던 아름다운 여인이 기진맥진해서 어떤 모습으로 다녔을까 생각해보았다. 고마치가 흐트러진 머리를 길게 늘어뜨리고 회색 옷을 입고 지팡이를 짚고 방랑하는 모습은 어떤 그림에서 본 적이 있는데, 빗어놓은 듯 단아한 얼굴의 여인이 지팡이를 짚고 들판을 걸어갈 때, 그녀가 뭔가 작은 짐을 들지 않았을까 상상해보았다.

 몇 해 전의 전쟁 중에 우리의 작은 피란 짐 보퉁이에는 종이, 빗, 비누, 수건, 속옷, 버선, 쌀 다섯 홉, 성냥 정도의 물건이 들어 있었다. 고마치가 작은 짐을 들고 있었다고 하더라도, 빗, 종이, 향료 주머니, 속옷 정도의 물건밖에 떠오르지 않는다. 도읍을 떠나 먼 길을 가는 동안에 가진 돈을 다 썼을 것이다. 화려했던 그녀의 과거를 감싸던 모든 아름다운 것들, 시와 사교와 연애와 그 밖의 여러 가지 좋은 것들은 길을 떠나던 날에 모두 버렸을 것이다. 그녀의 마음은 그때 이미 죽어버렸을 게 틀림없다. '그 밖의 여러 가지'라는 말은 '스무고개'를 할 때 종종 하는 말이다.

고향인 미치노쿠로 가다가 죽은 그녀와는 반대로, 우리는 미지의 내일을 향해 모두가 길을 떠나고 있다. 그 여행길의 작은 짐 속에는 뭐가 들어가게 될까? 일단 먹을 것은 아니다. 침구나 이불이나 옷도 아니다. 우리가 가장 갖고 싶은 물건이나 사고 싶은 물건은 각각 다르니, 필수품 이외에 삶에 여유를 더해 줄 작은 물건이나 큰 물건, 그 밖의 여러 가지일 것이다. 피란 짐에 들어간 물건이나 그 옛날 고마치의 작은 보따리에 들어가 있던 물건이 아닌 그 밖의 여러 가지 좋은 것들.

너덧 명이 모여 차를 마시면서 각자 원하는 것을 말해 봤다. 도라야 매장의 양갱 대여섯 개를 원한다며 한 사람이 소박한 소원을 말했다. 모피 코트라고 젊은 사람이 말했다. 향기 좋은 비누라는 사람도 있었다. 럭키 스트라이크 담배 열 갑 정도면 만족하겠다는 사람도 있었다. 그것들은 각자가 가진 꿈이고, 어느 정도는 충족될 수 있는 꿈이었다.

작은 짐조차 있는 둥 마는 둥 들판을 걸어가던 옛 여인과 달리, 우리의 일상에는 뭐라도 좋은 향기, 아름다운 색조, 풍부한 맛 그런 것들이 조금씩이나마 주어지는 시대가 되었다. 그것은 『구라시노테초샤 暮しの手帖社』잡지에 소개될 만한 좋은 것들이라고 말해도 좋다. 옛말에 입을 것

과 먹을 것이 풍족해야 예절을 안다고 했다던데, 옛사람들은 꿈에도 모를 오늘날 우리의 삶은 가난하고 헐벗었지만, 그 속에서도 가능한 한 지혜를 짜내어 꿈과 현실이 뒤섞인 여러 가지 좋은 것들을 찾아내 가고 싶다.

매의 우물

 지금은 세상에 없는 아일랜드의 시인 예이츠가 쓴 무용극 중에 「매의 우물」이라는 작품이 있다. 그 매의 우물이 이 세상에 있다면 어디쯤 있을까? 시인의 말을 빌려 보자.

 개암나무 가지들 움직이고 해는 서쪽으로 저무네
 바람이여 갯바람이여 바닷바람이여
 지금은 잠들어야 할 시간인데
 무엇을 찾아 방황하는가.

 그 서쪽으로 저무는 석양도 볼 수 있고, 갯바람도 불어대는 작은 섬이다. 바위와 돌뿐인 험한 길을 올라가면, 세 그루의 개암나무가 개암과 마른 나뭇잎을 떨어뜨리는 우물이 있었다. 말이 우물일 뿐, 물이 말라버려 낙엽에 묻힌 흙구덩이로 보이지만, 수십 년에 한 번이나 두 번, 아주 한순간 그곳에서 물이 솟아 그 물을 마시는 사람은 늙지도 않고 죽지도 않고 영원히 살 수 있다고 한다. 그 우물의 정령이 아름답고 젊은 여자의 모습이나 때로는 매의 모습으로 우물을 지키고 있다.

그 물을 마시고 싶어 젊었을 때 이 섬에 온 후로 벌써 50년이나 우물을 지키고 있는 노인이 있었다. 어느 때는 매의 소리에 이끌려 우물에서 떨어져 있는 사이에, 또 어느 때는 피곤해서 선잠을 자는 사이에 우물물이 나왔는지 낙엽이 젖어 있는 일이 있었지만, 아직 한 번도 자신의 눈앞에서 물이 나온 적은 없었다. 차갑고 무표정한 얼굴로 돌에 걸터앉은 우물의 정령에게 노인이 말을 걸어보아도 정령은 아무 말도 하지 않는다.

한 늠름한 청년이 이 바위산의 벼랑을 올라왔다. 우물의 비밀을 어느 파티 자리에서 듣고 바로 그 자리에서 일어나 배에 돛을 올리고 새벽 바다를 건너 이 섬에 온 것이다. 청년은 그 개암나무 옆 우물이 어디에 있는지 노인에게 물어보지만, 노인은 벌써 50년이나 이 섬에 있었어도 어대 우물물이 솟아나는 것을 보지 못했다며, 바위와 돌과 마른 산뿐인 이 섬은 젊은 사람이 사는 곳이 아니라며 청년을 쫓아내려고 한다. 청년은 우물물이 솟아나기를 기다려 자신의 손으로 퍼서라도 둘이서 함께 마시자고 약속한다. 노인은 청년에게 망을 보게 하고 바위에 걸터앉아 잠이 드는데, 우물의 정령은 어느새 겉옷을 벗고, 매의 날개를 펼치며 매의 소리로 운다.

매가 운다, 매가 운다. 청년이 하늘 높이 산 위로 나는 매를 쫓아가자, 그 사이에 우물물이 솟았다가 다시 금방 멈춘다.

지금으로부터 10여 년 전에 도쿄에서 「매의 우물」이라는 무용극을 볼 수 있었다. 이토 미치오 씨가 노인을, 센다 고레야 씨가 청년을, 이토 사다코 씨가 매의 정령을 연기해, 모두가 가면을 쓰고 춤을 추었다. 그것을 보는 동안에 '매의 우물'은 서풍이 부는 먼 섬이 아니라 훨씬 가까운 곳에 있을 것 같은 느낌이 들었다. 즐거운 것, 풍족한 것, 시원한 것이 한순간이라도 솟아나는 우물이, 그 '매의 우물'이 어딘가에 있을까?

예수와 베드로

 성경에 나오는 예수 그리스도와 제자들의 이야기가 사람들의 입과 귀를 통해 의도치 않게 먼 나라까지 전해져, 그 나라 특유의 그리스도와 베드로의 이야기가 되어버리는 일도 있다. 이것은 아일랜드의 민화인데 유대, 사마리아, 갈릴리의 나라들이 바로 그들이 사는 마을과 이어져 있는 것처럼 들리는 이야기다.

 예수 그리스도가 갈릴리 호숫가와 들판과 마을을 걸으셨을 때, 언제나 12명의 제자가 모두 따르며 걸었던 것은 아니다. 이것은 예수가 베드로 한 사람만 데리고 걸으셨던 때의 이야기이다.

 어느 날 예수는 베드로를 데리고 갈릴리 호수 옆 산길

을 걸으셨다. 해가 저물기 시작하는 길옆에 늙은 거지가 있었다. 찢어진 모자, 더러운 옷, 굶주린 눈빛으로, 지나가는 두 사람에게 은혜를 베풀어달라고 매달렸다. 베드로는 그때 아주 적은 잔돈밖에 없었는데, 예수가 어떻게 하실까 생각하며 쳐다보니, 예수는 아주 진지한 표정으로 아무것도 주지 않고 지나쳐버렸다. 가엾은 거지가 굶주림에 떨고 있는 걸 보고도 그냥 지나치는 게 의아했지만, 예수가 하시는 일이니 베드로도 잠자코 지나갔다.

다음 날 같은 길을 돌아오는데, 이번에는 산적을 만났다. 비쩍 마른 산적은 얼굴이 험악했고, 허리에는 칼집에서 빼낸 검을 차고 있었다. 그는 너무 배가 고프니 먹을 것을 달라고 했다. '어리석은 산적이로군, 우리는 가진 게 아무것도 없는데.' 베드로가 속으로 그렇게 생각하는데, 신기하게도 예수는 그 남자에게 돈을 베풀어 주었다. "스승님, 어제 노인 거지에게는 아무것도 주시지 않았는데, 왜 저 산적에 돈을 주셨습니까? 우리는 둘이니 두려워할 필요가 없습니다. 저는 검도 있었고 그 남자는 저보다 키도 작았습니다." 베드로가 그렇게 말하며 항의했다.

"베드로야, 너는 겉으로 보이는 것만 보는구나. 그러나 속의 것을 보고, 사물의 이면을 보아야 한다. 어제와 오늘 내가 왜 그리했는지 머지않아 알게 될 때가 올 것이니라"라고 예수가 말씀하셨다.

 그 후 한참이 지나서 예수와 베드로는 산길을 걷다가 길을 잃고 말았다. 사방을 둘러보아도 거친 바위산뿐 아무것도 없다. 두 사람은 너무 많이 걸어서 배도 고프고 목도 말라 견딜 수가 없었다. 그 와중에 비가 내리기 시작하고 번개가 번쩍거리니, 베드로는 더는 움직일 수가 없었다. 그런데 저 멀리서 한 남자가 걸어왔다. 언젠가 만났던 산적이었다. 그는 두 사람을 보고 "아니, 이게 웬일입니까. 두 분 모두 난처하시겠군요"라고 말하며 자신의 집으로 쓰는 동굴로 안내했다.

 산적은 불을 피우고, 술을 내오고, 빵을 내오고, 자신이 가진 것들을 아낌없이 모두 내주며 두 사람을 대접하고, 새로운 짚을 침상에 깔고, 깨끗하게 빨아 둔 자신의 옷을 두 사람에게 입히고, 그사이에 두 사람의 젖은 옷을 불로 말리기도 했다. 다음 날이 되자 가는 길에 두 사람이 먹을 도시락도 쥐여 주며, 길을 잃지 않도록 도중까지 배웅해 주었다. 베드로는 깊이 감동하여 이 산적은 세상의 어떤 선인보다 훨씬 더 착한 사람이라 생각하며 헤어졌다.

 산적과 헤어지고 한 시간 정도 걷고 있으니, 한 남자가 길에 쓰러져 죽어 있었다. 웬걸, 바로 그 거지 노인이었다.

"가엾게도, 지난번에 뭔가 먹을 것을 주었더라면 좋았을 텐데. 추위와 굶주림으로 죽은 거겠죠." 베드로가 안타까워했다. 그러자 예수가 말씀하셨다. "그 남자가 무엇을 갖고 있는지 주머니를 살펴보아라." 거지의 주머니 안쪽 깊이 은화가 많이 있었고, 금화도 스무 닢이나 있었다.

"아니, 이자는 거짓말쟁이로군요. 앞으로는 스승님이 하시는 일을 의심치 않겠습니다"라며 베드로는 완전히 놀라고 말았다. "베드로야, 그 금화를 가지고 가서 저편의 호수에 버리거라. 사람이 주울 수 없도록 해야 한다. 돈이라는 것은 모든 재앙의 근원이니."

베드로는 예수의 말씀대로 거지의 금화와 은화를 모아 초원 너머에 있는 호수에 버리러 가면서 생각했다. 이 귀한 금화를 물속에 버리는 건 죄악이다. 우리는 굶주릴 때도 있고 추울 때도 있다. 누가 뭐래도 돈은 돈일 뿐이다. 금화만 남겨두고 스승님을 위해 쓰기로 하자. 스승님은 자신에 대해서는 전혀 개의치 않는 분이시니. 베드로는 은화만 텀벙텀벙 호수에 던져넣고 죄가 없는 얼굴을 하고 돌아왔다.

그사이에 예수는 주위 경치를 보며 멍하니 있었는데, 베드로를 보고 "모두 버렸느냐?"라고 물었다. "버렸습니다. 다만 금화를 두세 닢만 남겼습니다. 우리의 주머니도 이미 거의 비었으니, 나중에 요긴할 겁니다. 그러나 그것도 모두 버리라고 말씀하신다면, 물론 모두 버리고 오겠습니다."

"아아, 베드로야, 베드로야. 너는 내 말에 따라야 했다. 너는 욕심이 많구나. 아마 평생 탐욕을 부리다 끝나겠구나."

예수의 그 말씀처럼 베드로는 탐욕스러웠고, 베드로의 종파를 잇는 대대의 수도자 중에도 베드로처럼 황금을 사랑하는 사람이 많았다고 일컬어진다.

단자쿠 손님

 다이쇼 시대(1912-1926) 초반이었을까, 내가 오모리 아라이주쿠에서 직장인 남편과 아무 걱정 없이 살던 시절이었다. 어느 날 이상한 할아버지가 집으로 찾아왔다. 어떤 식으로 이상한지 몰라도 손님이 왔다고 알리러 온 소녀가 이상한 할아버지라고 했다. 할아버지는 이름도 말하지 않고 그저 단자쿠(短冊, 시를 쓰는 종이―옮긴이) 한 장을 내밀며, "이것을 이 댁 부인에게 보여 주시게. 용건도 거기에 써 두었으니"라고 했다며 소녀가 알려주었다. 그 단자쿠에는 은근한 멋이 풍기는 글씨가 적혀 있었다. '찾아간 나무 그늘이여 두견새 우는 소리를 한 번 듣고 싶어서'. 내가 그 두견새인 셈인데 아라이주쿠의 집은 모밀잣밤나무와 느티나무 거목이 울타리를 가득 둘러싸고 있었으니, 즉 나무 그늘이었다.

 객실로 안내하자 할아버지는 정중히 이름을 밝혔다. 자신은 스승은 없지만, 젊었을 때부터 와카 수행을 하며 다니고 있는데, 어느 집 누구라고 하는 사람으로, 부인이 와카를 하신다는 것을 풍문으로 듣고 반가운 나머지 실례를 무릅쓰고 방문하였는데 만날 기회를 주셔서 고맙다며 고개 숙여 인사를 했다. 그는 나이가 육십이나 조금 더 위일지도 몰랐다, 낡은 옷이지만 깔끔하게 입은 그는 큰 천 가방을 옆에 놓고 앉았다. 담배, 휴지, 손수건, 벼룻집, 연필, 얇은 단자쿠를 서너 장 겹쳐 세 겹으로 접은 것, 옛날 시가집 그밖에 모든 것들이 들어가 있는 것 같았다. 이야기하면서 이따금 그 천 가방 안에서 뭔가를 꺼냈다. 예전에 무예 수행자가 여러 곳을 돌며, 어느 지방의 도장에 시합을 신청하고 그 후 그 집에 기거했다는 얘기를 옛날 책에서 읽은 적이 있지만, 할아버지는 시합을 신청하러 온 것도 아니고, 그저 남아도는 시에 대한 지식을 그 길을 걷는 젊은 사람에게 들려주고 싶은 마음인 듯, 조금도 거들먹거리지 않고 유쾌하게 말해 주었다. 그 무렵 라디오의 한 코너로 끝말잇기 센류(川柳, 현대의 정형시 — 옮긴이)라는 것이 매주 방송되고 있었는데, 할아버지는 끝말잇기 시에 아주 능숙했다. 끝말잇기 시를 31수 정도 늘어놓고, 그 매수의 첫 글자만 읽으면 다시 31자의 멋진 시가 완성되는, 실로 경탄할 만한 실력자여서 나는 완전히 백기를 들고 말았다.

한 수의 끝이 'ん(응, 부정이나 추측을 나타내는 어미. 고어에서는 'む무'가 쓰였다—옮긴이)'으로 끝나면 난감하지 않나요? 라고 물으니, 할아버지는 이렇게 대답했다. 아니요, 와카에는 'ん'자는 쓰지 않지요. 'ん'자 대신에 'む'자를 이용하니까 전혀 난감할 게 없습니다. 정말 그렇다. 나도 시를 지을 때 'ん'이 아니라 'む'를 쓴다는 것 정도는 알았는데, 왜 그렇게 멍청한 질문을 했는지, 내 멍청함이 너무 송구스러웠다. 그때는 차와 과자 정도만 같이 하고 헤어졌는데, 그 후 할아버지는 가끔 찾아와서 얘기를 나누고 갔다. 그런 때 뭔가 식사 대신으로 따뜻한 음식을 내놓고 할아버지에게 도움이 될 만한 작은 선물을 했다. 용돈을 드리는 게 제일 도움이 되려나 싶다가도, 그래도 될지 몰라서, 돈을 드리지 않고 뭔가 할아버지가 좋아하며 드실 만한 것을 내드렸다. 이케가미의 산 너머에서 아내와 둘이 지낸다고 했지만, 집이 어디인지는 알려주지 않았다. 서너 달에 한 번 정도 꼭 찾아오셨다. 한참 동안 할아버지가 오지 않은 적이 있었다. 어디 아프시기라

도 한가 궁금해하다 보면, 반년 정도 지나서 다시 오셨다. "무슨 일이 있으셨어요? 한참 오시지 않아 걱정했습니다"라고 하니, 역시 몸이 편찮으셨다고 했다. 그때를 끝으로 할아버지는 더는 오지 않았다. 아마 일어서지 못하는 병에 걸렸는지, 아니면 돌아가셨는지 나는 가끔 그분에 대해서 생각했다. 할아버지와 나는 요즘 식으로 엽서를 주고받으며 연락하는 사이가 아니었다. 지금 이 이야기를 쓰면서도 할아버지의 영혼을 향해 물어본다. 한참 뵙지 못했습니다. 할아버지는 지금 어디에 계신지요?

태평스럽고 활기찼던 다이쇼 시대를 뒤로하고, 1944년 6월에 피란을 위한 강제 퇴거를 하게 되어 나는 이노가시라선 부근의 하마다야마로 이사했다. 이삿짐 정리가 끝나지 않은 어느 날, 드물게 단자쿠 손님이 찾아왔다. 이름뿐인 작은 현관에 누군가 사람 목소리가 나서 나가 보니, 마흔 전후의 남자가 오래 입어 낡은 모직 홑옷에 옛날식 허리띠를 맨 모습으로 서 있었다. 이 시절에 국방색 옷을 입지 않은 남자는 거의 없었으니, 이 사람이 입은 전통 복장이 조금 이상해 보였다. 그는 불쑥 인사를 하며 낡은 단자쿠를 내밀었다. 단자쿠에 적힌 글씨가 시라는 것에 생각이 미치지 못할 만큼, 그 시절에는 이 나라도, 나도 전쟁의 공기로 둘러싸여 있었다. 하기는 내가 원래 멍하긴 하다. 그 단자쿠를 받으려고 하지도 않고 깜짝 놀란 표정으로 이게 뭐냐고 물었다. 그 사람은 놀란 얼굴로 나를 바라보더니 "쳇!" 하고 혀를 찼다. 그리고 단자쿠를 거칠게 도로 거두어들이며, 내게 등을 휙 돌리고 화가 난 발걸음으로 문을 나갔다. 그때였다. 나는 어쩐지 오랫동안 맡았던 것 같은 체취를 맡았다. 체취라고 표현했지만, 그 사람의 생활양식에서 나온 정신적인 냄새이지, 육체의 체취가 아니다. 그는 뒷모습만으로도 글을 쓰는 사람의 냄새를 풍기고 있었다. 나는 흠칫하고 비로소 그 사람이 나와 면담을 요청하러 왔다는 것을 깨달았지만, 그때는 이미 말을 걸 타이밍을 놓쳐버렸기에, 가만히 손바닥만 비비며 그의 뒷모습을 바라보았다. 내가 봐도 얼빠진 짓을 해버려서 어이가 없었다.

그는 하마다야마나 무사시노 어딘가에서 외로이 지내는 시인이나 시 선생님일지도 모른다. 그리고 이 시골로 새로 이사 온 시인 한 명과 면담을 요청하며, 여성에게 경의를 표할 생각으로 고풍스러운 단자쿠를 내밀었을 것이다. 그 사람도 분노보다는 심한 환멸을 느꼈을 것이다. 은거 중인 여인답게 검은 전통 복장을 입은 여류시인 대신에, 덥수룩한 머리에 무늬가 든 작업복을 입은 아주머니 한 명을 만난 것이다. 그 아주머니는 일하느라 완전히 지쳐서, 누가 낡은 단자쿠를 팔러 왔다고 착각했을 것이다. 이런! 돼지 목에 진주라더니, 그렇게 그는 화가 머리 끝까지 나서 돌아갔을 것이다. 그런데 그의 단자쿠에는 어떤 시가 적혀 있었을까, 그것을 읽지 않은 것은 태만이며, 정말로 실례되는 일이었다. 나는 누구에게랄 것 없이 사과하고 싶다. 그러나 그날뿐 아니라 오늘날에도 나에게 단자쿠를 주는 일은, 이렇게 마음이 어수선한 내게 단자쿠를 주는 일은 분명 돼지 목에 진주다.

목욕

 목욕은 커피를 마시고 디저트를 먹는 것과 마찬가지로, 우리에게는 즐거운 여가 활동이자 절대로 거를 수 없는 청결 유지 방법이다. 전쟁으로 나라도 가정도 점점 가난해졌을 때, 연료 부족 문제로 나는 큰맘 먹고 동네 목욕탕에 가기로 했다. 그 대중목욕탕은 집을 나와 서쪽으로 간 다음, 울타리를 따라서 동남쪽으로 가서 바로였다. 말을 하고 보니 멀어 보여도, 사실은 이웃이었다. 이 이웃 목욕탕에서 처음 목욕탕의 재미를 배웠고 그로부터 벌써 9년이 지났다. 집에서 목욕하는 건 손에 꼽을 정도다. 피란 삼아 이사한 이 농촌에도 어느새 대중목욕탕이 생겨서, 남의 집 욕실을 빌리는 일은 유행하지 않게 되었다.

지금 내가 가는 곳은 E 마을의 목욕탕이다. 수도가 들어와 있어서 도쿄 중심에 있는 것과 조금도 다르지 않다. 따뜻하고 깨끗한 물로 얼굴을 씻을 때, 오랜 세월 동안 겪은 여러 불편함과 가난함을 떠올리며, 나는 매우 기분이 좋아진다. 오모리의 목욕탕에서는 공습경보가 울려 많은 사람이 알몸으로 당황하며 대피했던 일도 떠오른다. 내 나라 일본에 평화가 계속되고, 느긋하게 목욕물에 몸을 담그고 싶다고, 나는 항상 목욕물 속에서 기도한다.

그런데 요즈음 목욕하면서 깨달은 것이 있는데, 목욕을 끝내며 마지막에 세수할 때 손으로 코를 푸는 사람이 많아진 것 같다. 전쟁 중일 때나 그 이전에는 별로 보지 못했던 일이다. 이들은 시골로 피란을 갔다가 시골 사람의 관습을 보고 배워 도쿄로 돌아온 사람들일지도 모른다. 그렇다고 해서 시골 사람들의 방식이 지저분하다는 건 아니다. 그들은 각각 자기 집 욕조에 몸을 담그고, 하루 동안 묻은 더러움을 씻어내고 세수하고 코를 씻고 욕탕에서 나온다. 옛 선조 때부터 내려온 관습이니, 그 나름대로 그들의 방식인 것이다. 그러나 도쿄의 대중목욕탕은 공공의 것이고, 시골 가정집의 목욕탕과는 다르다. 조금은 삼가야 한다. 아니면 시골로 피란을 가지 않았더라도, 코를 푸는 것도 전투적으로 해야 할 것 같은지, 몸을 청결히 하기 위해서는 콧속까지도 깨끗이 씻고 나서 목욕을 마치려는 사람도 있을 것이다. 분명히 청결해지기 위해서이지 불결해지기 위해서 하는 행동은 아니다. 그러나 자기만 청결해지지 타일 위는 그만큼 불결해진다. 지난번 목욕하면서 생각났는데, 전쟁 중의 대중목욕탕은 더 붐비고 더 불결했어도 코를 푸는 사람은 적었던 것 같다. 이 나라의 가장 풍요롭고 가장 즐거웠던 다이쇼 시대에 우리는 너나 할 것 없이 저도 모르는 사이에 서양 예절을 익혔었나 보다. 그 예의범절의 장점이 이 전쟁 중간 정도까지는 이어지고 있었던 것 같다. 다이쇼 시대에는 도로에 가래침을 뱉으면 야단을 맞았다. 벌금도 내야 했던 것 같다. 지금은 남의 집 문 앞이든, 장미꽃 생울타리든 어디에서나 거리낌 없이 가래를 뱉고 용변을 본다. 개들은 용변을 볼 뿐 가래나 침은 뱉지 않는다. 인간이 개보다 더 불결해진 이유를 패전국의 민중의 될 대로 되라는 식의 자포자기 의식에서 찾는 사람도 있다. 그러나 우리의 형제를 서로 그런 식으로 생각하지 말고, 개보다 인간의 몸집이 더 크니 그만큼 몸속에 쓸데없는 오물이 더 많을 거라고 생각해보자. 열 살 먹은 소년은 절대 가래를 뱉지 않는다, 몸이 작아서 오물도 쌓여 있지 않을 것이다. 이야기가 점점 지저분해지기 시작했다.

일본에서 코를 푸는 것은 예의 없는 행동은 아니다. 옛날 소설에도 종종 코 푸는 장면이 나온다. 소녀 시절 내가 애독한 『팔견전八犬傳』에도, 아무개가 코를 풀며 "이봐, 이누타누시, 이누카이누시, 하늘의 뜻은 말일세…"라고 말하는 감격스러운 장면이 있고, 그럴 때는 콧물이 나온다. 서양 소설에는 코 푸는 장면은 없는 것 같다. 그때 그녀는 코를 풀고, "이봐요, 사랑하는 이여, 제 마음은…" 같은 대목은 나오지 않는다. 관습이 다른 것이다. 중국에서는 콧물을 흘리는 일은 대수롭지 않은 일인 모양이다. 사전에도 '콧물 체洟'라는 어려운 한자가 있고, 우리도 그 글자를 사용하니까. 영어 사전에는 콧물이라는 말이 있는지 없는지 알아볼 필요는 없어서 찾아보지도 않았다. 감기에 걸리면 어느 나라 사람이든 콧물을 흘릴 게 틀림없다. 다만 그것을 드러내지 않는 예의범절이 있다. 사람이라는 동물은 아름다운 면과 더러운 면을 다 갖고 있으니, 공공연히 허락된 일이라 해도 굳이 드러낼 필요는 없다.

다만 여유롭게 목욕을 즐기면서, 일본이 오랫동안 지켜온 예의범절을 잃어가고 있다고 느끼는 일은 안타깝다. 이런 글을 쓰는 게 이미 예의에 어긋나는 일일 텐데, 시대가 거칠다 보니 나도 거친 것을 배워, 이 나라에 넘쳐나는 거친 분위기가 이 나이 든 사람까지도 휩쓸어버렸다.

지금으로부터 10여 년 전에 오모리의 목욕탕에서 읊은 시가 있다.

 김이 자욱한 큰 욕조에 잠겨 무심히 남의 알몸을 보면서
 나도 역시 김에 싸여 몸을 씻네 알몸으로 모인 대중탕의 구석에
 봄밤의 빗소리 들리던 내 집 홀로 몸을 담그던 욕조가 그리운 걸까

 대단히 심각한 표정으로 목욕을 하는 것처럼 들린다. 정말로 진지하게 물을 철썩거리며 몸을 씻고 있었을 것이다. 내 집 욕실이 아니라, 밖에서 목욕하는 일도 10년이 지나니 익숙해져서, 지금은 힘들지도 않고 그렇다고 기쁘지도 않다. 10년 전에는 전쟁의 어두운 구름이 나라와 사람을 감싸며 무겁게 내리누르고 있었다. 다시 한번 평화가 깨져 어떤 미래가 밀려올지도 모르는 오늘날이지만, 우리는 목욕을 하고 있을 때 그런 일은 전혀 생각하지 않고 그저 깨끗이 자신을 씻고 있다. 만일 내일 죽는대도, 어쩌면 10년 더 살고 나서 죽는대도, 가능한 한 풍요로운 마음과 깨끗한 몸으로 살고 싶다.

군것질

 옛날 내 젊었을 때는 동네 부인들이 근처의 젊은 주부나 며느리에 대해 험담을 하면서 저이는 군것질을 좋아해서, 매일같이 뭘 사 먹는대요, 글쎄! 라는 식으로 말하며, 그게 여성의 최대 악덕인 양 취급했다. 군것질거리를 사 먹는 게 미덕이 아닌 것은 분명하지만, 그렇다면 사지 않고 먹을 수 있는 간식 중에 단 것이 뭐가 있는지 생각해봐도 마땅한 것이 없다. 선물로 들어온 지 오래되어 딱딱해진 양갱이 있지만 그것도 매일 있는 것이 아니고, 아니면 부처님 전에 바치려고 집에서 만든 떡이 있지만 그건 춘분이나 추분, 제삿날에만 먹을 수 있었다. 어린아이들은 예나 지금이나 사탕을 물고 다닐 테니 예외라고 쳐도, 결국 군것질거리를 사 먹지 않으면 달콤한 음식을 먹을 수가 없었다. 가끔 과자를 사 와서 집안 식구들이 모여 차를 마시거나, 이웃집 아주머니를 차 모임에 초대하는 것은 군것질로 분류되지 않았고, 그런 건 파티 같은 것이고 정말 간단한 다과 모임이니 절대 군것질로 취급되지 않았다. 젊은 주부가 단것을 사서, 혼자나 둘이 모여 먹으면 군것질을 하는 것처럼 보였던 것 같다. 옛날 사람들은 여자가 제 입에만 넣기 위해 돈을 쓰는 것은 상당히 칠칠치 못하고 헛돈을 쓰는 것처럼 생각했지만, 그 후 세상이 점점 빨리 변하면서 여자가 백화점에 물건을 사러 갔다가 혼자서 식당에 들어가 단팥죽이나 초밥을 먹어도 군것질이라고는 생각하지 않게 되었다. 다만 예로부터 도쿄사람들은 관광이나 참배하러 외출하면, 돌아오는 길에는 꼭 어딘가에 들러서 메밀국수나 장어를 먹었고, 가능한 한 절약을 한다 해도 갈분 떡이나 경단 정도는 먹었으니, 백화점 식당에 들어가는 것도 예전의 참배 문화와 조금은 연관이 있을 수도 있다. 다이쇼 시대부터는 중년 여성이 혼자 긴자에서 커피를 마셔도 무방하게 되었다.

전쟁이 끝나고 나서도 한두 해는 감자와 고구마가 모든 단맛을 대체하고 있었고, 손님에게 내놓아도 기쁘게 먹어 주었다. 지금은 도쿄 내의 과자점이 완전히 되살아

나서, 지난날처럼 일본과 서양의 각양각색의 과자를 팔지만, 그것을 사는 일은 옛날처럼 쉽지가 않다. 하나에 10엔, 15엔, 20엔, 25엔, 30엔, 50엔(특별한 것이 100엔)이라 치면, 아무리 괜찮은 과자가 진열되어 있어봤자, 옛날 사람들이 그랬듯이 일주일 치나 2주일 치를 잔뜩 사와서 쌓아두고 먹을 수는 없다. 맛이 변하지는 않더라도, 그랬다가는 과자값이 얼마나 불어날지 큰일이 난다.

그런 이유로 우리는 지금 '군것질거리'를 사 먹게 되었다. 그때그때 필요한 만큼만 사서 차에 곁들이고, 손님에게도 낸다, 내일 일은 내일 생각한다. 이집 저집의 주부들도 서로의 가정에 대해 시시콜콜 비평하지 않게 되었고, 그들도 모두 각자 군것질을 하고 있다. 그리고 농촌 사람들은 주식을 지나칠 만큼 많이 먹고 있으니, 세끼 외에 단맛이 필요하지 않다고 한다. 또한 논이나 밭이나 대나무 숲 속에서 군것질거리를 구하려 해도 아무 소용없는 것도 분명하다.

빨강과 분홍의 세계

 농촌에 마을이 생기고, 경치가 좋고 공기도 깨끗하니 점점 새로운 집이 늘어 사는 사람도 많아지기 시작했다. 마을이 생기기 시작했을 무렵에 생긴 열 채 정도의 집은 각각 지붕 색이 다르고 평수도 달랐는데, 어느 집이나 모두 싱싱한 생울타리를 두르고, 마당에 동백이나 해당화나 명자나무, 또 목서나 산다화 등을 심고, 대문 앞길은 언제나 깨끗이 쓸어 둔 것을 보면, 이 주변 일대가 부유한 지식인층의 거주지라는 것을 금방 알 수 있다. 그중 한 채에 예순네댓 살쯤 된 할머니가 홀로 살았다.

 오래전부터 이곳에 살던 분인데, 전에는 남편도 함께 지내다가 3, 4년 전에 돌아가시고, 외아들은 결혼해서 도심과 가까운 아파트에서 지내고 있다는 소문이 있었다. 할머니가 가끔 아들네 집에 놀러 갔다 자고 오기도 하고, 아들 내외도 일요일에 놀러 오는 일도 있어서, 남 보기에 즐겁고 조용하게 사는 것 같았다. 채소가게나 생선가게에 물건을 사러 나가는 할머니는 젊은 주부들에 뒤지지 않을 만큼 건강했다. 그런데 어느 날 할머니가 사라져 버렸다. 이웃 사람들도 처음 사나흘은 몰랐다. 이웃집에서는 아들네에 묵으러 간 줄로만 알았는데, 그길로 돌아오지 않고, 창문과 현관이 닫힌 채로 일주일이 지났을 때, 할머니의 오랜 친구라는 노부인이 찾아와 이웃집 부인과 이야기를 나눴다. 오랜만에 왔는데 못 봐서 아쉽다며 아들의 아파트에 들러 보겠다며 돌아갔다. 그 노부인 덕분에 할머니가 없어진 게 밝혀지자, 아들은 바로 친척과 지인들에게 연락해봤지만 아무도 소식을 몰랐고, 요즈음 한참 만나지 않았다는 대답만 돌아왔다. 할머니의 집은 깨끗하게 정리되어 있었는데, 식기는 선반에, 옷은 접어서 뚜껑 없는 상자에 넣어져 있고, 어디로 간다고 남긴 쪽지도 없었다. 결국 경찰의 손을 빌려 친척들과 옛날에 드나들던 사람들까지 총동원해서 도쿄 전체를 찾아다녔다. 만일 길을 가다 뇌출혈이 일어나 어딘가 병원에 들어간 건 아닌지, 만일 갑자기 정신이 이상해져서 인근 지방의 시골에 가서 길을 잃은 것은 아닌지, 그들은 온갖 추측을 하며 딱히 목적지도 없이 마구잡이로 찾아보았지만, 할머니는 어디에도 없었다.

 한 달 정도 지나서 경찰에서 연락이 왔다. 료코쿠 지방 어딘가의 우물에서 익사체가 발견되었는데, 옷차림으로 보아 혹시나 해서 연락했다며 직접 와서 확인해 달라고 했다. 아들과 가까운 친척들이 가 보니, 할머니가 맞았다. 그녀는 외출복을 잘 차려입고 있었고, 가슴 띠 사이에는 집에서 나오기 조금 전에 아들에게서 받은 만 육천 엔의 지폐가 조금도 사용되지 않고 그대로 끼워져 있었다. 아무런 유언도 없으니 어떤 이유로 죽었는지도 알 수 없다고 했다. 그 시절에 맞게 장례식도 잘 치렀고, 할머니는 저세상 사람이 되었다. 그 후에 할머니 집에는 아들 내외가 이사와 살고 있다. 이게 2년 전의 일이다.

 근처 사람들이 수군거리는 이야기로는 무릇 여자란 늙었거나 젊었거나 혼자 살다 보면 허무한 마음이 들기 마련이라, 할머니도 혼자 사는 것에 진력이 나서 이것저것 다 내려놓고 싶어서 돌아가신 거라며, 그것 말고는 달리 이유가 없다고 했다. 이것저것 다 내려놓는다는 말은 아주 지쳤을 때나 몹시 두려운 경험을 했을 때, 또는 더운 물속에 느긋하게 몸을 담그고 기분이 좋아졌을 때 맛보는 느낌일 것이다.

 얼마 전 그 집 옆길을 지날 때, 종려나무에 가려진 응접실에서 나는 피아노 소리를 듣고, 이상하게 슬픈 기분이 들었다. 그분이 이렇게 예쁜 집에 사는 사람이 아니었고, 더 가난하고 더 힘든 삶을 살았더라면 돌아가시지 않았을까. 예를 들어 이번 달에는 이래저래 돈이 필요한데, 부업을 하면 이 정도 돈이 들어오고, 물건을 내다 팔면 얼마가 손에 들어온다는 식으로 계산을 하다 보면, 그 욕심 때문에라도 그 돈이 들어올 때까지는 죽을 생각은 들지 않을 것이다. 아무리 사소한 것이라도 내 손에 쥐는 것은 즐겁다. 편안한 마음으로 남에게 받은 돈보다는 직접 고생해서 벌어야 돈 버는 재미가 있는 것 같다. 가난이라는 일종의 즐거움이 있다. 행복이라고 표현하는 게 맞을지도 모르겠다. 돌아가신 그 할머니는 가난을 모르고 죽어버렸다.

 아주 옛날, 내가 여학교에 다니던 시절(그 시절에도 가난한 사람은 많았다), 일주일에 세 번 정도 기숙사 식당에서 음식 만드는 일을 도왔다. 그 조리실에 하루에 세 번, 아침과 점심과 저녁에 아주머니 세 명이 급사 대신 일을 하러 와서 밥을 짓고 물을 긷고 설거지를 한 후에, 뒷정리까지 깨끗이 하고 돌아갔다. 조리실을 담당하던 부부도 물론 일을 잘했지만, 그 아주머니들이 있어서 하루 일을 제대로 잘 마무리할 수 있었다. 그 아주머니들은 올 때마다 각자 작은 밥통과 나무 찬합을 가져와서, 학생들의 잔반을 밥통에 넣고, 남은 반찬은 찬합에 넣어갔다. 그것이 그들의 하루 품삯이었다. 집에는 젊은 부부나 아이들이 있었을 것이고, 충분히 먹고살기에는 힘들었겠지만, 이렇게 해서 아주머니들이 가지고 간 세 번의 음식은 일가의 생활에 큰 보탬이 되었다. 그 사람들은 모두가 아자부 주반의 뒷골목에서 통근했다. 나는 어린 마음에 그들이 즐거워 보인다고 생각했다. 실제로 즐겁게 일하고 있었을 것이다. 더 이상 젊지 않은 사람들에게 할 일이 있다는 것은 더할 나위 없는 행복이라는 것을 젊은 사람들은 모를 것이다.

돌아가신 할머니는 일할 필요가 없었겠지만, 아주 사소한 일이라도 할 수 있게 해주고 싶었다.

지난번 어느 아저씨의 젊은 시절 이야기를 들었다. 그가 열여덟이나 열아홉이었을 무렵에 라무네 배달을 하던 시절의 이야기였는데, 새 라무네 병을 배달하고 빈 병을 가져오는 일을 했다고 한다. 그 일은 우유 배달과 비슷하지만, 우유처럼 개인 집에 가져가는 것이 아니라, 도매상에서 과자가게나 빙과류 가게로 많은 양을 배달하는 것이었다. 소년이었던 아저씨는 매일 저녁 빠짐없이 사메가하시 길을 지났다. 도쿄의 빈민굴로 유명했던 사메가하시는 아주 너저분하고 북적이는 곳이었다. 다리 끝자락에 큰 술집이 있어서(지금도 있을 거라고 그는 말했다), 저녁이 되면 그 술집에서는 가게 앞에 커다란 받침대를 내놓고, 된장을 1전, 2전, 3전으로 나누어 대나무껍질로 싸서 받침대 위에 늘어놓았다. 그 시절 사메가하시의 주민들은 기술자든 인부든 너나 할 것 없이 하루 일당을 받고 퇴근했다. 그리고 그 가게에서 하루 일당 중에서 1전이든 2전이든 마음대로 된장을 사 갔다. 3전어치 이상은 제대로 무게를 달고 나서 싸 주었다는데, 하루 먹을 된장국에는 3전이 넘는 불필요한 돈을 쓰지 않는 시대였다. 요즘도 거리에는 10엔, 20엔, 30엔 짜리 땅콩이나 건어물 주머니를 진열해 놓는 가게가 있는데 그 시절의 1전, 2전, 3전 장사에서 시작되었을 것이라고 그는 말했다. 만담에 등장하는 빈민가 쪽방에 사는 녀석들과 주인과 노인의 조합이 생각난다. 사메가하시에 사는 그들의 삶은, 가난해도 가난한 대로 행복했을 거라고 생각해보았다. 자신들의 가난은 남의 탓이 아니라 자신들의 운이라고 생각하고 별로 화도 내지 않고 느긋하게 안주하고 있었을 것이다. 나는 부럽다기보다 그 옛날의 그들이 그리워진다.

이런 잠꼬대 같은 내 감상을 어떤 사람이 듣고 "당신은 진정한 가난의 쓴맛을 모르니 그런 꿈이나 꾸는 거요. 적빈여세赤貧如洗란 말은 물로 씻은 듯이 아무것도 없다는 뜻이요. 그런 진짜 가난이 뭔지 알고나 하는 소리요? 쌀도 없고, 반찬도 없고, 된장도 없고, 숯도 없고, 당연히 지폐 한 장 없고, 내다 팔 옷 한 장 없고, 전기세를 내지 못해 밤에는 컴컴한 칠흑 속에서 자고, 여름이 되어도 모기장이 없고, 병에 걸려도 약을 못 사는 거요. 없는 것 투성이인 삶을 가난이라고 하는 겁니다. 빈말이라도 가난이 즐겁다는 말은 못할 거요"라고 말했다. 그 말은 옳다. 나는 적빈赤貧의 경지와는 한참 거리가 먼 가난만을 안다. 잡지를 사고 싶어도 다음 달까지는 한 권도 사지 않는다. 어떤 사람에게 도움들을 받아도 아무것도 답례품을 살 수 없다. 흰쌀밥을 먹고 싶어도 수입쌀을 그냥 먹는다. 마당의 동백나무가 말라가도 이달에는 정원사를 부르지 않는다. 이것은 아마 빨강이 아니라 분홍색 정도의 가난일 것이다. 이 분홍색 세계에 사는 것도 상당히 괴롭지만, 가난하다고 해서 막상 죽고 싶은 마음은 들지 않는다. 나는 이것저것 다 내려놓을 수 없는 인간이라서, 주머니 속에 돈이 조금만 있어도 그 돈이 있는 동안에는 살아 있을 것이다. 적빈의 지경이 된다면 뭍에 던져진 연못의 잉어처럼 죽는 것 말고 달리 어쩔 수가 없을 것이다. 죽는다는 것은 나쁜 일이 아니다, 인간이 너무 많으니까. 살아 있는 것도 나쁜 일은 아니다, 살아 있는 것을 즐기고 있다면.

건살구

10평이 안 되는 잔디 마당이었다. 오랫동안 손질을 하지 않아 온통 잡초가 뒤섞여 들잔디가 되어버렸다. 그래도 들도 숲도 길도 모든 것들이 푸르러지는 계절이 오면 들잔디 마당도 눈부시게 푸르다. 마당 가운데에서 약간 서쪽으로 치우쳐 은행나무 한 그루가 서 있다. 위로 자라지 못하게 순자르기를 한 은행나무는 가로로 넓게 퍼져 무수한 가지를 사방으로 뻗치고 있었고, 옛날 무사시노의 초원에 은행나무 한 그루가 바람을 맞으며 서 있었을 풍경을 가끔 나의 마음에 그려준다. 작년 초여름에 이 들잔디밭 마당에 이변이 하나 생겼다. 마당 맨 끝자락에 아주 작은 파란 꽃이 피기 시작한 것이다. 어디서 본 적이 있는 꽃 같아서 자세히 보니, 아! 그건 물망초였다. 곱고 파랗고 섬세한 꽃들이 한들한들 여름이 깊도록 피어 있었다. 비가 와도 가뭄이 들어도 그 꽃들을 어루만지며 바라보았는데, 올해도 5월이 오자, 작년과 같은 자리에 온통 포기마다 꽃들이 한가득 피어서, 잔디 위 일부는 아침 햇살과 저녁 햇살이 비치면 푸르스름한 안개처럼 흐려 보였다.

오늘도 장마 같은 비가 내려서, 은행나무는 거칠게 하얀 물방울을 떨어뜨리고 잔디는 늪지대의 풀처럼 젖어 있다. 물망초는 이제 완전히 떨어졌을 것이다. 유리창 너머로 마당을 보면서 나는 차를 끓였다. 차 향기가 방에 가득 차면 마시는 것보다 즐거움이 크다. 조용히 코에 닿는 향기는 목에 닿는 느낌보다도 더욱 신선하게 느껴진다. 건살구를 두세 개 먹으며, 이 살구는 미국 어디에 열렸던 살구일까 생각해본다.

건살구를 보다가 건포도를 생각한다. 건대추를 생각한다. 건무화과도 생각한다. 하나같이 아주 달고, 그리고 동양적인 맛이 난다. 예전에는 메이지야나 가메야 같은 데서 사 와서, 과자와는 다른 고상하고 은은한 단맛을 즐겼었다. 갑자기 이번 배급에서 전혀 배급품답지 않은 좋은 것을 맛볼 수가 있었다. 나는 특히 건무화과를 좋아했다. 옛날에 읽은 성경에도 건무화과와 건대추가 가끔 나왔다. 열대지방에서 나는 열매로, 동방박사들이 별에 인도되어 베들레헴으로 그리스도의 탄생을 축하하러 왔을 때 가져온 선물 중에도 들어 있었던 것 같다. 솔로몬 왕도 이런 말을 했다. "바라건대, 너희는 건포도로 내 힘을 보충하고, 사과로 내게 힘을 더해다오, 나는 사랑으로 병들었으니." 『아가서』의 지은이는 이런 달콤한 것이나 상큼한 것을 먹으며 사람을 사랑하고 있었던 모양이다.

"갖가지 훈향으로 몸에 향기를 입고, 연기 기둥처럼 황야에서 온 자가 누구냐." 솔로몬이 시바의 여왕과 서로 처음 보았던 날에 대해서도 생각이 난다. 세상이 시작된 이래로 이 두 사람만큼 현명하고, 부유하고, 호화로운 남녀는 없었다. 그 두 사람이 사랑에 빠져 평범한 사람들과 마찬가지로 고민하고, 그리고 현명한 그들이기에 그저 한순간의 꿈처럼 사랑을 끊어내고 이별한 것이다.

'시바 여왕이 솔로몬의 소문을 듣고 어려운 질문으로 솔로몬을 시험해보고자, 수많은 종자를 이끌고 향료와 엄청난 금은보석을 낙타에 싣고 예루살렘에 왔다, 솔로몬 곁에 도착해 그 마음속에 있는 것을 모조리 말하니, 솔로몬이 이러한 물음에 모두 대답하였다. 솔로몬이 몰라서 대답하지 못하는 것은 없었다.

시바 여왕이 솔로몬 왕에게 선물한 것과 같은 향료는 일찍이 없던 것이었다. 솔로몬 왕은 시바 여왕에게 선물에 대한 보답으로 답례품을 주었고, 또 원하는 것이 있으면 원하는 것을 주었다.'

『구약성서』의 한 구절로, 여기에는 아무런 꽃향기도 없지만, 두 사람이 사랑했던 것은 분명한 사실이었던 모양이다. 예이츠의 시에도 "내가 사랑하는 그대여, 우리가 종일 같은 마음을 말하며 아침에서 밤이 되었소. 짐을 끄는 말이 비 오는 진흙탕을 종일 달리고 달려 다시 원래 자리로 돌아가듯, 어리석은 우리도 같은 마음을 온종일 이야기하는구려…"라고 되어 있는데 지금 시집을 갖고 있지 않아서 확실히 기억나지 않지만, 여왕도 여기에 대답하며 같은 안타까움을 노래했던 것 같다.

그들이 온종일 이야기를 나누었던 궁전 바닥은 청록색이었다고 적혀 있다. 별로 음식을 먹지도 않고 술도 마시지 않고 그저 건살구를 먹고, 건포도를 먹고, 시원한 과일 주스를 조금 마셨을지도 모른다. 여왕이 고향으로 떠나는 날, 대왕의 선물을 실은 수십 마리의 낙타와 말과 당나귀와 하인들이 사막에 노란 모래 먼지로 소용돌이 기둥을 일으키며 서서히 움직여 갔다. 왕은 전망대에 올라 멀리 내다보고 있었을 것이다.

여왕이 묵은 궁전의 방에는 아름다운 향기가, 동양적인 것과 서양적인 것, 온 세상의 가장 아름다운 향기를 모은 향료가 여왕의 숨결처럼 남아 있어 왕을 슬프게 했을 것이다. "내 사랑하는 이여, 우리 시골에 내려가 작은 시골 마을에 머뭅시다"라는 말을 솔로몬이 노래했다면, 그것은 왕궁에서 태어나 다른 세상을 모르는 가장 부귀한 사람의 꿈이었을 것이다. 가엾고 순진한 꿈이다.

나는 시골 마을의 작은 집에서 내리는 비를 바라보며 건살구를 먹는다, 세 알의 달콤함을 맛보는 동안, 먼 나라의 궁전의 꿈을 꾸고 있었다. 깨보니 뭔가 아쉽다. 마당을 보고 다시 방 안을 보고, 꽃이 한 송이 있었으면 좋겠다고 생각했다.

방 안에는 아무런 색도 없고, 그저 책장에 몇 권 꽂힌 책의 책등의 색이 보일 뿐이다. 진분홍색이 하나, 그리고 노랑과 청록.

나는 작은 옷장 서랍에서 오래된 향수를 꺼냈다. 외국 물건이 이제 이 나라에 전혀 들어오지 않게 된다고 할 때, 긴자에서 산 우비강 향수였다. 지난 몇 년 동안, 모시 수건도 향수도 서랍 바닥에 잠들어 있었는데, 지금 그 병 입구를 열고 낡은 쿠션에 뿌렸다. 희미하고 은은한 향기가 나서, 무슨 꽃이라고 단언할 수 없는 향기가, 마당에서 사라져버린 물망초의 목소리를 듣는 듯한 따스한 공기가 방을 감싸 안았다. 시골 작은 마을의 비 오는 날도 즐겁다.

기쿠치 씨와의 추억

　기쿠치 간(菊池寬, 소설가이자 극작가. 순수문학상인 아쿠타가와상과 대중문학상인 나오키상을 제정해 작가의 복지와 신인 발굴 및 육성에 이바지함—옮긴이) 씨가 『다다나오경 행장기^{忠直卿行狀記}』를 쓰기 얼마 전이었을 것이다. 『지지신보^{時事新報}』의 문예 기자로 있었을 때, 어느 날 나의 오모리의 집에 인터뷰를 오셨다. 어느 날이 아니라 어느 밤이었다. 내가 아일랜드 작품 번역에 열중하고 있었던 시절로, 내가 번역한 것에 관해 기사를 써주기 위해서였다. 전화도 없이 갑자기 와서 적잖이 당황했다. 마침 저녁 식사가 끝났을 때였는데, 그날은 스키야키를 해서 현관 쪽까지 집 전체에 파를 익힌 냄새가 풍기는 게 아주 민망

했다. 스키야키를 먹은 걸 민망하게 생각할 필요는 없었지만, 나는 파 냄새가 싫어서 항상 스키야키 메뉴를 반기지 않았다. 그러나 기쿠치 씨와의 인터뷰와 우리 집의 저녁 식사는 아무런 관계도 없으므로, 우선 응접실로 안내하고 서로 십년지기처럼 이야기를 나누었다. 기쿠치 씨도 대학 시절에는 아일랜드 문학에 대단히 흥미를 갖고 잡지 『신사조』에 희곡 해설 등을 쓴 적이 있다. 그날 밤에도 당연히 그런 종류의 이야기를 했을 테지만, 내가 어떤 말을 했는지 오랜 시간이 지난 지금은 아무것도 생각이 나지 않는다. 여러 가지 이야기를 하고 나서 "두서없이 말씀드렸는데, 잘 써주세요"라고 내가 말하자마자, "그럼요, 잘 쓰겠습니다" 하고 붙임성 있게 대답하셨다. 기쿠치 씨는 그 무렵에도 나중에 높은 자리에 있을 때와 같이 소박하면서도 호방하고 대단히 정중한 인품을 지녔었다. 평생토록 그분은 항상 친절하고 기분 좋게 남을 돌보는 형님다운 모습이었고, 게다가 항상 젊은 호기심으로 가득했던 분이었다.

"부인은 이전에 서양에 다녀오신 게 아니었습니까?"라는 말에 "저는 나다니는 걸 아주 싫어해서 배를 타고 어디든 갈 마음도 못 내거든요"라고 대답하자, "저는 다녀오고 싶네요. 잠깐이라도 좋으니 반년 정도라도. 우리가 서양에 가는 데 5천 엔만 있으면, 파리에서 런던까지 갈 수 있겠죠. 부족해지면 파리에서 돌아오면 되고요"라며 즐거운 꿈처럼 말씀하셨다. 그날의 젊은 문학인은 정말로 그 5천 엔이 있었으면 하는 것 같았다.

"남자들은 좋겠어요. 저도 남자였다면 분명 가고 싶었을 거예요." 나는 한숨을 쉬며 말했다. 그리고 마음속으로는 다른 생각을 하고 있었다. 내가 생각했던 것은, 돈이 갖고 싶다, 많은 돈이 있었으면 좋겠다, 내가 아무 데도 가지 않는 대신에 이렇게 열정적인 문학인을 전 세계로 돌아다니게 해주고 싶다는 것이었다. 대단히 외람된 소망이었지만, 젊고 순수한 마음에 그런 생각을 했던 것이다.

현관에서 헤어질 때 나는 허물없이 왕래하던 손님을 대하듯이, "아까 들어오셨을 때, 집 안 전체에 스키야키 냄새가 났던 것 같아, 처음 오신 손님에게 너무 송구한 마음이었어요"라고 말하자, 그는 구두를 신으면서 "그랬나요? 저는 그런 걸 잘 알아차리지 못합니다."라고 웃었는데, 사실은 소심하고 선량한 내 마음을 잘 이해해 주셨던 것 같다. 그날 밤 이후로 나는 뭐든 바로 기쿠치 씨에게 의논을 했다. 편지나 전화로. 그것은 언제나 아일랜드 문학에 관한 것이나 번역에 관한 것이었다. 기쿠치 씨는 항상 부탁한 것 이상으로 여러모로 애써 주셨다. 나는 운이 좋았다. 심심풀이 같은 나의 작업을 누가 읽어 주었을까. 간혹 가정주부가 하는 일에 호기심을 가진 사람도 있었을지도 모르지만, 기쿠치 씨가 서문을 써 주시거나 출판사를 소개해 주셨기에, 어떻게든 한 권 한 권 책으로 나올 수가 있었다.

고이시카와 도미사카 언덕 위의 자택과 조시가야에 있던 자택에도 찾아뵀지만, 그 후에 교바시 부근의 어느 찻집 2층에 만난 것이 기억난다. 그때도 역시 무슨 책에 관한 일 때문이었다. 칸막이 밖에 테이블과 의자가 있었고, 과자와 커피가 나왔다. 헤어지려고 일어섰을 때 기쿠치 씨가 "아, 맞다. 당신에게 물어보면 알겠군요. 젊은 여자는, 그러니까 결혼 안 한 아가씨는 여름 하오리(짧은 전통 겉옷—옮긴이)를 입나요?" 하고 물어보셨다. "안 입어요. 그건 유부녀들만 입죠. 유부녀들도 안 입는 게 나을 거예요." 내가 대답하자, "그건 불필요하겠군요. 지금 신문에 연재하는 소설 속 아가씨한테 하오리가 필요한지 아닌지 조금 궁금했습니다" 하고 기쿠치 씨가 웃으며 말했다. 그로부터 벌써 한 세기의 몇 분의 1이 지나서, 전쟁이 끝난 후에는 유부녀들에게도 하오리가 유행하지 않게 되었다. 그런 옷을 걸치고 있으면 한물갔다는 수식어가 붙는 세상이다.

마지막으로 그를 방문했던 게 문예춘추사의 2층이었는데, 아래층의 그릴하우스에 내려가 아이스크림을 먹으면서 이야기를 나누었다. 이때는 책이 아니라 사람에 관해서 복잡한 이야기를 나누었다. 내가 얇은 홑겹 옷을 입고 있었으니, 아마 8월 말이나 9월이었을 것이다. 그 무렵 나는 문학에서 손을 놓고 평범한 가정주부가 되어 있었다. 서양 문학은 완전히 쇠퇴했고, 게다가 다 큰 아들과 딸이 있는 주부에게 펜은 소용이 없어졌으므로 아주 고지식해 보이는 얼굴로 지내고 있었다. 가끔 하마사쿠나 로마이어 같은 식당에서 우연히 만난 적도 있는데, 그저 목례 정도만 하는 사이가 되었다. 나의 조심성 때문이었을까, 아니면 완전히 다른 세계의 사람이 되었기 때문일까, 기쿠치 씨는 그런 식의 사고방식을 가진 사람이 아니었기에, 나의 소극적인 성격 탓에 그렇게 되었을 것이다. 지금 먼 옛날의 여러 가지 일을 떠올리며, 그분의 관대한 마음에 깊이 감사를 드리고 싶다. 이 마음이 닿을 수 있을지 모르지만, 닿는다면 기쁘겠다.

가루이자와의 여름과 가을

 3월 24일에 T가 세상을 떠났다. 그 이틀 정도 전에 나는 그 아이와 만나 한 시간 정도 이야기를 나누었다. 그때도 그 아이는 공습이 점점 심해지니 어머니는 빨리 가루이자와로 가는 게 낫겠다며, 자기들도 바로 뒤를 따라갈 테니 걱정하지 말라며 나를 재촉했었다. 만일 가루이자와에서 갑자기 도쿄로 돌아올 수 없을 경우에는 그 아이의 처가인 기후현 오이초로 갈 생각인 모양이었다. 갑자기 아들이 죽고 나니 피란을 갈 마음도 없었지만, 그로부터 석 달이 지나 6월 중순에 겨우 가루이자와로 갔다.

 고향이 없는 사람들, 즉 도쿄 사람들이 수도 없이 가루이자와로 모여들고 있었다. 별장이 있는 사람들은 자신의 별장에 자리를 잡고 불편하기는 해도 그럭저럭 여름의 생활을 시작했고, 나처럼 여관에서 생활하는 사람들도 여러 가지로 머리를 짜내며 최대한 평소와 비슷한 삶을 살려고 하고 있었다. 감자와 사과를 사러 가거나, 마을 구석의 가게에서 몰래 홍차를 찾아내서 사 오거나, 초밥집에서 팔기 시작한 호박 런치라는 것을 전부 사 와서 숙소의 식모들에게 대접해 보기도 하고, 하루하루는 뭘 생각할 새도 없이 흘러갔다. 세끼 밥을 먹을 수 있다면 다른 불편함은 어떻게든 참을 수가 있었다. 잉크가 떨어지면 만년필을 들고 여관의 카운터에 가서 잉크를 넣고, 2층 안쪽 방까지 돌아와서 편지를 쓴다. 이제 봉투가 없으니 다시 부엌에 가서 밥풀을 얻어 서투른 손놀림으로 종이에 발라 봉투 비슷한 것을 만들어 우체통이 있는 곳까지 간다. 이런 일도 파도 위의 생활처럼 안정되지 않는 매일의 삶의 일부였다.

 6월 말이었던가, 역까지 볼일을 보러 갈 때, 나는 어느 훌륭한 부인과 길동무가 되었다. 훌륭하다고 한 이유는, 도쿄에서 지내던 지난 생활이 훌륭했을 것처럼 보였기 때문이다. 이날 부인은 검은 일바지 차림으로 짐꾸러미 하나는 메고 다른 하나는 손에 들고 있었다. 그녀는 서른과 마흔 중간 정도의 나이대로 보였다. "이곳 신슈는 아주 가난한 곳이네요"라고 그녀가 말했다. 나는 여관 생활을 하고 있어서 일주일에 한 번 정도 물건을 사러 나가면 그럭저럭 충분하다고 얘기하자, 그녀는 한숨을 쉬고, 집 한 채에서 살고 있으면 아주 힘들다고 했다. 미카사 마을에 살고 있는데, 바로 그 이삼일 전에 학교 선생님한테 연락이 와서는 아가쓰마 평원에 고사리가 많으니 학부형들이 따러 가라고 했다고 한다. (어느 상류층 학교의 학부형 모임이 단체로 피란을 와 있는 모양이었다) 전차를 타고도 시간이 꽤 걸리는 곳이라 고사리를 뜯으러 그곳까지 간 사람들은 극소수였고, 선생님 두 명 정도가 안내 담당으로 갔던 모양인데, 끝도 없는 고원에 그 몇 안 되는 인원이 흩어져서 고사리를 땄더니, 한 사람 한 사람이 다 지고 갈 수 없을 만큼 많이 땄다고 한다. 처음 예정대로 역으로 돌아와서 도시락을 먹으려는데, 어느새 시간이 많이 지나버려서, 돌아올 때 타야 하는 전차가 아즈마역을 출발해버렸다. 부인들도 선생도 어쩔 도리가 없었다. 그러고 나서 몇 시간이나 역에서 기다리다가, 겨우 저녁 전차를 타고 밤이 되어 돌아왔다고 했다. 부인은 슬프게 웃으며 말했다. "고사리 때문에 그 고생을 했다니까요. 그걸 먹을 수 있을지 없을지도 모르는데 말이죠. 하지만 옛날 사람들은 먹었겠네요!" 그 순간 그녀도 나도 옛날 산

속에서 고사리만 먹다가 굶어 죽은 역사 속 인물을 동시에 떠올렸다. 우리 둘은 한심한 표정으로 걸어갔다. "부인, 너무 힘이 들 때는 마을로 오셔서 저를 찾아와 주세요. 조금은 도와드릴 수 있을지도 몰라요…." 나는 여관의 이름을 말해 주고 헤어졌다.

죽은 남편의 고향인 니가타의 시골에서 그의 사촌 남동생이 간장 사업을 했는데 장사가 번창했다. 시아버지가 도쿄로 떠나올 때 자신의 저택과 약간의 돈을 남동생에게 주어 분가시켰다. 시사촌 동생은 그 시숙부님의 장남이다. 그는 가끔 편지를 보내기도 하고 가루이자와에도 찾아와서, "평화로워져서 도쿄로 돌아갈 수 있는 게 언제가 될지 모릅니다. 우리 집이 넓으니 거처할 곳을 비우고 기다리겠습니다, 여관 생활을 접고 니가타 쪽으로 오세요"라고 말해 주었다. 정말로 그러는 게 더 안전할 것 같아 고민했지만, 남편의 고향에 한 번도 간 적이 없는 몸으로서는, 젊은 시절부터 매년 와서 익숙한 가루이자와를 버리고 그쪽으로 갈 용기가 필요했고, 게다가 돈이 떨어졌을 때, 멀리 니가타에서 도쿄까지 돈을 만들러 나가는 일은 상당한 노고가 필요했다. 옛날부터 친분이 있던 여관 주인과도 의논해봤는데, "내년 봄까지 지금 이대로 참아요. 그때가 되면 어쩌면 도쿄로 돌아갈 수 있을지도 모르잖아요. 만일 상황이 더 나빠지면 그때 니가타로 가세요. 지방의 유복한 집안이라고 해도, 아무리 이런 위험한 세상이 됐다지만, 종가댁이 갑자기 들어가면 많이 힘들 거예요. 조금 더 기다려 보시는 게 좋을 거예요"라고 조언을 했다.

그래서 마지막의 마지막까지 미루려고 생각했지만, 저쪽의 친절에 대해서도 뭔가 인사를 해야 할 것 같아서, 도쿄에서 가루이자와까지 함께 와서 지내고 있던 젊은 가정부 K를 니가타까지 심부름을 보내기로 했다. 가루이자와에서 구할 수 있는 약간의 특산물과 나의 겨울 기모노와 숄과 유카타 같은 것들을 그곳에 맡아달라고 들려 보냈다.

아침 8시 몇 분인가의 기차로 보내고 오니, 괜스레 마음이 편해져서 이불과 담요 같은 것을 꺼내 옥상의 건조대에 올라가 말렸다. 내가 지내는 2층 방은 건물 한쪽만 2층으로 높이 올린 구조라, 남쪽과 서쪽은 멀리까지 훤히 내다보였다. 아침부터 저녁까지 시나노 땅의 산줄기가 여러 색으로 변하며 빛나는 모습을 보는 것도 즐거웠다. 아침 기차로 보낸 K가 지금쯤 어디까지 갔을까 궁금해하며 아직 내가 가 본 적 없는 역 이름을 생각해보았다. 여관집 주인이 나 혼자서 적적할 테니 저녁은 자기네 식구들과 같이 먹자고 부르기에, 아래층으로 내려가 같이 먹었다.

방에 돌아오니 이미 해가 저물었다. 창문을 닫고 차를 끓여 천천히 마시고, 방구석에 두었던 팔걸이의자를 전등 아래까지 끌고 와 책을 읽고 있었다. 혼자인 탓인지 평소보다 훨씬 조용했다. 9시경 나는 책을 옆에 놓고, 이제 지금쯤 그녀가 가메다역에 도착할 시각이라고 생각했다. 그러다가 잠이 들 생각은 아니었는데 의자에서 잠깐 졸았던 모양이다. 누군가가 옆에 온 것 같아 눈을 떠 보았다. T였다. 평일에 항상 입던 회색 옷차림에, 퇴근길에 우리 집에 들러 거실에서 차를 마실 때처럼, 머리카락이 조금 흐트러지고, 평상시처럼 미소를 지으며 "어머니, 있잖아요, …예요"라고 말했다. 그 아이는 의자 오른쪽 옆에서 내 정면으로 오며 그렇게 말했다. 이 세상에 없는 사람이라고도 생각하지 않고 나는 그 말에 대답하며 뭔가 한마디를 했다. 내 목소리에 잠이 깨어 T와 눈이 마주쳤다. 그 순간 T가 스윽 오른쪽으로 움직였다. 움직이는 모습이 내 눈에 분명히 보였고, 내가 그쪽으로 고개를 돌렸을 때 그 아이는 사라져버렸다. 이건 꿈이 아니고 환영이다. 나는 그 아이와 분명히 얼굴을 마주 보았던 것이다. 아, 무슨 일로 왔을까? 내가 혼자 있을 때 뭘 알려주러 온 걸까? 몸이 떨려 왔다. T는 멀리 떨어져 있어도 나에 대해서 신경 쓰고 처음부터 끝까지 걱정하고 있구나. 뭘 알리러 왔을까? 시계를 보니 겨우 9시 반이 조금 지났을 뿐이었다.

T가 떠난 지 딱 5개월 정도 지났다. 세상을 떠난 게 3월 24일, 오늘은 8월 10일이다. 살아 있던 3월부터 오늘까지 줄곧 그 아이는 내 바로 곁에 있었다. 그런데 그런 그 아이가 무슨 말을 하고 싶어서 왔을까? 오늘은 내가 혼자라서 주위가 조용해서였을 수도 있지만, 지금 이 나라에, 우리의 신상에 큰 변화가 생긴 걸까? 아니면 가루이자와에 큰 위험이 오니 나에게 도망치라고 말하러 온 걸까? 나는 거듭 생각해봤지만, 무엇보다도 우선 평소 그 아이의 퇴근길의 무사한 모습이 눈에 떠오르고, 게다가 미소를 머금고 기분 좋아 보였던 게 떠올랐다. 위험을 알리는 것은 아니다. 그렇다면 뭘 알린 걸까?

곰곰이 생각하며 나는 계단을 내려가, 초저녁이면 항상 여관 주인이 앉아 있는 거실로 갔다. "저기, F 씨, 지금 T가 나한테 왔었어요. 뭐라고 말을 걸었는데, 내가 뭐라고 소리를 내는 순간에 갑자기 사라져버렸어요. 뭔가 알리러 온 것 같은데, 뭘까요?" 여관 주인도 눈을 크게 뜨고 "T가! …뭔가 급한 일일 거예요. 무슨 이변이 생겼을까요? 아니면 도쿄의 집에 일이 생겼을까요?" 그도 T가 환영으로 왔다는 것을 의심하지 않았다. 그러나 둘이서 아무리 생각해봐도 무엇을 알리러 왔는지 알 수 없어서, 내일까지 기다려 보자는 결론이 났다.

다음 날 T가 왔던 이야기를 써서 T의 아내에게 속달로 보냈다.

8월 13일, 한 달 늦은 오봉 명절에 여관에서는 돌아가신 부처님의 영혼을 기리는 장식을 했다. 나도 내 방 서쪽 벽에 있는 선반 위에 T의 사진을 장식하고 꽃과 차를 올렸다. 계단 아래의 방에서 지내는 노부인 H가 수제 국화꽃 과자를 선물해 주시기에 그것도 올렸다. 감자로 만든 흰색과 담홍색의 큰 국화 송이가 아름다웠다. 그 국화 색은 부처님도 분명 기뻐하실 것같이 예뻤다.

오전 중에 K가 니가타에서 돌아왔다. 쌀, 팥, 된장, 된장 절임과 여러 특산물을 받아왔고, 그날 밤 그녀는 팥밥을 해서 부처님에게 바치고 우리도 먹었다. T가 왔던 이야기를 해주고, 무슨 일로 왔을까 이야기했다.

8월 15일, 오늘 오전 중에 천황 폐하가 직접 중대 발표 방송을 한다고, 모두 안쪽 큰 방의 라디오 앞에 모였다. 라디오에서 들려오는 폐하의 말씀보다도, 오히려 일본이 포츠담선언을 수용하고 항복했다는 사실이 우리에게 더 크게 와닿았다. 그때 나는 갑자기 깨닫고 T에게 외쳤다.

"이거구나? 이 소식을 가지고 이제 걱정하지 말라고 말하러 와 준 거지?" 마음으로 그렇게 말하며 나는 눈물을 철철 흘렸다. 내 신상의 중대사, 전 일본인의 중대사, 그것을 그 아이의 영혼도 강하게 느꼈기 때문에 얼른 내게 알려 주어 기쁘게 하려고, 평화롭던 시절처럼 조용한 목소리로 나를 부른 것이었다. "고맙다. 너도 안심해다오. 우리들의 나라는 어떻게든 살아남을 게다." 나는 책장 앞에 앉아 향을 피웠다. T의 사진은 젊고 화사한 얼굴이었지만, 내 마음에 비친 것은 그보다 네댓 살 더 나이 들어 차분한 얼굴로 미소 짓는 그 아이였다. "전쟁만 끝나면 나도 어떻게든 살아갈 수 있을 거야. 지켜보렴." 그 아이의 눈과 나의 마음의 눈이 딱 마주쳤고 영혼이 악수를 나눈 것만 같았다.

오전에 방송이 나온 후에 모두 멍하니 있었다. 우는 사람도 있고 한숨을 쉬는 사람도 있고 '이제부터 어쩌지?'라고 말하는 사람도 있었는데, 흥분하는 사람은 아무도 없었다. 오후에 며느리에게서 속달로 답장이 왔다. 조금의 시간 차이로 방송보다 늦게 왔지만, 며느리가 그 전날에 보낸 편지였다. 친정 오빠가 내각과 관련 있는 관리여서 항복 이야기가 사나흘 전에 며느리의 귀에 어렴풋이 들려왔던 모양인지, "이제 걱정하지 않으셔도 괜찮다고 말씀드리려고 했는데, 그래도 아직 말하면 안 되는가 싶어 주저하다가 늦어졌습니다. 그이가 어머님께 그 말씀을 드리러 갔던 거네요. 부디 안심하세요. 이제 불은 떨어지지 않을 거예요"라고 쓰여 있었다. 그녀는 T가 환영으로 왔던 것을 조금도 이상하게 생각하지 않는 것 같았다. 그날 저녁에, 여관 주인과 나는 거실에서 차를 마셨는데, 가라앉고 실망한 기분이었다.

다시 도쿄에서 살 수 있게 될지 어떨지 분명히 알지 못한 채 8월과 9월이 지나 10월이 되었고, 나는 드디어 도쿄로 돌아갈 마음이 들었다. 니가타의 시사촌 남동생이 가루이자와까지 나를 보러 와 주었다. 그의 친절에 나는 진심으로 감사 인사를 하고, 만일 도쿄에 살기 힘들어지면 그때야말로 에치고로 갈 테니 그때는 잘 부탁한다고 말했다.

그 무렵이 되어 호박과 고구마가 많이 나오며 우리의 식탁을 풍성하게 했다. 오이와케 부근에서 소고기도 많이 나오게 되자 나는 그 고기를 사서 도쿄 집의 땅 주인과 친한 지인의 집에 선물로 보내기도 했다.

황태후님이 그해 여름에 전쟁이 끝나기 조금 전부터, 고갯길의 곤도 저택에 머무르고 계셨다. 전쟁 중에는 도지사 같은 분들이 방문하러 왔을 뿐, 정말로 조용히 지내고 계셨는데, 가을이 되고부터는 궁내 대신이나 도쿄의 귀부인들이 안부를 물으러 와서, 그런 사람들이 모두 이 여관에 머물러 북적거리게 되었다. 황태후님은 산책도 나가지 않고 그저 궁녀들이 마차를 타고 물건을 사러 나가는 모습을 가끔 바라보았다. 모두가 상복 같은 검은 옷을 입고 쌍두마차에 대여섯 명이 타고, 오이와케까지 채소를 사러 가는 것을 구도로에서 역으로 나오는 외길 한가운데서 본 적이 있다. 길가에 서서 그 마차를 피해 있는 사람들도 아무 말도 하지 않고 그저 한숨을 쉬었다. 자신들뿐 아니라 궁중의 사람들까지 춥고 불편하게 지낸다는 것을 모두 한마음으로 느끼고 있었던 것이리라.

고갯길로 가면 여러 가지 버섯을 딸 수 있었다. 그때까지 나는 산간지방의 가을을 몰랐기 때문에, 동네 초밥집 아주머니의 권유로 버섯을 찾으러 가는 것이 즐거웠다. 어느 날 크고 작은 여러 가지 버섯을 바구니에 담아 돌아오는 길에, 하얗고 둥근 버섯과는 조금 모양이 다른 것을 발견하고 "아주머니, 이건 뭔가요?" 하고 아주머니에게 건네려고 했다. "어머, 안 돼요. 뱀알이에요"라는 아주머니의 말에, 던져버리는 것도 나쁜 일 같아, 두려운 마음으로 원래의 마른 풀 그늘에 다시 놓았다. 도쿄에서 자란 나는 평생 처음으로 뱀의 알을 보고 기묘한 기분이 들었다. 이 둥글고 작은 껍데기 속에 지금 뱀이 자라고 있다!

10월 말에 가루이자와를 떠나왔다. 이전의 아름다움은 없고 황량해진 가루이자와였지만, 그날 아침의 아사마산은 조용하고 평화로운 모습이었다. 안개는 끼지 않았다. 그 산의 모습에 연상되었는지 어쨌는지, 나는 T에 대해서 마음속으로 생각했다. 다시 한번 그 아이가 나에게 보이는 날이 올까? 다시 한번 만날 수 있다. 아마 내가 죽기 바로 전날에 만날 수 있을 거야. 그렇게 생각하니, 나는 아주 든든한 기분이 되었다.

북극성

 밤에 자기 전에 북쪽으로 난 창문을 열고 북쪽 하늘을 보는 일이 내 버릇이 되고 말았다. 창문에서 3미터 정도 떨어져서, 옆집 땅 주인이 지은 큰 헛간이 있는데, 옛날에 주택이었던 이 헛간은 낡았지만 근사한 지붕을 갖고 있다. 그 꺼뭇꺼뭇한 큰 지붕 위로 조금 떨어진 곳에 북두칠성이 보인다. 어디서 보아도 위치가 바뀌지 않는 그 일곱 개 별은 헛간의 지붕 바로 위에서 비스듬히 펼쳐져 가장 먼 가장자리의 별이 넓은 밤하늘 속에 빛나고 있었다. 그러나 내가 늘 바라보는 것은 '자미성' 즉 북극성이다. 육안으로 보면 별로 크지는 않지만, 조용히 빛나고 깜박거리지도 않는다. 한없이 멀고 한없이 바르고 차갑고 외로운 느낌을 주면서, 그러면서도 어느 별보다도 믿음직스럽고, 우리에게 가까운 것 같기도 하다. 매일 밤 인간을 부르며 뭔가 말을 하고 있는 느낌이다.

하마다야마로 피란을 온 뒤로 달이나 별을 쳐다볼 기분이 사라졌지만, 신기하게도 매일 밤 자기 전에는 북쪽의 별을 쳐다보며 뭐라도 기도하고 싶은 마음이 된다. 무엇을 빌어야 할지 스스로도 모른다. 가엾이 작고 덧없는 인간을 봐 달라고 별에게 말할 셈일까?

전설에는 원탁의 기사를 이끄는 아서가 북극성으로부터 이름을 받았다는 이야기도 있는데, 위대한 사람에게는 원래 여러 가지 전설이 따라다니니, 어디에서 이름을 받았대도 아무 문제 없다.

아마 중세나 그보다 이전에 활약했던 사람이었을 대왕 펜드라곤은 무한히 넓은 영토를 갖고 있었다. 펜드라곤이라는 단어는 사전에 패왕이라고 나와 있다. 단순한 드래곤은 용이며 별의 이름이기도 하므로, 어느 쪽이 됐든 위대한 왕이었음에 틀림이 없다. 현재의 전 유럽 땅에서 북쪽으로는 북극까지, 서쪽으로는 영국제도 너머의 망망대해를 지배했다. 그 대왕 펜드라곤의 외아들, 금발의 소년 스노버드(눈의 새)는 어느 저녁 큰 산줄기에서 갈라진 언덕에 올라 북서쪽으로 한없이 펼쳐진 바다를 보고 있었다. 온종일 그는 생각하면서 걷고 있었다. 아버지인 펜드라곤 대왕과 그의 고귀한 일족은 신은 아니지만, 이 세상에 살아 있는 인간들보다는 훨씬 신에 가깝고, 지혜도 있고 힘도 있으며, 예의의 아름다움을 지키는 위대한 존재임을 그는 잘 알았다. 왕자는 뛰어난 영적인 지혜를 갖고 있었기에, 아버지 펜드라곤 대왕과 이별할 때가 다가오는 것을 알았다. 자신은 이미 아이가 아니라 어른이 되어 가고 있으니, 지금까지 쓰던 어린아이 시절의 이름을 버리고 무슨 이름을 쓸까 생각했다. 그는 헤더 초원에 앉아 바다를 보다가 어느새 잠이 들고 말았다. 어떤 기척에 눈을 떠 보니, 바로 옆에 키가 크고 멋진 사람이 서 있었다. 신일까 하고 그는 생각했다.

"나의 아이여, 나를 모르느냐?" 그 사람이 말했지만, 그는 그를 본 기억이 없었다. 그 사람이 다시 말했다.

"나의 아이여, 나를 모르느냐? … 네 아비 펜드라곤이다. 그곳에 나의 집이 있다. 머지않아 너와 헤어져 그곳으로 가야만 한다. 그래서 내가 너의 꿈속으로 온 것이다." 그렇게 말하고 그 사람은 북쪽 하늘의 무한히 깊은 곳에 밤마다 나타나는 북쪽의 별자리를 가리켰다. 소년은 그 별을 올려다보고 다시 눈을 돌려 아버지를 보았지만, 이미 그곳에는 아무도 없었다. 그가 몸을 떨며 언제까지나 북쪽 별을 보고 있는 동안에, 갑자기 몸이 가벼워져 구름처럼 둥실둥실 하늘로 올라갔다. 꿈을 꾸는 것 같은 기분으로, 형체가 없는 하늘의 사다리를 오르고 또 올라, 이윽고 북쪽 하늘 끝의 큰곰자리라 불리는 별까지 왔다. 그곳에서 덧없는 환영처럼 그의 눈에 보인 것은, 고귀하고 위대한 일곱 형체가 커다란 탁자 모양의 둥근 심연 위에 앉아 있는 모습이었다. 그 형체 하나하나는 이마에 하나씩 별을 쓰고 있었다. 땅 위에 있는 그의 집 창문에서 익히 보았던 그 일곱 개의 별까지 와 버린 것이었다. 그리고 그 별의 왕들을 지배하는 대왕은 그 자신이었다. 놀라서 보고 있는 동안에 그의 그림자가 점점 더 커지더니 대양의 파도처럼 울리는 목소리가 말했다. "신에게 묶인 친구들, 큰 것이 작아질 때가 왔다." 그 자신의 목소리가 그렇게 말한 것이다.

소년 왕은 꿈속에서 자신이 유성처럼 떨어져 가는 것을 느꼈다. 이윽고 그는 구름이 되고 안개가 되어 고향의 산 위로 가라앉았다고 생각했다.

바람을 맞고 차가워진 몸으로 하늘을 쳐다보고 북두칠성을 보았을 때 그는 모든 것을 떠올렸다. 산에서 내려와 아버지의 성에 다가가자, 펜드라곤 대왕과 용감한 부하 기사들이 모두 성문을 나와 그를 맞이했다. 드루이드

사제가 미래의 왕이 될 왕자가 산의 정적 속에서 하늘의 사명을 받은 것을 이미 부왕에게 알린 것이다.

소년은 두려운 기색도 없이 일동을 보며 "나는 이제 소년 스노버드가 아니라 오늘부터 아스아르가 되려 한다"고 말했다. (고대 영어로 아스^{arth}는 '곰'이며, '아르^{wr}'는 '큰' 또는 '놀라운'의 뜻) 그리하여 모두 그를 아스아르, 즉 아서라 불렀다. 별 중의 위대한 별, 큰곰자리 별이다.

펜드라곤이 말했다.

"내 아들 아서여, 나는 늙었으니 이제 곧 네가 왕이 되어야 한다. 뭐든 하나 원하는 것을 내게 말해 다오. 어떤 소원이라도 들어주마."

그 말을 듣고 아서는 어느 꿈을 떠올리고 아버지에게 말했다. "아버님의 뒤를 이어 제가 이윽고 왕이 되는 날에는 새로운 기사단을 만들고 싶습니다. 우선 처음에 일곱 명의 순결한 독신 기사를 골라 저의 동료로 삼고 싶습니다. 그리고 목수에게 일러 둥근 테이블을 나와 일곱 명의 동료가 편히 앉아 식사할 수 있는 크기로 만들어 주십시오." 왕은 승낙했다. 아서는 일곱 명의 순결하고 젊고 강한 기사를 뽑고, 그들에게 말했다.

"자네들은 지금 큰 곰의 아들이 되었다. 나의 동료이자 서쪽의 왕이 될 아서의 부하이다. 이후 '원탁의 기사'라 불릴 것이다. 그 이름을 조롱하는 자는 죽게 될 것이다. 이 세상의 어떠한 영광도 그 눈부신 이름과는 비교가 되지 않는다. 자네들 각각은 이 영광의 기사 중 하나다. 그 이름을 더럽히지 마라."

3년 후, 대왕 펜드라곤이 죽고 아서가 왕이 되었다. 아버지에게서 물려받은 영토 이외에 그는 훨씬 더 넓은 '서쪽'의 대왕이 되었던 것이다. 유럽 국가들, 특히 서유럽에서는 아서의 전설이 전해지지 않은 나라가 없다. 따뜻한 남프랑스의 바닷가 바위 동굴에도, 북유럽 산악국의 오래된 수도에도, 아서가 잠들어 있는 흔적이 남아 있어, 그는 죽지 않고 그저 잠들어 있는 것으로 되어 있다.

영국 시인 테니슨은 「국왕 목가The Idylls of the King」라는 서사시에서 아서왕의 고귀하고도 불행한 생애를 슬프게 노래했다.

이 섬에 아서가 오기 전에는
여러 왕이 할거하여 전쟁이 끝이 없고
왕은 왕을 공격하고 국가 전체를 폐허로 만들었다
게다가 외국군은 몇 번이나
바다를 건너 침입하고 나라의 남은 것들마저 약탈했다
나라는 황폐하여 벌판이 되고

짐승들은 수없이 늘어나고
인간은 약해져 갔다
그때 아서가 왔다

 멸망해가던 그 섬나라에 아서가 왔고, 훌륭한 브리튼 왕국을 세웠으며, 이 섬 이외의 바다의 북으로 남으로 동으로 끝 닿은 데 없는 영토를 지배하고 있던 그였다.

카멜리아드의 왕 레오데그란드에게는
아름다운 외동딸이 있었다
지상에 살아 있는 것 중에서 가장 아름다운
귀네비어 그는 왕의 유일한 기쁨이었다.

 시의 제1장에 아름다운 공주를 노래하며 화사함을 곁들이고 있지만, 북극성의 전설은 그런 구색 맞추기는 전혀 없고 그 별처럼 차갑고 추운 이야기만 있다.

 밤에 자기 전에 내가 북쪽 별을 바라볼 때, 항상 아서왕의 이야기를 떠올리는 것은 아니다. 나는 그저 별 그 자체를 보며, 이 세상의 모든 것이 변하고 또다시 변해갈 때, 변하지 않는 것이 하나라도 거기 존재하는 것이 듬직하고 기분 좋은 것이다. 내가 듬직하게 생각하든 말든 북쪽의 별이 무엇을 느낄까? 그렇다 해도 예전부터 정해진 그 위치에, 멀리 조용히 깜빡이지도 않고, 오히려 슬퍼 보이는 얼굴로 있는 별은 멋진 것 같다. 모든 옳은 것의 근원인 신께서도, 저 별처럼 슬프고 차갑고 고요한 것은 아닐까? 나는 그렇게 믿고 싶다.

후기

　지금으로부터 20여 년 전, 쇼와 시대 초엽에 나는 갑자기 삶에 피로를 느끼고 모든 게 싫어져버렸다. 그때까지 조금은 책도 읽고 '문학 부인'이라는 이상한 별명으로 불리기도 했었는데, 그런 일과도 완전히 연을 끊고, 멍하니 마당의 잡초를 뽑으며 지내게 되었다. 글 쓰는 일뿐만 아니라 밖에 나가기도 귀찮아져서, 도리상 어쩔 수 없이 지인을 방문할 때는 그전처럼 긴자까지 가서 나가토야나 기쿠노야에서 선물을 사지 않고, 오모리역 앞에 있던 프랑스 가게라는 양과자점의 과자 상자를 들고 갔다. 몇 년인가 계속되던 그런 삶은 정신적인 뇌출혈 환자 같은 모습이었을 것이다.
　부모에게 다정했던 내 아들은 잡초 뽑는 일은 사람을 불러서 시키라고, 그리고 조금씩 독서도 하고, 일주일에 한 번 영화를 보면 어떠냐고 권했다. 나는 바로 잡초 뽑는 할머니를 고용하고, 책은 읽지 않고 영화만 보러 다녔다.

혼자 보는 거라 정말 홀가분했고, 돌아오는 길에는 커피도 마셨다. 그리고 또 아들이 말했다. 점점 나이가 드시니 영화 보는 것도 귀찮아지죠? 가끔 수필을 써보시면 어때요? 일기처럼 매일 뭔가 쓰는 것도 좋죠. 즐거운 일일 거예요.

수필이란 건, 상식이 있는 사람이나 학문이 높은 사람이 쓰는 거 아니냐, 나는 상식이 부족한 데다 학문도 전혀 없고, 일기는 쓰기 싫으니 안 되겠다며 거절했다. 그러면 당분간 영화만 보는 건가요? 아들은 떨떠름한 표정을 지었지만 그래도 책은 가끔씩 사다 주었다.

가루이자와에서 나는 종전을 맞았다. 전부터 알던 익숙한 여관에서 지냈으니, 힘든 일을 전혀 겪지 않고 도쿄로 돌아올 수가 있었다. 당시 도쿄는 허허벌판에 듬성듬성 작은 집이 있고 햇살 아래에 빨래만 하얗게 널려 있는, 슬픈 옛 도시의 경치가 펼쳐져 있었다.

다시 도쿄 생활을 하게 되면서, 공습을 피하러 아들네 집 마당에 묻어두었던 책들이 슬슬 배달되어 왔다. 습기가 차서 곰팡이가 핀 책도 있었는데, 그것을 말리거나 바람을 쏘이는 동안에, 나는 오랜만에 마음의 고향의 향기를 맡는 듯한 느낌이 들었다.

몸도 마음도 한가했던 나는, 바람을 쏘일 책을 책상에

늘어놓고 수필이라는 것을 처음으로 써봤다. 메모 비슷한 「과거가 된 아일랜드 문학」이라는 것을 썼다. 펜을 드는 것을 잊은 지도 25년이 지나서의 일이다. 그다음에 쓴 「새끼 고양이 '호순이'」는 젊은 시절에 나를 가르쳐 주신 스즈키 다이세쓰 박사님의 부인에 대한 추억이었다. 이것은 고작 세 장짜리 글이었다. 그다음에는 시인 예이츠의 시극 「왕의 문지방」의 줄거리를 그저 번역하기만 했다. 예이츠가 음식 이야기를 자세히 써 내려간 것이 특히 재미있었던 것이다. 그런 식으로 일기 같은 글을 늘어놓으며 나는 즐거워졌다. 아들의 말을 떠올렸기 때문이다.

그 미숙한 글을 쓰고 있는 내 마음은, 글보다 훨씬 미숙해서, 가끔 마음속으로 아들의 이름을 부르며 의논하기도 했다. 구라시노테초샤暮しの手帖社에서 수필집을 내자는 제안이 왔을 때, 처음에는 놀랐고, 바로 잘 부탁드린다고 대답을 했다. 몇천 부의 책이 팔릴 것 같지는 않다는 생각을 할 새도 없이, 오직 이 한 권의 책을 읽을 독자를 마음속으로 생각하고 있었다. 이 세상에 없는 그 아이가 내 책을 읽을 리 없다는 걸 잘 알지만, 마음 한구석에서는 꼭 읽어 줄 것이라 굳게 믿고 있는 것 같다. '후기'에는 꿈이 아니라 사실을 쓰려고 했는데, 역시 나는 꿈같은 소리를 쓰고 말았다.

발표 지면

———————— 1부 세밑

검은 고양이   『와카쿠사(若草)』 제4권 제5호, 1928년 5월.
오월과 유월   『와카쿠사』 제5권 제6호, 1929년 6월.
새의 사랑   『신카테이(新家庭)』 제8권 제8호, 1923년 8월.
우리 집 사당신   『분게이슌주(文藝春秋)』 제8년 제5호, 1930년 5월.
태어난 집   『분게이슌주』 제9년 제3호, 1931년 3월.
학교를 졸업했을 무렵 『후진살롱(婦人サロン)』 제3권 제4호,
                  1931년 4월.
세밑   『후진살롱』 제2권 제12호, 1930년 12월.
새해   『와카쿠사』 제7권 제1호, 1931년 1월.

———————— 2부 등화절

『등화절(燈火節)』, 구라시노테초샤(暮しの手帖社),
1953년.

옮긴이의 말

  가타야마 히로코片山廣子는 외교관 집안의 장녀로 태어나 상류계층에서 자라며 서양식 교육을 받아 서양적인 기품과 교양을 겸비한 여성이었다.

  수필집 『등화절』의 「새끼 고양이 이야기」에서는 스스로 낮추며 '부모나 집안이나 무엇 하나 특출한 장점이 없다'고 표현했지만, 가타야마가 다닌 도요에이와여학원은 당시에 외국인 교사가 영어로 수업을 진행하는 기숙학교로 학비가 비싸 상류층 자녀가 아니고는 다닐 수 없는 학교였다. 그곳에서 서양 문화와 교양을 익히고 졸업한 가타야마는 당시 사회 속에서 여성 활동이 한정적인 점에 갈증을 느낀 것으로 보인다. 「학교를 졸업했을 무렵」에 등장하는 '그녀'는 가타야마 자신으로, 처음 사사키 노부쓰나에게 시를 배우기 시작한 무렵을 묘사한 부분에도 그런 심경이 드러나 있다. 다만 상류층 부인이었던 가타야마에게 문학은 취미 활동이었고 원고료도 받지 않았다고 한다.

예술인류학자인 쓰루오카 마유미는 가타야마의 시에 대해 '근대 단가 역사에서 유례없이 고요하고 고독하며 고귀하고 솔직하고 성실한 영혼의 울림이 있다'라고 평했으며, 수필가 가타야마 히로코와 번역가 마쓰무라 미네코에 대해 '언제나 함께 울리는 연결된 방울. 두 가지 색을 품은 하나의 꽃'이라고 표현했다. 아쿠타가와 류노스케는 가타야마를 '재능으로 다툴 수 있는 여성'이라 언급하며 흠모했다고 한다.

원고료를 받고 글을 쓴 일본 최초의 직업 소설가인 히구치 이치요처럼 본격적으로 작품을 썼다면, 히구치보다 장수한 가타야마가 얼마나 많은 작품을 남길 수 있었을까 하고 하릴없는 상상도 해본다. 다만, 작품 전반에 등장하는 '오모리'의 저택에는 문학에 뜻을 둔 사람들이 드나들었으며, 그중에는 호리 다쓰오나 아쿠타가와 류노스케도 있었다고 하니, 가타야마의 저택이 문학 살롱의 역할을 했던 것으로 보인다. 가타야마가 많은 작품을 남기지는 않았지만 적어도 일본 문단에 큰 영향을 미쳤다는 사실로 아쉬움을 달래본다.

「가난한 날 기념일」에서는 2차세계대전이 끝난 이후의 일본에서 사는 삶을 담담히 풀어낸다. 모든 것이 풍족했던 예전과 달리, 모든 것이 부족해진 상황에서 느끼는 '결핍'에 대해서 그린다. 하지만 그런 결핍을 부정하는 것이 아니라 있는 그대로 받아들이며 그것을 넘어서려는 의지가 보인다. 전쟁을 겪은 세대가 아니더라도 우리 역시 코로나 시기를 지나치며 상실과 결핍에 대해 생각하게 되었을 것이다. 아주 평범하고 당연한 일상이 무너지고 사회적으로 격리되어 살아가던 시절에도, 우리는 그 안에서 그 나름대로 즐거움을 찾으려고 노력하고 어떻게든 서로와 온기를 나누기 위해 애썼다. 그런 시기를 떠올리면 지금의 사소한 일상이 얼마나 감사한지 깨닫게 된다. 혼자만의 시간을 가질 수 있었던 시기에 감사하기도 하고 나눌 수 있는 시간에 감사하기도 한다. 아마도 가타야마 역시 자신이 처한 상황 속에서 최선의 것을 찾고 감사하는 마음을 원동력 삼아서 살아갈 수 있었을 것이다. 그런 점에서 공간적으로나 시간적으로 멀리 떨어진 가타야마에게 깊이 공감하게 된다.

가타야마는 멀리는 아득한 전설의 시대에서부터 가까이로는 자신의 집 앞마당까지 우리를 데려간다. 신들의 전쟁에서부터 그날의 식탁까지 모든 주제를 다룬다. 산들바람을 타고 이리저리 떠다니며 가타야마의 이야기를 따라가다 보면 나와 다른 시간, 다른 공간의 이야기가 어느새 지금 내가 보고 느끼는 상황에 적용된다. 그가 들려주는 아일랜드의 전설 속에도, 머나먼 만요시대의 시가 속에도, 장미 장수와의 대화 속에도, 우리가 일상에서 느끼는 두려움과 고통과 설렘과 즐거움에 대한 답이 있다.

  좋아하는 작품 중에 리처드 바크의 『하나One』가 있다. 이 작품은 우리가 사는 세상의 모든 사람은 또 다른 선택을 한 '나'라는 메시지를 준다. 우리가 누군가의 이야기에 공감하고 누군가의 시선을 공유할 수 있는 것은 모든 인류가 또 다른 나이기 때문은 아닐까.

  가타야마가 먼 아일랜드 문학에 향수를 느끼고 자신의 삶에 빗대어 표현한 것처럼, 우리도 가타야마의 문학을 통해 우리의 삶을 되돌아보고 그와 공명할 수 있기를 바라본다.

2024년 10월

손정임

편집 후기

 이 책에는 음식 얘기가 많이 나온다. 봄에는 우엉, 여름부터 가을까지는 연근, 껍질콩, 토란, 겨울에는 무나 순무로 조림을 해 먹고, 맛이 쌉싸름한 머위는 설탕을 조금 넣고 약간 심심하게 조린다…. 잘 차려진 요리 사진 하나 없는데도 이런저런 음식들을 글자로 맛보고 있자니 위가 먼저 반응을 하며 어떤 음식 하나를 소환해낸다. 이름하여 '파탕'. 이름도 괴상한 이 요리는 마늘이 잔뜩 들어간 비빔면이다. (의성어가 요리명이 된 케이슨데, 칼을 뉘여 마늘을 세게 으깨는 소리가 일본에서는 "파탕, 파탕"이라고 들리나 보다) 삶아낸 면에 마늘을 비벼 먹으면 끝나는 요리로, 건더기라고는 마늘뿐이라 면은 허옇고 고명으로 파가 조금 올라간다. 부실해 보이는 이 요리는 원래 식당에서 일하는 직원들의 요깃거리인 '마카나이'로 만든 거였는데 우연히 이 요리를 맛본 손님들이 자꾸 찾으면서 메뉴에도 없던 메뉴가 탄생하게 된 것이다. ('파탕'을 알

게 된 건 〈고독한 미식가〉 덕분이다. 고로상, 아리가또)

가타야마의 글을 오래 들여다보고 있으면 맛 한 번 본 적 없는 '파탕'이 자꾸 생각났다. 문장을 예쁘게 치장하지 않고 주절주절 마음 가는 대로 이야기하고, 이 얘기를 했다가 저 얘기로 건너뛰고, 갑자기 삼천포로 빠지기도 하고, 한창 이야기를 하다 말고 그냥 뚝 끝내버린다. 길가에 핀 들꽃에 정신이 팔려 심부름 가는 것도 잊은 채 한없이 꽃을 바라보는 아이 같다. 마늘 냄새가 입에서 하루 종일 가는데도 기분 좋고, 별로 든 것도 없이 자꾸 입맛을 당기게 하는 그 '파탕' 같은 마력일까.

소싯적 아일랜드 문학을 번역했었고, 시도 쓰고 글도 썼지만 결혼 후에는 문학과는 거리가 먼 가정주부로 거의 평생을 살았던 사람. 어떤 이유에선지 수필을 좀 써보면 어떻겠냐는 아들의 권유에 글은 대단한 사람들이 쓰는 거라며 저어했던 가타야마였다. 그랬던 그녀가 인생의 황혼기인 70대에 쓴 『등화절』의 글들을 읽다 보면 '맞아, 수필이 이런 거였지' 새삼 깨닫게 되는 것이다.

국내에는 그동안 가타야마의 글들이 조금씩, 편편이 소개되었다. 대부분 『등화절』에 수록되었던 작품들로 소소한 일상을 그린 따스한 글들이었다. 이 책에서는 자신의 운을 알기 위해 점치는 연습을 하는 가타야마, 불타는 열차에 탔다가 구사일생으로 살아났지만 열차에 몽땅 떨어뜨린 빵을 아쉬워하는 가타야마, 소설가 기쿠치 간 씨가 집에 방문했는데 저녁으로 스키야키를 먹어서 집 안에 진동하는 파 냄새를 민망해하는 가타야마를 모두 한자리에서 만날 수 있다.

　마지막으로, 글 수록 순서에 대해 밝혀둔다. 원전 『新編 燈火節』 마지막을 장식하는 가타야마의 초기 수필 8편을 한국어판에서는 가장 앞으로 두었다. '초기'의 의미를 고려한 점도 있고 무엇보다 초기 수필을 가장 앞에 두어 자연스레 작가의 「후기」를 맨 마지막에 놓고 싶었다. 독자들이 이 「후기」를 꼭 책 마지막에 읽었으면 한다.

미행에서 만든 책들

1	소설	마르셀 프루스트	최미경	**쾌락과 나날**
2	시	조르주 바타유	권지현	**아르캉젤리크**
3	소설	유리 올레샤	김성일	**리옴빠**
4	시	월리스 스티븐스	정하연	**하모니엄**
5	소설	나카지마 아쓰시	박은정	**빛과 바람과 꿈**
6	시	요제프 어틸러	진경애	**너무 아프다**
7	시	플로르벨라 이스팡카	김지은	**누구의 것도 아닌 나**
8	소설	카트린 퀴세	권지현	**데이비드 호크니의 인생**
9	르포	스티그 다게르만	이유진	**독일의 가을**
10	동화	거트루드 스타인	신혜빈	**세상은 둥글다**
11	산문	미시마 유키오	강방화·손정임	**문장독본**
12	소설	마르셀 프루스트	최미경	**익명의 발신인**
13	시	E. E. 커밍스	송혜리	**내 심장이 항상 열려 있기를**
14	시	E. E. 커밍스	송혜리	**세상이 더 푸르러진다면**
15	산문	데라야마 슈지	손정임	**가출 예찬**
16	칼럼	에릭 사티	박윤신	**사티 에릭 사티**
17	산문	뤽 다르덴	조은미	**인간의 일에 대하여**
18	르포	존 스타인벡·로버트 카파	허승철	**러시아 저널**
19	소설	윌리엄 포크너	신혜빈	**나이츠 갬빗**
20	산문	미시마 유키오	손정임·강방화	**소설독본**
21	소설	조르주 로덴바흐	임민지	**죽음의 도시 브뤼주**
22	시	프랭크 오하라	송혜리	**점심 시집**
23	산문	브론테 자매	김자영·이수진	**벨기에 에세이**
24	소설	뱅자맹 콩스탕	이수진	**아돌프 / 세실**
25	산문	안드레이 플라토노프	윤영순	**전쟁 산문**
26	소설	안토니 포고렐스키 외	김경준	**난 지금 잠에서 깼다**
27	소설	모리 오가이	전양주	**청년**
28	소설	알베르틴 사라쟁	이수진	**복사뼈**
29	산문	페르난두 페소아	김지은	**이명의 탄생**
30	산문	가타야마 히로코	손정임	**등화절**

한국 문학

1	시	김성호	**로로**
2	시	유기환	**당신이 꽃 옆에 서기 전에는**

가타야마 히로코(片山廣子, 1878-1957)는 도쿄에서 외교관의 딸로 출생했다. 상류계층에서 성장하며 익힌 서양적 기품과 교양을 바탕으로 시인, 수필가, 번역가로 활동했다. 미션스쿨인 도요에이와여학원을 다니며 영어와 서양 문화를 배우고, 졸업 후에는 시인이자 국문학자인 사사키 노부쓰나에게 사사했다. 시가집으로 『물총새』 『들에 살며』가 있다. 마쓰무라 미네코라는 필명으로 싱, 예이츠 등의 아일랜드 문학을 번역하여 일본에 아일랜드 문학을 소개하는 선구자적 역할을 하며 쓰보우치 쇼요, 모리 오가이로부터 높은 평가를 받았다. 노년에 집필한 수필집 『등화절』은 제3회 일본 에세이스트클럽상을 수상했다. 가타야마 히로코는 당대의 뛰어난 문인들과 문학적으로 정서적으로 깊게 교류했으며, 호리 다쓰오의 소설 『성가족』의 모델이자, 아쿠타가와 류노스케가 죽기 전 마지막으로 흠모했던 여인으로 알려져 있다.

옮긴이 손정임은 이화여자대학교 통역번역대학원에서 석사 학위를 받고, 동 대학원 박사 과정을 수료했다. 옮긴 책으로 『신이 마련해 준 장소』 『혼자서도 할 수 있어』 『배웅불』 『긴 봄날의 짧은 글』 『영리』 『가출 예찬』 『문장독본』 『소설독본』 등이 있고, 공저로 『일본어 번역 스킬』이 있다.

등화절
Candlemas

가타야마 히로코 에세이
손정임 옮김

초판 1쇄 발행 2024년 12월 15일

펴낸곳 미행
출판등록 제2020-000047호
전화 070-4045-7249
메일 mihaenghouse@gmail.com
인쇄 제책 영신사

ISBN 979-11-92004-25-9 03830

알라딘 북펀드에 참여해주신 분들
가나다순

zrabbit	루나	이지나
강민희	리엔	입하
강방화	박소해	장유진
권옥자	배민근	정연수
권이재	배상훈	정윤욱
김선	서쌍용	정주현
김영미	소양	최휘
김은정	소원	하나상사
김은혜	유금령	홍진
김지혜(혜플)	유보리유하늘유마루	황부현
꽃돌언니	이세호	
낯가림	이은미	

이름을 밝히지 않은 분들까지 총 47분께서 참여해주셨습니다.
여러분, 고맙습니다.